Pfad der Trauer

ANNE KREISEL

Pfad der Trauer

Der Unfall

Roman

Bibliografische Information der Deutschen Nationalbibliothek:
Die Deutsche Nationalbibliothek verzeichnet diese Publikation in der
Deutschen Nationalbibliografie; detaillierte bibliografische Daten sind im
Internet über dnb.d-nb.de abrufbar.

TWENTYSIX
Eine Marke der Books on Demand GmbH

© 2021 Anne Kreisel
Covergrafik: Eladora/ Svetlana Foote/ Shutterstock.com
Coverdesign, Satz, Herstellung und Verlag:
BoD – Books on Demand, Norderstedt

ISBN: 978-3-7407-8057-9

I

Es geschah am ersten Tag im Jahr 2017 in der Nähe von Elmshorn. Die Silvesterfeier fand im ausgebauten Scheunenteil des Bauernhofes von Olafs Eltern statt. Jens Hansen war mit seiner Ehefrau Christine von Hamburg angereist, um das für ihn beruflich sehr erfolgreiche Jahr mit seinen ehemaligen Studienkameraden ausklingen zu lassen. Chris hatte sich nur unter der Bedingung bereit erklärt mitzukommen, dass sie dort auch übernachten würden. Die Feier war locker und unbeschwert. Es wurden gemeinsame Erlebnisse von früher in Erinnerung gerufen, viel darüber gelacht und sie sprachen auch die jeweiligen aktuellen Lebenssituationen an.

Chris, die in zwei Monaten ihr erstes Kind erwartete, erzählte gerade über den schleppenden Verlauf ihrer Doktorarbeit an der Universität in Hamburg, als sie spürte, wie sich ihr Rücken immer stärker verspannte. Der Tag war anstrengend gewesen und ihr hatte die Möglichkeit gefehlt, sich zurückziehen zu können. Sie ging deshalb zu Jens, der sich gerade mit zwei Bekannten angeregt über sein aktuelles Bauprojekt in Cuxhaven unterhielt. Dieser unterbrach nur ungern seine Unterhaltung und wollte dann von ihr wissen: »Was ist denn?« – »Ich bin müde und mein Rücken tut mir weh. Karin hat gerade gemeint, dass sie die Schlafplätze für uns erst herrichten kann, wenn hier alles vorbei ist.«

Jens reagierte gereizt: »Und? Kannst du dich nicht solange bequem auf das alte Sofa dort drüben setzen?« – »Ich fürchte, dass die Feier noch bis in den frühen Morgen geht. Vielleicht sollten wir lieber versuchen, ein Hotelzimmer hier im Ort zu finden. Dann könnte ich mich dort schon hinlegen«, schlug sie vor. Jens sah auf seine Uhr und fragte dann Olaf nach einem Hotel in der Nähe. Olaf nannte ihm zwei, die Jens auch gleich mit seinem Handy anwählte. Das direkt an der Hauptstraße liegende war komplett ausgebucht. Nur ein Gasthof, einige Kilometer entfernt, hatte noch ein Zimmer frei.

Es war schon drei Uhr, als sich Chris mit ihrem Ehemann von Olaf und den übrigen Gästen verabschiedete. Da Jens etwas getrunken hatte, wollte sie fahren, doch Jens wiegelte ab: »Ich habe gar nicht viel getrunken und du magst es doch nicht, im Dunkeln zu fahren. Die paar Kilometer schaffe ich schon.« Als sie noch zögerte, sagte er, während er sich ans Steuer setzte: »Nun komm schon, ich bin noch so klar, dass ich Olaf eben mein ganzes Bauprojekt erklären konnte.« Da war dieser kurze Moment des unguten Gefühls, den Chris mit der Hoffnung überging, dass schon nichts passieren würde, worauf sie auf dem Beifahrersitz Platz nahm.

Während sie auf der Landstraße fuhren, kam ihnen in der zweiten Kurve ein Fahrzeug entgegen. Geblendet von den Scheinwerfern überfuhr Jens den Mittelstreifen. Chris rief: »Pass auf!« Jens versuchte noch, dem Fahrzeug auszuweichen, bevor sie ins Schleudern gerieten, der Wagen seitwärts die Böschung hinabrutschte und auf der Beifahrerseite liegen blieb. Chris war von einem heftigen Stoß an ihren Kopf bewusstlos geworden. Als sie wieder zu sich kam, hörte sie noch sehr benommen, wie ihr Ehemann mit seinem Handy den Rettungsdienst anforderte. Er hatte sich mit Hilfe der drei Insassen aus dem anderen Fahrzeug aus dem Unfallwagen befreien können und versuchte sich nun um seine verletzte Ehefrau zu kümmern.

Chris war auf dem Beifahrersitz eingeklemmt. Sie spürte keine Schmerzen und hatte den Eindruck, als sei die Welt um sie herum unwirklich weit weg. Erst als der Rettungswagen kam, änderte sich das für einen kurzen Moment. Die Hektik ihrer Helfer, deren besorgte Gesichter und auch die Blaulichtfahrt ins Krankenhaus ließen langsam die Angst für sie spürbar werden, dass gerade etwas Furchtbares geschehen war. In der Notaufnahme wurde Chris sofort in den nächsten freien Behandlungsraum gebracht und dort vom Arzt untersucht. Sie hatte eine Kopfverletzung, die genäht werden musste, einen Bruch des rechten Schlüsselbeins sowie drei angebrochene Rippen. Wegen ihrer Schwangerschaft verzichtete der Arzt auf Röntgenaufnahmen und untersuchte sie nur per Ultraschall.

Als sie kurz darauf mit ihrem Bett in die Frauenklinik geschoben wurde, setzten Unterleibsblutungen bei ihr ein. »Ich blute. Was ist mit meinem Baby?«, wollte Chris voller Angst von der Krankenschwester wissen. Die herbeigerufene Ärztin versuchte sie zu beruhigen: »Wir müssen erst einmal die Untersuchungsergebnisse abwarten, dann wissen wir mehr.« Mit Schmerzen und Angst um ihr ungeborenes Kind drängte Chris ihren Ehemann, der die ganze Zeit neben ihr saß: »Bitte, geh. Ich möchte jetzt lieber allein sein.« Jens stand erst noch einen Moment unschlüssig vor ihrem Bett, ging dann aber, als sie ihr Gesicht von ihm abwandte.

Da Jens selbst nur Prellungen hatte, konnte er das Krankenhaus wieder verlassen. Er wollte mit dem Taxi zurück zu Olaf fahren und dort die nächsten Tage abwarten. Wegen der bei ihm festgestellten Promillewerte im Blut hatte er sich aber am nächsten Tag bei der Polizeistation zu melden.

Noch bevor die Ärztin wieder zu ihr kam, hatte Chris die bange Vorahnung, dass in ihr etwas abgestorben sein könne. Die Blutungen hatten nicht aufgehört und sie spürte nach dem Unfall keine Kindsbewegungen mehr. Die Untersuchung bestätigte ihren Verdacht, woraufhin ihr die Ärztin riet: »Wir sollten jetzt die Geburt einleiten.« Als Chris noch zögerte, reagierte diese etwas ungehalten, indem sie sagte: »Ich komme in einer halben Stunde noch einmal vorbei und dann sollten Sie die Medikamente bekommen. Es kann nämlich Stunden dauern, bis der tote Fötus raus ist.«

Erst als sie wieder allein war, liefen ihr die Tränen über das Gesicht. Sie brauchte einen Moment, bis sie ihrem jüngeren Bruder

Benno eine SMS schreiben konnte: »Bitte komm. Liege im Krankenhaus Elmshorn; habe nach einem Unfall mein Kind verloren.« Er versprach, sich sofort auf den Weg zu machen. Jens gab sie nicht Bescheid. Als die Ärztin kurz darauf ihr Einverständnis für die weitere Behandlung einforderte, fragte Chris noch einmal: »Sind Sie sich ganz sicher, dass mein Baby tot ist?«, worauf diese nur nickte.

Noch bevor Benno eintraf, kam Jens. Er wirkte besorgt und hatte ein schlechtes Gewissen. Als er sich mit der Frage »Na, wie geht es euch beiden denn?« auf den Stuhl neben ihrem Bett setzen wollte, spürte sie die ganze verzweifelte Wut in sich aufkommen. »Verschwinde! Unser Kind ist tot und unsere Beziehung ist es auch.«

Jens war zu schockiert, um darauf etwas antworten zu können. Er stand auf, ging ins Stationszimmer und verlangte dort, die Ärztin zu sprechen. Als diese ihm erklärte, dass die stille Geburt bereits eingeleitet wurde und in ein paar Stunden wohl alles überstanden sei, ging Jens zurück zu seiner Ehefrau.

Chris sah aus dem Fenster und schwieg. Erst als er sie mit den Worten trösten wollte: »Die Ärztin hat mir eben gerade gesagt, dass du später wieder ganz normal Kinder bekommen kannst«, blickte sie ihn verständnislos an. Mit leiser, aber sehr scharfer Stimme erwiderte sie: »Jens, das hier ist kein Haus, das abgerissen und dann einfach wieder neu aufgebaut wird. Es ist unser Sohn, den du letzte Nacht im Suff zu Tode gefahren hast! Verschwinde, ich will dich nie wiedersehen!« Mit der Hand wischte sie sich die Tränen aus dem Gesicht und sah nicht mehr, wie Jens den Raum verließ.

Ihr Bruder musste sich im Krankenhaus erst durchfragen, bis er das Zimmer seiner Schwester fand. Diese spürte bereits ein deutliches Ziehen im Unterleib und hatte nur noch Angst vor dem Moment, in dem sie ihren toten Sohn sehen würde. Benno war für einen Augenblick sprachlos, als er seine Schwester dort so liegen sah. Dann nahm er sich zusammen und fragte: »Wie ist das denn alles passiert?«

Chris weinte, während sie ihm schilderte, was geschehen war und dass sie nun ihren toten Sohn gebären würde. Mit dieser Nachricht hatte Benno nicht gerechnet. Er fühlte sich hilflos. »Möchtest du, dass ich solange bei dir bleibe?« Seine Schwester nickte. »Und was machen wir, wenn das Kind da ist?« – »Bring mich bitte mit meinem Sohn nach Göttingen. Ich möchte ihn dort neben Oma und Opa beerdigen lassen.«

Benno war auf den Flur gegangen, um sich aus dem Automaten einen Kaffee zu holen. Er hatte Kopfschmerzen von der Feier der letzten Nacht und fror vor Müdigkeit. Zum Glück hatte sich der Nachbar seiner Eltern, der als Diabetiker keinen Alkohol trinken durfte, sofort bereit erklärt, ihn in die Klinik zu fahren. Mit seiner Freundin Lisa besprach Benno per Handy, dass sie am nächsten Tag mit dem Wagen kommen solle und sie dann alle nach Göttingen fahren würden.

Als ihre Schmerzen heftiger wurden, brachte ein Pfleger Chris nun doch noch zum Röntgen. Für den Bruch am Schlüsselbein bekam sie einen Schlauchverband und der Rippenanbruch sollte ohne weitere medizinische Maßnahmen heilen. Damit für sie die Schmerzen erträglich wurden, verordnete der Arzt ihr ein Medikament, das sie auch die nächsten Tage einnehmen sollte.

Während Benno im Laufe der nächsten Stunden immer fahriger wurde und auch nicht wusste, wie er seiner Schwester wirklich helfen konnte, reagierte diese apathisch und sehr wortkarg. Durch die gute Unterstützung der Hebamme, die sie auf diesem schweren Weg begleitete, konnte dann Chris aber immer entschlossener werden, die Geburt zum Abschluss zu bringen.

Am nächsten Morgen gegen sieben Uhr wurde der kleine tote Junge geboren. Chris spürte einen tiefen Schmerz in sich, als sie ihn das erst Mal sah. Es war zwar alles an ihm dran, aber noch nicht richtig ausgeprägt, wodurch er in ihren Augen etwas künstlich aussah. Sie streichelte ihren Sohn und gab ihm den Namen Jannic, so wie sie es bereits vor Wochen zusammen mit Jens entschieden hatte.

Benno betrachtete eine Zeit lang stumm seine Schwester, bevor er schließlich sagte: »Ich muss hier einmal raus.« Auf der Stationstoilette schlug er mehrmals mit der Faust gegen die kalten Fliesen der Wand, während er seine Tränen nicht mehr zurückhalten konnte. Nachdem er sich wieder beruhigt hatte, trank er einen Becher Kaffee und ging zurück zu seiner Schwester.

Der Fötus lag bereits in ein weißes Tuch gewickelt bei Chris im Arm. Die Hebamme hatte von ihm noch zwei Fotos gemacht und sie ihr auf den Nachtschrank gelegt. Auf eigenen Wunsch wollte sie am Nachmittag das Krankenhaus verlassen und bekam auch die Erlaubnis, ihr totes Kind mitzunehmen, nachdem Benno zuvor mit dem Beerdigungsinstitut in Göttingen, das er schon von der Trauerfeier seiner Großeltern her kannte, weitere Einzelheiten abgestimmt hatte.

Sie warteten bereits auf das Eintreffen von Lisa, als sich Chris damit einverstanden erklärte, dass Benno mit ihren Eltern telefonierte, die über die Feiertage mit einem befreundeten Ehepaar in Nizza waren. Sie wollten morgen zurück sein und eigentlich war dann ein Familientreffen im Elternhaus in Bremervörde geplant. Während ihr Vater zwar bestürzt war, aber ansonsten eher besonnen reagierte, vermischte sich bei ihrer Mutter Mitgefühl mit der Panik darüber, dass das neue Jahr mit solch einer Katastrophe begann. Den Eltern wäre lieber gewesen, ihre Tochter bliebe bis zu ihrer Rückkehr im Krankenhaus, aber Chris und auch ihr Bruder wollten hier einfach nur noch weg.

Lisa wirkte blass und beinahe ängstlich, als sie nach einem zaghaften Anklopfen das Krankenzimmer betrat. Dieser Freundschaftsdienst fiel ihr sichtlich schwer. Nachdem sie Chris zur Begrüßung auf die Wange geküsst hatte, lugte sie zaghaft in das kleine Tuchbündel, das auf der Bettdecke lag. Der kleine Leichnam war durch die Totenstarre inzwischen hart geworden. Fast erleichtert stellte Lisa fest, dass er aber trotzdem einen inneren Frieden ausstrahlte, als sei er in einer besseren Welt. Eine Krankenschwester half Chris beim Anziehen und setzte sie dann in einen Rollstuhl.

Benno trug den kleinen Jannic, der gut eingewickelt war, während seine Schwester im Stationszimmer die restlichen Formalitäten für ihre Entlassung erledigte. Sie wollte sich gerade von der Stationsschwester verabschieden, als diese noch erwähnte, dass gegen Mittag ihr Ehemann angerufen und nach dem Verlauf der Geburt gefragt habe. Sichtlich nervös erkundigte sich Chris: »Was haben Sie ihm denn geantwortet?« – »Dass nun alles überstanden ist.«

Chris hatte wegen ihrer Verletzungen Probleme damit, auf der Rückbank von Lisas Kleinwagen Platz zu nehmen. Sie musste sich hierbei von ihrem Bruder helfen lassen, der Jannic bereits auf dem Beifahrersitz abgelegt hatte. Als sie eine Sitzposition gefunden hatte, die für sie erträglich war, legte Benno ihr den kleinen Leichnam auf den Schoß und setzte sich auf den Beifahrersitz. Obwohl sein erster Griff im Auto für gewöhnlich zum Radio oder CD-Player ging, blieb es während dieser Fahrt still und nahezu wortlos.

Es war ein düsterer Tag. Der Himmel war verhangen und ließ keinen Sonnenstrahl hindurch, während die Müllmänner auf den Straßen und Gehwegen die letzten Fetzen der Feuerwerkskörper einsammelten. Dieses neue Jahr sollte für Chris ein gutes Jahr werden, so hatte sie es sich zumindest noch am Silvesterabend vorgestellt und um Mitternacht mit einem Glas Orangensaft voller Hoffnung mit den anderen Gästen angestoßen. Sie hatte sich auf das Kind gefreut und wollte in diesem Jahr auch ihre Promotion erfolgreich zum Abschluss bringen. Es fehlte nicht mehr viel und sie glaubte, ihr Leben gut im Griff zu haben.

Gegen Abend kamen sie von den Ereignissen erschöpft bei dem alten Wohnhaus an, das in einer ruhigen Seitenstraße lag. Lisa hatte den Wagen auf der Garageneinfahrt abgestellt, damit Chris nicht so weit laufen musste. Es war das geräumige Haus ihrer Großeltern, die vor wenigen Jahren kurz hintereinander gestorben waren. Chris und ihr Bruder hatten es mit Zustimmung ihrer Mutter, die Alleinerbin war, in eine WG umgewandelt. Während

Benno mit Lisa und drei Freunden, die sie aus der Uni kannten, hier fest wohnten, hatte sich Chris das ehemalige Gästezimmer mit dem Erker im Dachgeschoss für ihre Besuche eingerichtet.

Schon als Kind hatte sie die ruhige Atmosphäre dieses Hauses und den Garten mit den vielen Obstbäumen gemocht, die selbst im warmen Sommer den Aufenthalt im Freien noch angenehm machten. Jens dagegen war eher für einen modernen Baustil zu begeistern. Solange Chris in die WG zu ihrem Bruder fahren konnte, störte sie es nicht weiter, dass ihr Ehemann so viel Zeit mit seinen Bauprojekten verbrachte; es ließ ihr genügend Freiräume für ihr eigenes Leben und kleine Auszeiten von dem eher hektischen Leben in Hamburg.

Nur unter großen Schmerzen schaffte es Chris, ihr Dachgeschosszimmer zu erreichen. Ihr Bruder hatte das kleine Bündel hinter ihr hergetragen und fragte nun etwas hilflos: »Und was machen wir jetzt mit ihm?« Chris bat ihn, die kleine blaue Wäschewanne aus dem Bad zu holen, um Jannic dort hineinzulegen. Sie war sehr schwach, wollte eigentlich nur noch schlafen und sich mit ausreichend Schmerzmitteln versorgen. Insgeheim hoffte sie, dass diese sie so schläfrig machen würden, dass sie nicht nur ihre Schmerzen vergessen, sondern auch von ihrer wunden Seele nichts mehr mitbekommen würde.

Am Abend bekam Benno auf seinem Handy einen Anruf von Jens. Dieser fragte ihn ohne große Umschweife: »Ist Chris bei euch?« – »Was willst du von ihr? Du Penner!«, schrie er ins Handy. Nach einem kurzen, betroffenen Schweigen forderte ihn Jens sehr bestimmt auf: »Halte dich da bitte raus. Das ist allein eine Angelegenheit zwischen Chris und mir.« Benno war inzwischen wieder schlagfertig genug und formulierte scharf: »Dann ruf auch nicht auf meinem Handy an. Vollidiot!«, und legte auf.

Obwohl er seine Schwester jetzt lieber in Ruhe lassen wollte, ging er noch einmal zu ihr, um ihr von dem Anruf zu erzählen. Chris lag auf ihrem Bett und reagierte nicht, auch nicht auf die Ankündigung, dass die Eltern morgen gegen Mittag in Göttingen eintreffen wollten. Beunruhigt versuchte er, sie wach zu bekommen, indem er ihren Arm berührte. Als sie die Augen öffnete, kündigte er ihr den Besuch ihrer Eltern an, worauf Chris etwas benommen wissen wollte: »Und wo sollen wir die jetzt noch unterbringen? Hier ist doch alles voll.« Benno erklärte ihr: »Du, Lisa ist von all dem so geschockt, dass sie erst einmal für drei Tage zu ihren Eltern fahren möchte. Wir können dann in dieser Zeit aber ihr Zimmer nutzen.« Ohne noch etwas zu erwidern, schlief Chris sofort wieder ein.

Am nächsten Vormittag kam ein Mitarbeiter vom Beerdigungsinstitut, das Chris bereits vom Krankenhaus aus beauftragt hatte. Nach seiner Beileidsbekundung ging er mit Chris nach oben und betrachtete kurz den kleinen Leichnam. »Wir werden den kleinsten Sarg nehmen«, entschied er. Die anschließenden Absprachen verliefen unkompliziert. Chris hatte sehr genaue Vorstellungen davon, wie die Beerdigung ablaufen sollte. Erst in dem Moment, als sich der Bestatter erhob, um zu gehen und nach der kleinen blauen Wanne griff, realisierte Chris, was nun passieren würde.

»Kann er nicht doch bis zur Beerdigung hierbleiben? Früher war dies doch auch so«, bat sie. Ruhig, aber bestimmt erklärte ihr der Mann: »Das geht nicht. Das habe ich Ihnen doch schon erklärt. So sind nun einmal die Vorschriften. Heute Abend kommt ein Mitarbeiter von uns und Sie können dann gemeinsam mit ihm Ihr Kind waschen und ankleiden.« Chris schossen die Tränen in die Augen, als sie nickte und ihn dann zur Tür begleitete.

Als ihre Eltern eintrafen, führte Chris gerade ein Gespräch mit dem Pfarrer, den sie schon von ihren Großeltern kannte. Es war ein besonnener Herr, der kurz vor seiner Pensionierung stand und schon viele Trauerfälle begleitet hatte. Er wollte Chris in dieser Situation beistehen und hatte sich zu ihr und ihrem Sohn begeben, der inzwischen schon deutlich süßlichen Leichengeruch ausdünstete.

Die Eltern waren ebenfalls nach oben zu ihrer Tochter gekommen, die gerade mit dem Pfarrer schweigend vor der kleinen blauen Wanne stand. Ihrer Mutter entwich ein erschrockenes: »Oh mein Gott, das ist ja furchtbar«, worauf der Pfarrer mahnend sagte: »Der kleine Junge hat jetzt seinen Frieden gefunden. Nun sollten auch wir darum bemüht sein.«

Die Trauerfeier am nächsten Tag sollte im engsten Familienkreis stattfinden und der Junge im Familiengrab der Großeltern beigesetzt werden. Bevor der Pfarrer ging, erkundigte er sich noch, ob auch der Vater hieran teilnehmen würde, worauf Chris gleich voller Abwehr fragte: »Warum? Er ist doch schuld am Tod meines Kindes!« – »Diese Schuld wird mit Sicherheit sehr auf ihm lasten, aber geben Sie ihm wenigstens die Chance, sich bei Ihnen und Ihrem Sohn für sein Handeln entschuldigen zu dürfen, wenn er hierzu in der Lage ist.« Chris erlaubte dem Pfarrer nach einigem Zögern, Kontakt zu Jens aufzunehmen.

Als der Pfarrer gegangen war, empfand sie die Fürsorge ihrer Eltern als Belastung, obwohl sie froh darüber war, dass sie morgen bei der Beerdigung dabei sein würden. Chris kam ihr Leben plötzlich kalt und sinnlos vor und sie drohte, den Halt unter den Füßen zu verlieren. Sie zwang sich, für die Beisetzung ihres Sohnes zu funktionieren.

Nachdem ihr Vater nach den erschütternden Eindrücken versuchte, sich nützlich zu machen, indem er in dem nahegelegenen Supermarkt einkaufen ging, saß ihre Mutter lange Zeit wie erstarrt allein im WG-Zimmer ihres Sohnes. Erst als ihr Ehemann vollbepackt mit Lebensmitteln zurückkam, war sie in der Lage, das Essen zuzubereiten. Zwischen den Familienmitgliedern herrschte eine fast unwirkliche Sprachlosigkeit und deutliche Distanz. Jeder von ihnen war damit beschäftigt, mit sich und dem Schock umzugehen, ohne noch die anderen zu belasten.

Gegen Abend kamen zwei Mitarbeiter des Beerdigungsinstituts mit einem kleinen Sarg. Gemeinsam mit Chris wuschen sie den Kleinen und zogen ihm den Strampelanzug an, den sie schon vor Wochen in Vorfreude auf ihr Kind gekauft hatte, als sie mit Lisa Weihnachtseinkäufe erledigt hatte. Als der kleine Leichnam so frisch gewaschen und neu angekleidet in dem viel zu großen Strampler vor ihr lag, machte sie noch schnell ein Foto von ihm, denn sie spürte, dass sie Erinnerungsstücke von ihm brauchte, um ihn überhaupt gehen lassen zu können. Erst als sie diese letzten Dinge für ihren Sohn erledigt hatte, strich sie ihm ein letztes Mal über den Kopf und umfasste seine winzigen Hände, bevor der Sarg geschlossen wurde.

Als sie den kleinen Sarg und die Bestatter zur Haustür begleiten wollte, wurde ihr schwarz vor Augen. Ihre Eltern legten sie sofort aufs Bett, während sie am ganzen Körper zitterte, und riefen dann den ehemaligen Hausarzt der Großeltern an, der versprach, schnell vorbei zu kommen. Nachdem er Chris untersucht hatte, gab er ihr eine Spritze zur Beruhigung und um den Kreislauf zu stabilisieren.

In der Nacht schlief sie unruhig und sah immer wieder die Bilder von ihrem Sohn, der sich in ihrem Traum weiter und weiter von ihr entfernte. Mit starken Kopfschmerzen wachte sie am frühen Morgen auf. Da sie nicht mehr schlafen wollte, bat sie ihre Mutter, ihr beim Ankleiden zu helfen, weil sie sich schon für die Beerdigung fertig machen wollte.

Gemeinsam mit ihren Eltern und ihrem Bruder ging sie am Vormittag zum Blumenladen und dann zur Kirche, die sich nur zwei Straßen weiter befand. Sie hatten schon in der ersten Reihe vor dem kleinen Sarg Platz genommen, als sie hörten, wie hinter ihnen die schwere Kirchentür geöffnet wurde. Benno sah sich um und sagte dann leise: »Er ist da.« Jens ging bis an den Sarg heran und verharrte dort für einen Moment; dann blickte er kurz zur Familie seiner Ehefrau und nickte ihnen zu, bevor er in der Sitzreihe auf der anderen Seite Platz nahm. Jens sah blass und müde aus und es war ihm anzumerken, dass ihm dieser Termin ausgesprochen schwerfiel.

In seiner Predigt betonte der Pfarrer: »Ich kann hier zwar nicht viel über den kleinen toten Jannic selbst sagen, aber sehr viel über den Schmerz seiner Eltern und auch darüber, wie es ist, wenn ein Leben gar nicht erst beginnen konnte.« Chris weinte bei seinen Worten, bei der Orgelmusik und auch danach, als der kleine Sarg in das Familiengrab eingelassen wurde. Sie hatte noch nie in ihrem Leben einen so heftigen Schmerz gespürt und konnte es kaum ertragen, neben ihrem Ehemann zu stehen, um Erde auf den kleinen Sarg zu schaufeln.

Sie wollte weg von diesem Ort des Schmerzes und diesem Mann, der dieses Unglück mit seinem Leichtsinn verschuldet hatte. Sie hasste auch sich dafür, dass sie ihre Bedenken vor dieser Schicksalsfahrt in der Hoffnung, dass alles gut gehen würde, einfach ignoriert hatte.

Vom Grab aus ging sie sofort mit ihrer Familie nach Hause, ohne sich von Jens zu verabschieden. Sie schloss sich in ihr Zimmer ein und kam erst am Abend in die Küche, um ihren Eltern und Benno zu verkünden, dass sie sich scheiden lassen und aus Hamburg wegziehen wolle.

II

Am Tag nach der Beerdigung ließ Chris weder Benno noch ihre Eltern an sich heran. Einzig mit ihrem Arbeitgeber in Hamburg und einer Scheidungsanwältin vor Ort telefonierte sie. Sie wollte nach ihrer mehrwöchigen Krankschreibung noch ihren Resturlaub nehmen und dann hier in Göttingen ihre Promotion fertigstellen. Am nächsten Tag beauftragte sie ihre Anwältin damit, den Zeitpunkt des Getrenntlebens auf den Neujahrstag festzulegen und Unterhaltszahlungen sowie Schmerzensgeldansprüche gegenüber ihrem Noch-Ehemann durchzusetzen.

Erst nach der Abreise ihrer Eltern und der Rückkehr von Lisa in die WG war Chris in der Lage, über ihre Gefühle zu sprechen. Lisa konnte sie dazu bewegen, eine Trauertherapie zu beginnen, damit sie mit sich selbst wieder ins Reine käme. Während der nächsten Wochen ging Chris oft zu dem Familiengrab auf dem kleinen Friedhof, der direkt hinter der Kirche lag und dessen zahlreiche alten Bäume Ruhe und Beständigkeit ausstrahlten. Es war dort still, aber nicht zu einsam und sie stellte sich in diesen Momenten manchmal vor, wie weit ihre Schwangerschaft nun schon fortgeschritten wäre und wie es sein würde, wenn sie sich noch auf dieses Kind hätte freuen dürfen.

Abends betrachtete sie sich häufig die drei Fotos von Jannic und wünschte sich, sie hätte jemals seine Augen- oder Haarfarbe erfahren können oder seine kleine Stimme hören dürfen. Der Schmerz war zwar nun nicht mehr so heftig wie in den ersten Tagen, er nahm aber manchmal mehr Raum in ihrem Leben ein, als sie ertragen konnte. Sie vermied es, hinzusehen, wenn ihr eine Schwangere in der Stadt entgegenkam, oder an einem Kinderspielplatz vorbeizugehen. Selbst ein Kinderlachen auf der Straße schmerzte sie unerträglich.

Die einzige Ablenkung fand sie in der Arbeit an ihrer Promotion. Benno, der selbst mit seiner Abschlussarbeit in Politikwissenschaften beschäftigt war und nebenher noch als freier Journalist für eine Zeitung arbeitete, half ihr zusammen mit Lisa bei Schreibarbeiten, die ihr wegen ihres Schlüsselbeinbruchs immer noch schwerfielen.

Von Jens hatte sie kurz nach der Beerdigung noch einen Brief erhalten, in dem er sie um Verzeihung bat. Sie hatte ihm nicht geantwortet. Das Schreiben ihrer Anwältin sollte ihm ihren Standpunkt unmissverständlich klarmachen, dass sie die Trennung und Scheidung wollte, und zwar so schnell wie möglich. Ihre Eltern kamen jedes zweite Wochenende vorbei. Sie wohnten dann in einem nahegelegenen Hotel und boten ihr Hilfe bei der Schreibkorrektur an oder einen Spaziergang im Park. Manchmal ging sie mit ihnen auch in ein Lokal zum Essen, aber dann erst in den Abendstunden, wenn es für Familien mit Kindern bereits zu spät war.

Ihre Eltern vermieden es, auf sie einzuwirken, Jens doch noch eine Chance zu geben. Sie hatten ihren Schwiegersohn all die Jahre gemocht und auch Vertrauen zu ihm gewonnen. Sie bedauerten das Ende dieser Beziehung. Es waren aber auch die dramatischen Bilder vom toten Kind und der tiefe Schmerz ihrer Tochter, der ihnen deutlich machte, dass es eben nicht einfach einen Neuanfang geben könne.

Als die Knochenbrüche verheilt waren, erinnerten nur noch die kleine Narbe an der Stirn und die Schmerzempfindlichkeit am Schlüsselbein an die körperlichen Verletzungen dieses Unfalls. In ihrem Inneren sah es anders aus. Sie funktionierte nur noch und hangelte sich von einem Tag zum nächsten, ohne überhaupt noch an die Zukunft zu denken.

Sie arbeitete jetzt intensiver als je zuvor an der Fertigstellung ihrer Promotion, manchmal bis spät in die Nacht und war auch froh darüber, immer seltener Bennos und Lisas Hilfe in Anspruch nehmen zu müssen. Das Leben der beiden war mit eigenen Terminen genug gefüllt.

Es war in der vierten Stunde, als die Therapeutin mit ihr besprach, welche emotionalen Empfindungen sie vor ihrem Unfall hatte. Dinge, die sie glücklich und zufrieden machten und nicht mit der Vorfreude auf das Kind zusammenhingen. Chris hatte sich immer als sehr glücklich beschrieben und stellte jetzt fest, dass es neben dem Glücksgefühl über die Schwangerschaft auch viele andere schöne Momente in ihrem Leben gegeben hatte. Ihre Arbeit machte ihr Spaß, sie genoss die Treffen mit ihrer Familie und Freunden und trieb gern Sport. Hierbei wurde jedoch deutlich, dass sie mit Jens eher wenig unternommen hatte. Beruflich war er stark eingebunden und die Zeit für andere Dinge im Laufe ihrer Ehe wurde immer knapper.

Fast erstaunt stellte Chris fest: »Ja, wir haben wenig miteinander gemacht, ich war aber trotzdem glücklich. Irgendwie störte die Ehe nicht mein übriges Leben.« Nachdenklich wurde sie, als sie sich vorstellen sollte, was mit ihrer Beziehung zu Jens nach der Geburt des Kindes geschehen wäre. Sie hatte natürlich immer gehofft, dass er seine Vaterrolle ernst nehmen und beruflich kürzertreten würde. Aber konnte sie sich hier wirklich so sicher sein?

Sie hatte die Bilder vom Silvesterabend vor Augen. Umringt von seinen alten Bekannten, mit einer Flasche Bier in der Hand, erzählte er voller Begeisterung von seinen Projekten. Sein Gesicht war schon leicht gerötet. Aber kam dies tatsächlich nur von seinen lebhaften Erzählungen oder war es der Alkohol? Er hatte nach dem Unfall zu viel Promille im Blut. Hatte er nicht in letzter Zeit gerne eine gute Flasche Wein aufgemacht, um seine beruflichen Erfolge nach Feierabend genießen zu können?

Chris wurde in den darauffolgenden Therapiesitzungen immer deutlicher bewusst, dass ihre Ehe wahrscheinlich gar nicht den nächsten Entwicklungsschritt einer Elternschaft ohne größere Auseinandersetzungen über Aufgabenverteilungen, Rollenverständnis und großer Kompromissbereitschaft auf beiden Seiten überstanden hätte. Vielleicht wäre sie auch eine alleinerziehende Mutter mit einem sehr erfolgreichen Ehemann geworden. Diese Sitzungen mit der Therapeutin wühlten Chris stets auf, denn sie stellten sie und auch ihr bisheriges Leben infrage, ohne dabei Antworten zu geben, wie es nun weitergehen soll.

Dann kam der Tag, an dem sie mit ihrer Promotionsschrift in der Tasche nach Hamburg fuhr, um sie ihrem Doktorvater zu übergeben. Nervös wartete sie vor dessen Büro. Während sie in ihrem Kopf noch einmal durchging, was sie mit ihm gleich alles besprechen wolle, wurde sie von einer bekannten Stimme unterbrochen: »Hallo, Chris. Das ist ja schön, dass wir uns auch einmal wiedersehen.« Sie drehte sich um und erblickte ihre ehemalige Kommilitonin Vivienne, die als Biologin ins Lehramt übergewechselt war. Vivienne nahm sie kurz in den Arm und betrachtete dann forschend ihr Gesicht und gleich darauf ihren Bauch. »Du siehst ja ganz schön müde aus. Bereitet euer Kind dir jetzt schlaflose Nächte?«, wollte sie von ihr wissen.

Mit dieser Nachfrage hatte Chris nicht gerechnet. Der notdürftig aufgebaute Schonraum brach augenblicklich zusammen. Schroff antwortete sie: »Ja, mein Sohn ist schon da. Er liegt auf dem Friedhof.« Dann wandte sie sich zum Fenster, weil sich ihre Augen mit Tränen füllten. »Das tut mir aber leid. Du, ich habe jetzt einen wichtigen Termin. Ich muss noch schnell Unterrichtsmaterial besorgen. Mach es gut«, murmelte Vivienne bestürzt und ging hastig weiter.

Chris kämpfte gegen ihre Tränen an und versuchte sich wieder zu sammeln, als die Bürotür geöffnet wurde. Ihr Doktorvater verabschiedete gerade einen anderen Wissenschaftler, bevor er sich ihr zuwandte. Freundlich lächelnd sagte er: »Kommen Sie herein, Frau Hansen. Möchten Sie einen Kaffee?« Chris nickte und nahm schon an dem Besprechungstisch Platz, während Prof. Bachmann seine Sekretärin bat, ihnen einen Kaffee zu bringen. Es war eigentlich wie immer und gerade das machte Chris schmerzhaft deutlich, dass sie nicht mehr so wie früher war und auch nicht mehr in diese alte Welt passte.

Zum Glück vermied es ihr Doktorvater, den sie damals über den Unfall und den Verlust ihres Kindes informiert hatte, persönliche Fragen zu stellen, sodass sie anfangs nur über ihre Arbeit sprechen konnten. Erst als sie schon ihre Sachen wieder zusammenpackte, bemerkte er: »Mein Besuch eben, der Dr. Zerner, leitet ein Forschungsprojekt über wildlebende Tiere in Kenia. Er ist wieder einmal dabei, nach neuen Mitarbeitern Ausschau zu halten. Wenn Sie jemanden kennen, der Interesse hat, möge er sich bei ihm melden.« Froh, diesen Termin doch noch gut überstanden zu haben, erwiderte Chris eher halbherzig als wirklich interessiert: »Ich kann mich ja einmal umhören.« Von Prof. Bachmann bekam sie zu dem Projekt noch Infomaterial ausgehändigt, das sie aber gleich in ihrer Tasche verstaute, und verließ dann schnell das Büro.

Diesmal wollte sie nicht direkt nach Göttingen zurückfahren, sondern entschloss sich kurzerhand, bei ihren Eltern in Bremervörde Halt zu machen. Ihr Vater hatte dort eine Anwaltskanzlei, in der auch ihre Mutter stundenweise arbeitete. Als sie dort ankam, war es gerade Mittagszeit. Sie konnte mit ihren Eltern zusammen essen und da es ein Mittwoch war, musste ihr Vater auch nicht gleich wieder zur Arbeit.

Chris wirkte frustriert, als sie feststellte: »Es wird immer so interessiert gefragt, wie es einem geht, aber wehe, wenn die Antwort heißt: Mir geht es schlecht. Dann gibt es immer sofort einen Themenwechsel. Ich passe nicht mehr in diese Welt der Gutgelaunten und Erfolgreichen.« Besorgt erwiderte ihre Mutter: »Meinst du denn wirklich, dass dir all die Veränderungen in Göttingen guttun? Vielleicht hättest du in deinem bisherigen Leben mehr Halt.« Es herrschte einen Moment lang eine Stille, die durch den fassungslosen Gesichtsausdruck von Chris fast bedrohlich wirkte. Aggressiv wollte diese von ihr wissen: »Heißt das, ich bin jetzt selbst schuld, nur weil ich mich nicht wieder mit Jens ausgesöhnt habe und nicht einfach so weitermachen will?«

Vermittelnd versuchte ihr Vater einzugreifen: »Chris, auch Jens leidet unter der ganzen Sache; das habe ich von seinem Vater erfahren. Und er hat das nicht mit Absicht getan, vergiss das nicht.« Seine Tochter lehnte sich auf ihrem Stuhl etwas zurück und fragte ihn dann provokant: »Wisst ihr eigentlich, dass meine Ehe gar nicht so stabil und harmonisch war, wie sie immer aussah? Jens hat seinen Erfolg immer mit Alkohol begossen und jeder von uns ging seiner Wege.« Ihr Vater sah sie zweifelnd an: »Nun übertreib aber nicht. Jens war nie betrunken und auf ein gutes Geschäft wird nun einmal auch mit einem guten Tropfen angestoßen.« Chris sah ihn einen Moment ungläubig an. »Wenn das so ist, sind die Rollen ja schon gut verteilt. Vielleicht sollte man für die ach so erfolgreichen Menschen die Promillegrenze erhöhen, damit sie keine Probleme mit dem Gesetz bekommen. Blöd nur, dass es da immer noch Leichen gibt, die dann wohl lieber in den Kellern verscharrt werden.«

Ohne noch eine Reaktion ihrer Eltern abzuwarten, hatte sie ihre Jacke und Tasche gegriffen und verließ das Haus. Als sie in ihren Wagen gestiegen war, wusste sie nicht, wohin sie fahren sollte und entschloss sich dann kurzerhand für den Vörder See. Es war draußen noch frisch, aber die ersten Krokusse hatten sich schon einen Weg durch die Erdkruste gebahnt. Sie dachte daran, dass dies die Zeit gewesen wäre, wo sie gerade ihren Sohn geboren hätte und dieser Gedanke tat ihr weh.

Chris ging einfach nur spazieren und versuchte, Menschenmengen zu meiden. Da sie nicht in der Dunkelheit zurückfahren wollte, entschloss sie sich, in einer kleinen Pension zu übernachten. Benno schrieb sie nur kurz eine SMS, dass sie morgen wieder zurück sei. Als er nachfragte: »Wieso?«, war ihre knappe Antwort: »Warte es ab.«

Sie hätte es wissen müssen, dass so Familienleben nicht funktioniert. Am Abend hatten ihre Eltern bei Benno angerufen und besorgt nachgefragt, ob Chris schon wieder zurück sei, worauf ihnen dieser die wenig aussagekräftige SMS-Nachricht mitteilte. Nachdem nun alle sehr beunruhigt waren und Benno seinen Eltern am Telefon auch noch Vorhaltungen machte, dass das Tischgespräch zwischen ihnen und seiner Schwester ja wohl völlig scheiße verlaufen wäre, schrieb er Chris eine weitere SMS: »Alles in Ordnung bei dir? Soll ich kommen und wir haben eine tolle Nacht?« Chris reagierte nicht. Sie hatte ihr Handy ausgestellt und sich aufs Bett gelegt.

Eigentlich wollte sie einfach nur noch schlafen. Das gelang ihr aber nicht und so zappte sie sich durch die Sender, bis sie plötzlich auf eine Doku über ein Artenschutzprogramm in Afrika stieß. Von den verschiedenen Fördervereinen wurden die jeweiligen Arbeiten vorgestellt, wobei sie glaubte, den Wissenschaftler von heute wiedererkannt zu haben. Neugierig suchte sie in ihrer Tasche nach dem Infomaterial und las es sich durch.

Es war schon Mitternacht, als sie endlich das Licht löschte und ihr plötzlich klar wurde, wie sie sich aus diesem schwarzen Loch des Immer-nur-funktionieren-Müssens befreien konnte. Sie suchte wieder nach einem Leben mit Sinn und Leidenschaft.

Obwohl die Nacht kurz war, fühlte sie sich ausgeschlafen, als sie um sieben Uhr aufwachte. Sie duschte und zog sich an, um dann nach unten in den kleinen Speiseraum zum Frühstück zu gehen. Chris setzte sich an einen kleinen Tisch am Fenster und stellte ihr Handy an, bevor sie sich vom Frühstücksbüfett ein Käsebrötchen und ein Schälchen mit Müsli besorgte. Während sie auf den Kaffee wartete, der ihr direkt an den Tisch serviert wurde, checkte sie ihre Nachrichten. Ihr Bruder hatte noch einmal versucht, sie zu erreichen, ebenso ihre Eltern und diese klangen sehr besorgt. Um nicht noch eine Vermisstenanzeige auszulösen, schrieb sie Benno und ihren Eltern eine kurze SMS: »Mir geht es gut. Bin gegen Mittag wieder in Göttingen.«

Bevor sie losfuhr, rief sie noch im Büro bei Herrn Prof. Bachmann an. Er war wie sie ein Frühaufsteher und häufig schon vor acht Uhr in der Hochschule anzutreffen. Er war erstaunt, als sie sich meldete und noch mehr, als sie ihm ihr Interesse an dem

Forschungsprojekt von Dr. Zerner bekundete. Etwas zweifelnd fragte er: »Glauben Sie wirklich, dass dies jetzt das Richtige für Sie ist? Nach dem, was Sie gerade alles erlebt haben?« Seine Frage ärgerte Chris und deshalb antwortete sie fast trotzig: »Von manchen Lebenskrisen kann man auch stärker werden und ich denke, dass ich auf dem besten Weg dahin bin. Schließlich bin ich auch früher als geplant mit meiner Dissertation fertig geworden. Sie würden mir sehr helfen, wenn Sie ein gutes Wort bei Dr. Zerner für mich einlegen könnten. Er kann sich gern bei mir melden, wenn er Interesse an meiner Mitarbeit hat.«

Prof. Bachmann war beeindruckt von ihrer Entschlossenheit und sagte ihr seine Unterstützung zu. Auch wollte er ihre Dissertation sehr zügig benoten, um sie dann an den Zweitprüfer zu übergeben. Obwohl er noch Zweifel hatte, ob diese blasse junge Frau von gestern tatsächlich geeignet war, diesen Job in einem afrikanischen Land anzutreten, musste er sich auch eingestehen, dass er recht wenig von ihr wusste und erst recht nicht, wo sie in ihrer Krisenbewältigung stand. Dafür war sein Betreuungsverhältnis als Doktorvater doch zu sehr auf das Fachliche begrenzt.

Die Fahrt nach Göttingen verlief ohne weitere Zwischenfälle. Nach dem Unfall hatte sie zwar große Probleme auf dem Beifahrersitz eines Pkws Platz zu nehmen und saß in der Zeit, in der sie wegen ihrer Verletzungen noch nicht selbst fahren konnte, lieber auf der Rückbank, aber an ihre eigenen Fahrkünste glaubte sie schon. In ihrer Ehe war es auch eher Jens, der es lieber sah, bei gemeinsamen Fahrten selbst am Steuer zu sitzen. Er empfand es einfach als unmännlich, sich von seiner Ehefrau fahren zu lassen und versuchte sie auch ganz gerne zu korrigieren, wenn sie dann doch einmal am Lenkrad saß, um ihn von einem Termin abzuholen.

Benno, der gerade an seinem Computer einen Artikel für die Zeitung verfasste, fuhr Chris ungehalten an, als sie an seiner geöffneten Zimmertür stehenblieb und sich bei ihm zurückmeldete: »Sag mal spinnst du? Was sollte denn die Nummer letzte Nacht?«

Chris versuchte, ruhig zu bleiben, als sie ihm erklärte: »Ich stecke hier in einer Sackgasse. Ich brauchte einfach einen Plan, wie es in meinem Leben weitergeht.« Ohne noch eine Antwort von ihm abzuwarten, ging sie in ihr Zimmer.

Benno sah ihr einen Moment erstaunt hinterher und folgte ihr dann. In ihrem Zimmer setzte er sich in ihren Schaukelstuhl und wollte dann von ihr wissen: »Kannst du mir einmal sagen, was hier gerade läuft? Mama und Papa rufen fast stündlich an, um zu fragen, ob du schon da bist und du erzählst mir etwas von Lebenszielen?« – »Du kannst gerne bei ihnen anrufen und ihnen mitteilen, dass ich wohlbehalten im Nest der Familie aufgetaucht bin«, schlug sie mit deutlich unterkühlter Stimme vor.

Ihr Bruder ließ aber nicht locker und wollte nun von ihr wissen: »Eh, was ist los?«, worauf sie ihm von der Auseinandersetzung mit den Eltern erzählte und auch welche Gedanken sie in den letzten Stunden hatte. Erstaunt über ihre Pläne fragte er etwas skeptisch: »Chris, meinst du nicht, deine Pläne wären eher etwas für mich?« Sie musste lachen, als sie doch sehr selbstbewusst erwiderte: »Tut mir leid, mein Brüderchen, aber hierfür fehlt dir leider die nötige Qualifikation. Du kannst mich aber gerne dort besuchen und dann einen Artikel verfassen.« Benno war sofort begeistert von dieser Idee und wollte sich diesbezüglich mit Dr. Zerner in Verbindung setzen, wenn seine Schwester den Job kriegen würde.

Während sie noch überlegten, wer dies den Eltern wie erklären sollte, fragte Benno fast beiläufig: »Hat dir Papa gestern auch erzählt, dass er Jens im Strafverfahren wegen seiner Trunkenheitsfahrt vertritt?« Chris sah ihn einen Moment lang völlig sprachlos an. »Sie haben wohl immer noch geglaubt, Jens und du ihr versöhnt euch wieder und so hat er die Verteidigung von Jens übernommen. Wohl um die Familienehre zu retten«, interpretierte Benno das Verhalten seines Vaters. Chris fühlte sich von ihren eigenen Eltern verraten und auch manipuliert. Verbittert stellte sie fest: »Jetzt verstehe ich auch, warum Jens sich bislang ungewöhnlich handzahm meiner Anwältin gegenüber verhalten hat und Mama und Papa immer so zurückhaltend reagiert haben, wenn es um meine Scheidung ging. Sie hatten wahrscheinlich vor, mich bis Ende des Jahres wieder auf Familienkurs zu bringen.«

Noch ehe sie sich von dieser Nachricht erholt hatte, rief ihr Vater an. Auf dem Display konnte Chris den Anrufer ablesen. Scheinbar gelassen meldete sie sich am Telefon. Als ihr Vater mühsam beherrscht nachfragte, wo sie denn gewesen sei, antwortete sie nicht ohne Hintergedanken: »Ich habe mich auf ein Forschungsprojekt in Afrika beworben.« Es dauerte einige Sekunden, bevor ihr Vater völlig verdutzt nachfragte: »Was hast du?« – »Ich möchte für ein Jahr in Afrika arbeiten. Es lohnt also nicht, mir weiterhin die Ehe mit Jens schmackhaft machen zu wollen. Ich gehe zu den Affen und werde mich dort wohl besser verstanden fühlen als von euch.« Ohne noch eine Reaktion von ihm abzuwarten, legte sie auf.

Benno sah sie amüsiert an und meinte: »Ich bin stark beeindruckt von dir. Sonst war ich doch immer der Bad Boy der Familie und nun die ehemals brave Tochter, die ihr Abenteuer in der afrikanischen Wildnis sucht. Komm, lass uns Essen gehen. Ich lade dich zu einer Pizza ein.« Beim Italiener in der Innenstadt hörte er gespannt zu, was sie schon alles über das Projekt wusste. Sie überlegten dann gemeinsam, was Chris die nächsten sechs Monate alles zu erledigen hätte.

Sie wollte nun nicht nur die mündliche Prüfung ihrer Promotion zum Thema »Naturbelassene Wälder« abschließen, sondern auch eine überzeugende Bewerbung für Dr. Zerner verfassen. Auf ihrer To-do-Liste stand aber auch, einen Englischauffrischungskurs zu belegen, alle Impfungen und Gesundheitschecks zu bestehen und wieder körperlich fit zu werden. Den letzten Punkt auf der Liste wollte Benno aktiv unterstützen. Er hatte es in den letzten Monaten sehr vermisst, dass Chris wegen ihrer Schwangerschaft und anschließender Verletzung kaum noch mit ihm gejoggt oder mit ins Fitnesscenter gekommen ist.

Voller Elan waren sie gut gelaunt wieder in der WG angekommen, als ihnen Lisa mitteilte, dass ihr Vater noch einmal angerufen und dringend um Rückruf gebeten habe. Diesmal wollte Benno mit ihm telefonieren; konnte aber nur mit dessen Sekretärin einen Rückruf vereinbaren. Chris wollte nicht solange warten und war deshalb nach oben in ihr Zimmer gegangen. Dort betrachtete sie sich die Fotos ihres Sohnes, die in einem Bilderrahmen über ihrem Bett hingen. Sie hatte plötzlich ein schlechtes Gewissen, dass sie wieder voller Tatendrang und Zukunftsplänen war und vorhin mit Benno so viel beim Essen gelacht hatte.

Chris wollte sich nicht eingestehen, dass in diesem zukünftigen Leben ihr kleiner Sohn gar keinen Raum gefunden hätte. Sie hatte ihm noch in der letzten Nacht, die er in der kleinen blauen Wanne vor ihrem Bett verbracht hatte, versprochen, dass er in ihrem Leben immer einen festen Platz behalten würde. Aufgewühlt von ihren Gedanken war sie ans Fenster getreten und schaute auf die Baumkronen, die durch ihre vielen Knospen schon anzeigten, dass ihre Zeit bald kommen würde.

Chris fühlte sich wie diese Bäume. Ihre Wünsche waren die Knospen, die Vorbereitungen sollte die Blütezeit sein, ihre Promotion die Blätter und die einjährige Projektzeit in Afrika die Zeit der Frucht und der Ernte. Während sie diesem Gedanken nachging, spürte sie, dass all das nicht gegen ihren Sohn war, der sie in ihren Gedanken begleiten würde, sondern um die Wunde zu schließen, die die verhinderte Mutterschaft bei ihr hinterlassen hatte. Chris hatte sich auf ein zeitaufwendiges, schönes und intensives Leben mit ihrem Kind eingestellt und nun durch seinen Tod ihre Lebensperspektive verloren. Sie nahm sich vor, morgen nach dem Therapietermin wieder auf den Friedhof zu gehen.

Währenddessen hatte Benno mit dem Vater telefoniert, was keineswegs harmonisch verlief. Die Eltern warfen ihrem Sohn vor, einen schlechten Einfluss auf Chris zu haben, indem sie Hirngespinsten nachging, statt ihr Leben wieder in den Griff zu bekommen. Benno dagegen hielt sich mit Anschuldigungen auch nicht gerade zurück, indem er seinem Vater vorwarf, nur immer Dinge zu unterstützen, die dem Familienprestige entsprächen.

Und da sei die Scheidung seiner Tochter von dem Sohn seines Steuerberaters nun einmal nicht etwas, was er gutheißen könne.

Nachdem der Vater diese Kritik seines Sohnes nicht weiter ernst genommen hatte, erkundigte er sich: »Und was ist nach diesem Jahr? Ist Chris dann in ihrem Leben weiter oder hat sie dann noch mehr Probleme, wieder ihren Platz zu finden?« – »Was ist denn ihr Platz? Die schöne Ehefrau eines erfolgreichen Mannes zu werden und es dann noch einmal mit einer Schwangerschaft zu versuchen?«, wollte Benno von ihm wissen und fuhr dann fort: »In welchem Jahrhundert lebt ihr eigentlich?« Weder Benno noch sein Vater wurden sich darin einig, welches Leben für Chris das richtige sei, und so endete das Telefonat dann auch in entsprechend frostiger Atmosphäre.

Nachdem Benno seiner Schwester vom Gespräch mit ihrem Vater berichtet hatte, wollte auch er von ihr wissen, was denn nach Afrika für sie käme. Chris überlegte kurz, bevor sie meinte: »Vielleicht fällt es mir danach tatsächlich schwer, mich wieder in der typischen deutschen Kultur zurechtzufinden. Ich weiß aber auch, dass der Tod von Jannic für mich so ein emotionaler Einschnitt in meinem Leben war, dass mir dieses ganze geordnete Bürgertum und die Leistungsgesellschaft im Beruf einfach nur noch wie eine inhaltsleere Fassade vorkommen. Ich muss mich wieder spüren. Verstehst du das?« Er nickte und nahm sie in den Arm. »Dann mach es, aber sei bitte vorsichtig. Und wenn du Hilfe brauchst, ruf deinen starken Bruder.« Chris versprach es ihm.

III

Für die nächsten Wochen hatte Chris einen vollen Terminkalender. Sie hatte mit Dr. Zerner Kontakt aufgenommen und erfahren, welche Unterlagen er für ihre Bewerbung benötigte. Sie erfuhr von ihm auch, dass ihr Doktorvater Wort gehalten und sich bereits für sie eingesetzt hatte, sodass sie im Telefonat mit Dr. Zerner deutlich spürte, dass auf seiner Seite ein gewisses Interesse an ihr bestand.

Nachdem sie in den nächsten Tagen alle Unterlagen zusammengestellt und ihm zugesandt hatte, wartete sie voller Ungeduld auf eine Antwort von ihm. Diese ließ nicht lange auf sich warten und so wurde sie bereits eine Woche später zum Vorstellungsgespräch nach Bonn eingeladen.

Obwohl es nicht ihre Art war, ihre Leistungen durch überbetontes Frausein hervorzuheben, wollte sie sich sicher fühlen. Den Abend zuvor gönnte sie sich eine Gesichtsmaske, eine Haarkur und ging zeitig ins Bett. Für das Vorstellungsgespräch hatte sich für einen legeren Hosenanzug und ein buntes Tuch entschieden; dazu wollte sie flache Schuhe tragen. Chris fuhr dieses Mal mit dem Zug, um noch genügend Zeit zum Nachdenken zu haben. Als sie zur vereinbarten Zeit bei Dr. Zerner eintraf, erwartete er sie schon mit zwei weiteren Kollegen.

Für Chris sprachen eindeutig ihr sicheres Auftreten, ihre guten Zeugnisse und auch das Empfehlungsschreiben von Prof. Bachmann, in dessen Institut sie bis zu ihrem Unfall gearbeitet hatte. Bedenken hatte das Auswahlgremium jedoch im Hinblick auf ihre geringe Auslandserfahrung und auch der Umstand, dass ihr Afrika völlig fremd war, verbesserte nicht gerade ihre Chancen. Es lag wohl eher an den anderen Bewerbern, die sich deutlich schlechter präsentierten, dass Chris in den frühen Abendstunden per Telefon dann doch noch die ersehnte Zusage bekam. Sie war in Bonn geblieben und wollte dort in einem kleinen Hotel übernachten. So konnte sie am nächsten Tag vor ihrer Rückreise gleich noch einmal zu Dr. Zerner fahren, um ihren Vertrag zu unterschreiben.

Ihr Herz schlug heftig, als sie sich das Schriftstück noch einmal gründlich durchlas. Vor lauter Aufregung musste sie manche Passagen zweimal lesen. Dr. Zerner hatte bemerkt, dass ihr dieser Schritt schwerfiel und ihr versichert: »Sie können nach sechs Monaten aus dem Projekt auch wieder aussteigen, wenn es Ihnen überhaupt nicht zusagt. Sie sollten dies aber drei Monate vorher bei mir anzeigen, damit ich Ersatz für Sie bekommen kann. Und wenn es Ihnen so gut gefallen sollte, dass Sie gar nicht mehr zurück möchten, kann ich Ihren Arbeitsvertrag auch um ein halbes oder ganzes Jahr verlängern.« Mit einem Augenzwinkern fügte er hinzu: »Aber nur dann, wenn wir mit Ihrer Arbeit auch zufrieden sind.«

Nachdem sie unterschrieben hatte, verriet ihr Dr. Zerner, dass sich das Auswahlgremium die Entscheidung nicht leicht gemacht hatte. Chris habe diesen Job trotz ihrer guten Beurteilungen auch nur deshalb bekommen, weil derzeit auf der Projektstation ein Dr. Crow, mit sehr viel Erfahrung, die Leitung übernommen hatte und dieser sie auch gut anlernen könne. Als sie kurz darauf zum Bahnhof fuhr, war sie sich nicht mehr so sicher, ob sie jetzt glücklich sein oder lieber ängstlich reagieren sollte, angesichts dessen, was sie ab September erwarten würde.

Am späten Nachmittag wurde sie voller Neugier von ihrem Bruder in der WG erwartet. Als er hörte, dass sie die Stelle bekommen hat, nahm er sie fest in den Arm. »Das ist doch toll, Schwesterchen. Und nun rocken wir Afrika«, stellte er sich übermütig vor. Chris dagegen lächelte nur zaghaft, worauf er von ihr wissen wollte: »Sag mal, bekommst du jetzt Schiss? Hast du deshalb nicht gleich geschrieben?« Sie setzte sich ziemlich müde auf sein Bett und gab zu: »Ja, ich habe auch Angst. Afrika ist ziemlich weit weg von meiner Herde.«

Abends rief sie bei ihren Eltern an. Der Kontakt zu ihnen verlief seit ihrer Auseinandersetzung in Bremervörde schwierig und sie kamen auch nicht mehr nach Göttingen. Sie telefonierten zwar wöchentlich miteinander, aber die Gespräche zeugten nicht mehr von der gewohnten Nähe. Am anderen Ende der Leitung meldete sich ihr Vater. »Hallo, ich bin's. Ich habe heute meinen Arbeitsvertrag für Afrika unterschrieben«, teilte sie ihm gleich mit. Nach einem betroffenen Schweigen wollte ihr Vater wissen: »Hast du dir das alles wirklich gut überlegt? Dort ist das Leben nicht so wie bei uns, und schon gar nicht für die Frauen.«

Chris nahm ihm diese Einwände nicht weiter übel, weil sie wusste, dass sich ihre Eltern Sorgen machten. Sie beschwichtigte ihn deshalb: »Paps, das weiß ich. Ich muss diese andere Welt aber erfahren, damit ich hier in meiner jetzigen Welt wieder meinen Platz finden kann.« Um ihn zu beruhigen, erzählte sie ihm von Dr. Crow, der mit seiner Ehefrau auf der Station lebt und dass Benno sie dorthin begleiten wollte, um eine Story zu schreiben. Ihr letzter Satz beruhigte ihren Vater dagegen eher weniger, weil er immer gehofft hatte, dass sein Sohn endlich einmal seine Abenteuerlust ablegen würde.

Da dessen Geburtstag gerade anstand, verabredeten sie, hierfür einmal wieder nach Göttingen zu kommen. Ihr Vater wollte dann mit ihr auch noch einmal alle erforderlichen Formalitäten durchgehen. An seinem Angebot spürte Chris, dass es auch ihren Eltern sehr wichtig war, dass sich die Familienbeziehungen nicht noch weiter verschlechterten. Das stimmte sie wieder etwas versöhnlich.

Benno hatte an einem Freitag Geburtstag und veranstaltete aus diesem Anlass in der WG eine Feier mit seinen Freunden. Es gab ein leckeres Büfett und es wurde viel erzählt. Von manchen Gästen, die Chris ebenfalls kannte, bekam sie für ihre Pläne aufmunternde Worte und auch Komplimente. Als der Freund von Benno sie fragte: »Hättest du denn für deine Auszeit nichts Harmloseres finden können als ein Umweltprojekt in Afrika?«, entgegnete Chris nach kurzer Überlegung: »Vielleicht eine Weidezeit auf der Alm, aber dort ist es mir zu menschenleer und auch vielleicht zu reizarm.«

Gegen Mitternacht nahm Vincent seine Gitarre, zu der sie gemeinsam Lieder sangen und lachten. Chris wollte nicht den ganzen Abend dabei sein und sie spürte, wie sie mit der Unbekümmertheit der Gäste im Laufe des Abends nicht mehr umgehen konnte, sodass sie auf ihr Zimmer ging.

Bis zum Eintreffen ihrer Eltern am Sonntagvormittag sah die WG schon wieder etwas aufgeräumter aus und Benno hatte auch seinen Fetenkater ausreichend auskurieren können. Als die Familie mittags Essen ging, lag es keineswegs nur an dem gut besuchten Lokal, dass die Stimmung etwas verkrampft wirkte. Alle versuchten, die kritischen Themen zu vermeiden.

Wieder zurück in der WG begann der Vater damit, sich die Projektunterlagen durchzusehen. Während er an Chris' Schreibtisch saß und las, hatte sie sich in ihren Schaukelstuhl ans Fenster gesetzt und schaute in die Baumkronen, die nun in voller Blüte standen. Sie versuchte sich vorzustellen, was ihr diese Bleibe noch nach ihrer Zeit in Afrika bedeuten würde. Natürlich gab es da das Grab ihres Sohnes und die alte vertraute Umgebung dieses Hauses, aber würde sie hier noch einmal als dessen Bewohnerin zurückkehren wollen?

Ihr Vater hatte die Durchsicht der Unterlagen abgeschlossen und unterbrach ihre Gedanken, indem er sagte: »Wenn du nicht gerade meine Tochter wärst, würde ich sagen, dass dies ein spannendes Projekt ist, das auch noch gut bezahlt wird.« Chris sah ihn erstaunt an. »Und, ist der Vertrag auch in Ordnung?« Ihr Vater nickte und kam dann zu einem ganz anderen Thema, indem er ihr erzählte, dass ihn Jens kürzlich angerufen habe, um nachzufragen, ob sie nicht schon wieder arbeiten würde. Nach dem Unfall hatte er sich sofort bereit erklärt, ihr monatlich Unterhalt zu überweisen, zwanzigtausend Euro Schmerzensgeld sowie die Beerdigungs- und Grabpflegekosten für Jannic.

Chris fragte nur: »Und, was hast du ihm geantwortet?« – »Dass wir am Wochenende nach Göttingen fahren und ich dann einmal mit dir darüber sprechen könnte, was du beruflich vorhast. Ich habe ihm aber auch gesagt, dass deine Promotion noch nicht ganz abgeschlossen ist.« Von ihrem Vater erfuhr sie auch, dass Jens sich nach dem Unfall ein neues Fahrzeug kaufen musste und ein Fahrverbot erhalten hat. Außerdem sei die ganze Sache mit der Trunkenheitsfahrt und dem Tod des Kindes von seinem sozialen Umfeld nicht gerade verständnisvoll aufgenommen worden.

Herr Evers fügte noch hinzu: »Der erfolgreiche Jens hat einige sehr große schwarze Flecken auf seine weiße Weste bekommen und kann damit auch nicht gerade gut umgehen.« – »Wieso?«, wollte Chris wissen, worauf ihr Vater nur kurz anmerkte, dass er häufig trinkt und aggressiv und gehetzt sei. Chris Vater wirkte resigniert, als er dieses Thema mit dem Satz beendete: »Manche Menschen führen ein Leben wie auf der Überholspur, direkt auf dem Weg zum schnellen Erfolg. Wenn es dann doch anders verläuft, verlieren sie leicht ihren Halt.«

Auf dem Weg nach unten, zu den anderen, sagte Chris mit ernster Miene: »Der lernt wohl nie dazu. Hoffentlich fährt er nicht den Nächsten zu Tode, wenn er wieder ans Steuer darf. Du kannst ihm sagen, dass ich ab September einen Job habe und er dann seine Unterhaltszahlungen einstellen kann.« Als ihr Vater noch wissen wollte, wann der gemeinsame Hausstand aufgelöst werden sollte, meinte sie nur: »Ich weiß nicht. Meine letzten ganz persönlichen Sachen kann er euch noch zusammenpacken und ihr bringt sie dann mit, so wie ihr es mit den anderen auch schon getan habt. Die gemeinsamen Anschaffungen möchte ich nicht. Sie erinnern mich zu sehr an die Ehe. Da würde ich mich lieber auszahlen lassen, wie auch mit dem Haus.«

Als sich ihre Eltern kurz darauf verabschiedeten, war die Stimmung auf beiden Seiten bedrückt. Chris spürte, dass sie die große

Verantwortung hatte, ihren Eltern zu beweisen, dass sie ihren neuen Job besonnen und vorsichtig angehen würde, um aus deren großen Sorgen ja keinen Kummer werden zu lassen.

Anfang Mai hatte ihr Doktorvater und der Zweitprüfer ihre Dissertation bewertet und im Juni wurde der Termin für ihre Abschlussprüfung festgelegt. Nach diesem ersten Erfolgserlebnis arbeitete sie noch mehr daran, auch diese Prüfung gut zu bestehen. Zusammen mit Benno fuhr sie hierfür nach Hamburg. Chris war so aufgeregt, dass es ihr nicht mehr gelang, konzentriert in den Unterlagen zu lesen, die sie für die Fahrt mitgenommen hatte. Benno bemerkte darauf nur ungerührt: »Was du jetzt noch nicht im Hirn hast, kriegst du auch nicht mehr rein. Komm, mach jetzt einfach Redaktionsschluss und sag mir, wo wir nachher schön essen gehen können.«

Die Prüfung verlief gut. Chris war zwar nervös, aber gut vorbereitet und konnte ihre Arbeit überzeugend vertreten. Als sie danach mit ihrem Doktorvater auf die bestandene Prüfung mit einem Glas Sekt anstieß, wollte er sich vergewissern, ob sie im Herbst wirklich nach Afrika gehen würde. Es war ihm anzumerken, dass er noch immer Zweifel an der Richtigkeit ihres Vorhabens hatte. Als er ihr anbot, doch wieder in seinem Institut anzufangen, lehnte Chris dankend ab und sagte: »Ich glaube, das kann ich nicht. Dafür sind die Erinnerungen noch zu schmerzhaft.«

Am Abend löste Benno sein Versprechen ein und ging mit ihr zu ihrem Lieblingsitaliener. Dort erzählte er ihr, dass er inzwischen mit Dr. Zerner erfolgreich verhandelt habe und einige Berichte über die Aufzuchtstation und die Forschungsgruppen verfassen könnte. Als seine Schwester ihn noch ungläubig ansah, fügte er gut gelaunt hinzu: »Weißt du eigentlich, was das bedeutet? Ich bekomme so viel leichter ein Visum, um dich dort besuchen zu können!«

IV

Die nächsten Wochen war Chris damit beschäftigt, ihre Dissertation veröffentlichen zu lassen. Als sie dann endlich ihre Pflichtexemplare für die Hochschulen abgeliefert hatte, zog sie unter das Kapitel »Doktorarbeit« einen Schlussstrich. Alle Arbeitsunterlagen wurden in Kisten verpackt und auf dem Dachboden verstaut.

An ihrem Geburtstag besuchte Chris ihre Familie in Bremervörde. Ihr Opa und ihre Großtante kamen auch vorbei und brachten einen selbstgebackenen Kuchen mit. Während der Opa den geplanten Afrikaaufenthalt seiner Enkelin spannend fand, stellte die Großtante eher skeptisch fest: »Als Frau hast du doch da gar nichts zu melden. Denen bist du viel zu aufmüpfig. Die schicken dich sicher bald wieder zurück.«

Chris' Mutter hatte sich den nächsten Tag freigenommen und war mit ihr nach Hamburg gefahren, wo sie in Fachgeschäften für Sport- und Freizeitkleidung für ihre Projektarbeit Anziehsachen kaufen wollten. Da dies nicht gerade dem Stil von Chris entsprach, bemerkte sie tapfer: »Es soll ja nicht für immer sein«, worauf ihre Mutter ihr gleich beipflichtete: »Du, das will ich auch hoffen.«

Nachdem sie die Einkaufstüten im Kofferraum verstaut hatten, gingen sie noch gemeinsam Essen. Es war beiden Frauen anzumerken, dass sie zwar angespannt wegen der bevorstehenden Reise waren, diesen gemeinsamen Tag aber genießen wollten. Die letzten Wochen und Monate hatten nur wenig Zeit für ihre Beziehung zugelassen, weil jeder glaubte, funktionieren zu müssen. Auf der Rückfahrt machte die Mutter dann sogar den Vorschlag: »Vielleicht können wir ja deinen dreißigsten Geburtstag mit dir in Kenia verbringen.« Als Chris sie erstaunt von der Seite ansah und ungläubig fragte: »Macht ihr das wirklich?«, erwiderte ihre Mutter: »Wenn Papa mitmacht, warum nicht?«

Während sich Chris die letzten Wochen vor ihrem Abflug durch alle Reise- und Aufenthaltsformalitäten kämpfte, tat Benno dies mit seiner Abschlussarbeit. Er als Querdenker hatte Mühe, alles so umzusetzen, wie es sein Professor von ihm erwartete und war entsprechend schlecht gelaunt. Dies bekam nicht nur Lisa zu spüren, die gerade eine Referendarstelle als Lehrerin außerhalb von Göttingen angetreten hatte, sondern auch die übrigen WG-Bewohner.

Chris hatte gerade ihre notwendigen Impfungen erhalten und fühlte sich körperlich ziemlich angeschlagen, als sie in der WG-Küche einen heftigen Streit zwischen Benno und Lisa mitbekam. Lisa hatte ihm vorgeworfen, dass er sich nicht mehr um seine Aufgaben in der WG kümmern würde, worauf Benno heftig erwiderte: »Als du den Kopf vollhattest mit deinem Prüfungsscheiß, habe ich auch nicht noch den Haushalt von dir verlangt.« Lisa, die selbst mit ihren Unterrichtsvorbereitungen genug Stress hatte, warf ihm bissig vor: »Vielleicht kannst du ja einfach einmal etwas ordentlicher werden, dann musst du auch nicht so viel wegräumen oder du kannst in der Mensa essen gehen, damit du nicht mehr einkaufen gehen musst und dann die Küche einsaust.«

Nach einem heftigen Türenknallen war vorerst Ruhe im Haus, aber keineswegs in der Beziehung. Zwischen Benno und Lisa hatte es die vier Jahre, in denen sie nun schon ein Paar waren, schon einige Male gekriselt. Ein Grund dafür war, dass Benno sehr viel Zeit und Raum für sein eigenes Leben beanspruchte, wobei er auch Privates und Dienstliches gerne miteinander verband. Lisa dagegen brauchte ein fest umrissenes Privatleben und ein Zeitfenster für gemeinsame Aktivitäten, wusste aber bei Benno selten, wie der Tag zu Ende gehen würde.

Nachdem beide den nächsten Tag ausgesprochen schmallippig miteinander umgegangen waren, überraschte Lisa Benno und die übrigen WG-Bewohner einen Tag später beim gemeinsamen Abendessen mit der Nachricht: »Ich werde mit einer anderen Referendarin zusammenziehen. Dann habe ich auch nicht mehr die Fahrerei. Außerdem kann ich mich dann besser auf das zweite Staatsexamen vorbereiten.«

Benno war gerade aufgestanden, um sich ein Bier aus dem Kühlschrank zu holen und drehte sich nun mit der Flasche in der Hand ungläubig um. »Was hast du gerade gesagt?« Als Lisa ihren Plan noch einmal sehr langsam, aber bestimmt wiederholte und damit Benno erst richtig provozierte, schrie er sie an: »Du bist ein richtiger Arsch, weißt du das eigentlich?« Ohne noch eine Reaktion von ihr abzuwarten, verließ er mit seinem Bier die Küche, holte sich seine Jacke und verließ das Haus.

Die anderen WG-Bewohner reagierten deutlich irritiert und Steffi fragte dann auch mehr hilflos: »Hast du dir das gut überlegt?« Lisa nickte entschlossen. Chris, die sich bislang noch mit einem Kommentar zurückgehalten hatte, suchte nach dem Essen ein Gespräch mit Lisa unter vier Augen. »Hat es etwas damit zu tun, dass Benno öfter nach Kenia kommen möchte?« Lisa sah sie fast abweisend an, als sie feststellte: »Morgen ist es Afrika und übermorgen China. Benno macht doch immer, was er gerade will. Alles muss sich nur entfernt spannend anhören und er ist sofort dabei.«

Sie sprachen noch fast zwei Stunden über die Beziehungsprobleme und die geringe Aussicht, Benno für ein beschauliches Leben mit Familie zu begeistern. Chris wusste um die Abenteuerlust ihres Bruders, hatte dies aber bislang noch als Entwicklungsphase eines jungen Mannes gewertet, der es im Leben öfter etwas stürmisch braucht. Da sie Lisa sehr mochte, fragte sie fast ratlos: »Und was heißt das jetzt? Wollt ihr euch trennen?«

Lisa war aufgestanden und hatte schon ein paar Sachen in ihrem Zimmer zusammengepackt, als sie nach längerem Zögern antwortete: »Ja, lieber jetzt als später, wenn wir vielleicht schon so weit sind, wo du noch Ende letzten Jahres warst.« Chris murmelte nur: »Das tut mir leid«, und sah ihr noch einen Moment schweigend zu, bevor sie sich vom Sofa erhob und an der Tür noch die

Bitte äußerte, trotzdem mit ihr in Kontakt bleiben zu können. Als Lisa daraufhin nickte, verließ sie den Raum und legte sich oben auf ihr Bett.

Sie hörte noch, dass Lisa eine halbe Stunde später das Haus verließ und mit ihrem Wagen vom Grundstück fuhr. Obwohl es diesmal nicht ihre Beziehung war, hatte Chris das Gefühl, als würde sie diese Trennung selbst hart treffen. Ohne zu wissen, was sie ihm sagen soll, rief sie ihren Bruder auf dessen Handy an. Er war bei seinem Freund und wirkte nicht mehr ganz nüchtern. Als sie sich anbot, ihn abzuholen, meinte er nur mit schwerer Zunge: »Lass man, ich bleibe heute hier.«

Die Zeit nach Lisas Auszug und bis zum Abflug waren graue Tage. Obwohl Benno und Chris sehr beschäftigt mit den Reisevorbereitungen waren, fühlten sie sich nicht wirklich entspannt oder gar glücklich. Benno bestand seine Abschlussprüfung auch nicht mit Bravour, hatte aber nun immerhin sein Studium beendet. Nachdem Chris von Dr. Zerner einiges Material über die Forschungsstation erhalten hatte, konnte sie sich auch für ihr eigenes Projektthema entscheiden. Ihr Themenvorschlag, eine Untersuchung der unterschiedlichen Nahrungsketten, wurde von Dr. Zerner mit einigen Änderungen auch genehmigt. Um selbst gut vorbereitet zu sein, hatte Benno nach seiner Prüfung mit einem Freund noch verschiedene Kameras ausprobiert, um gute Fotos und kleine Filmaufnahmen in Kenia anfertigen zu können.

Das letzte Augustwochenende waren Benno und Chris nach Bremervörde zu der Familie gefahren, um dort vor dem Abflug eine letzte gemeinsame Zeit zu verbringen. Die Stimmung war insgesamt sehr bedrückend, nicht nur wegen der anstehenden Reise, sondern auch, weil die Beziehung von Benno und Lisa offenbar nicht zu kitten war.

Ihre Eltern hatten sich mit guten Ratschlägen für Afrika anfangs noch zurückgehalten; je näher aber die Reise kam, desto mehr verwandelte sich das Familientreffen in ein Trainingslager, was die Aufregung auf allen Seiten deutlich verstärkte. Der

Abschied fand am Sonntag nach dem gemeinsamen Mittagessen statt. Mit blassen Gesichtern nahmen sie sich lange in den Arm und ihre Eltern mahnten noch: »Passt gut auf euch auf!« – »Und meinen nächsten Geburtstag feiern wir in Kenia«, erinnerte Chris ihre Eltern, um ein wenig Hoffnung zu verbreiten.

Auf der Fahrt nach Göttingen waren sie und ihr Bruder sehr schweigsam. Er konzentrierte sich auf den Verkehr, weil es in Strömen regnete und Chris fragte sich immer wieder, ob diese Auszeit wirklich so sein musste. Auch wenn sie sich inzwischen längst andere Varianten hätte vorstellen können, wie zum Beispiel ein Jahr auf Helgoland, hatte sie immer wieder das Gefühl, als würde sie genau dort in Afrika etwas finden, was es woanders nicht gab.

Es waren nur noch wenige Tage bis zum Abflug vom Frankfurter Flughafen. Den vorletzten Tag war Chris noch zum Friedhof gegangen und hatte dort ein Gesteck auf das Familiengrab gelegt. Sie versprach ihrem Sohn, dass sie bald zurückkommen würde, er aber in ihren Gedanken immer bei ihr sei.

Der Reisetag war anstrengend und hektisch. Sie waren mit dem Zug nach Frankfurt gefahren und hatten dort noch Aufenthalt, bis sie endlich am Nachmittag in den Flieger nach Kenia steigen konnten. Bereits die Warteschlange, deren Anteil an hellhäutigen Reisenden eher gering war, als auch deren Gepäckstücke machten deutlich, dass es nun in eine andere Welt ging. Obwohl es Chris schon im Hinblick auf die Beziehungskrise ihres Bruders bislang vermieden hatte, ihm gegenüber zu äußern, dass sie über seine Reisebegleitung froh war, gestand sie es ihm jetzt, als sich das Flugzeug bereits über den Wolken befand. Benno grinste sie von der Seite an und bemerkte nur: »Das weiß ich. Ich merke doch, wenn meine Schwester die Hosen voll hat.«

V

Sie waren müde und vom langen Sitzen im Flieger verkatert, als sie mit einem Zwischenstopp am Vormittag in Nairobi landeten. Dr. Zerner hatte ihnen noch ein günstiges Hotel genannt, in dem sie eine Nacht bleiben wollten, bevor es am nächsten Morgen weiterging. Als sie endlich erschöpft auf dem Doppelbett in ihrem Zimmer lagen, stellte Benno fest: »Ich glaube, wir werden alt. Ich hätte nicht gedacht, dass mich ein Flug so schlauchen kann.« Sie hatten sich am Flughafen noch etwas zum Essen und Trinken besorgt und die Eltern von ihrer Ankunft informiert. Jetzt wollten sie nur noch schlafen, was ihnen auch trotz aller fremdländischen Eindrücke sehr schnell gelang.

Vom Handy ließen sie sich am nächsten Morgen sehr zeitig wecken und brachen nach dem Frühstück zur Weiterfahrt auf. Mit dem stickigen und vollbesetzten Bus hatten sie noch vier Stunden zu den Unterkünften der Safaritouristen zu fahren. Dort am Clubhaus würden sie sich dann mit Dr. Crow, dem derzeitigen Projektleiter, treffen.

Während der Fahrt betrachtete Chris die anderen Reisenden. Es handelte sich hier zum größten Teil um Touristen, die recht ausgelassen in unterschiedlichen Sprachen ihre Eindrücke kundtaten oder aber darüber spekulierten, welches Wildtier ihnen auf ihrer geplanten Safari begegnen würde. Benno dagegen empfand hier anders. Er hatte noch nie Touristen gemocht und fand deren Gebaren oft einfach nur peinlich. Wenn er selbst einmal einer war, versuchte er lieber Land und Leute kennenzulernen und ansonsten einen großen Bogen um die Touristenhochburgen zu machen. Er betonte immer, dass es für ihn die größte Strafe wäre, zwei Wochen auf einem Kreuzfahrtschiff mitfahren zu müssen.

So blieb der Konflikt auch nicht aus, als sich ein junger Reisender eine Sitzbank vor ihnen zu ihnen umdrehte und interessiert auf Englisch nachfragte: »Welche Safari macht ihr denn mit?« Benno reagierte gereizt: »Welche Safari?« Der junge Mann schaute etwas irritiert von Benno zu Chris und stellte dann forsch fest: »Seid ihr hier im falschen Bus? Es geht hier nur um Safaris.« Das war Bennos Stichwort, der nun erwiderte: »Für dich vielleicht. Wir machen hier lieber unseren Job.« Ohne noch eine Reaktion von ihm abzuwarten, sah Benno wieder aus dem Fenster, während Chris zwar das erstaunte Gesicht des jungen Mannes bemerkte, aber nichts sagte.

Dr. Crow war ein drahtiger Wissenschaftler aus Kanada, Mitte sechzig, der zum Abschluss seines Berufslebens noch ein Jahr in dieses Projekt investieren wollte. Ihn interessierten die schwarzweißen Colobus-Affen, denen er sehr viel seiner Projektzeit widmen wollte. Die Begrüßung der Ankömmlinge fiel so herzlich aus wie ein Schuldirektor seine neuen Schüler zu begrüßen pflegt: mit der nötigen Distanz und der Präsenz von Autorität. Während Benno noch damit beschäftigt war, die Gepäckstücke aus dem Berg von Koffern und Reisetaschen zu angeln, der sich neben dem Bus gebildet hatte, begann Dr. Crow gleich ein Gespräch mit seiner neuen Mitarbeiterin: »Und, was ist Ihr Projektschwerpunkt?«

Als Chris ihm davon erzählte, machte er den Vorschlag: »Dann kann ich Ihnen ja hierzu meine Unterlagen aus meiner Forschung über die Colobus-Affen zur Verfügung stellen. Vielleicht finden wir im Büro auch noch Forschungsberichte Ihrer Vorgänger, die noch andere Tierarten beobachtet haben. Dann brauchen Sie wenigstens nicht mehr so oft rauszufahren.« Chris war für einen kurzen Moment sprachlos über diese Bemerkung und machte dann einen Gegenvorschlag: »Vielleicht können Sie mich ja einmal mitnehmen, wenn Sie rausfahren.«

Noch bevor er hierauf antworten konnte, kam Benno, hob die

Gepäckstücke auf die Ladefläche des Fahrzeugs und unterbrach ihr Gespräch. Auf der Fahrt zeigte sich dann schnell, dass Dr. Crow ein weitaus größeres Interesse an Bennos Fähigkeiten hatte. Er reagierte sofort begeistert, als er hörte, dass Benno Erfahrungen mit mobilen Kameras hatte, und wollte ihn auch am nächsten Tag gleich zu einer Affenfamilie mitnehmen.

Als sie auf der Station ankamen, wurden sie von Pakka, dem afrikanischen Stationsvorsteher, begrüßt. Er war ein stattlicher Mann, Mitte vierzig, der sie freundlich empfing und ihnen beim Ausladen der Gepäckstücke half. Dr. Crow war unterdessen schon zu seiner Ehefrau ins Haus gegangen. Mrs Crow war nicht ganz so distanziert wie ihr Ehemann, aber sie zeigten den beiden Neuankömmlingen schon sehr deutlich, wer sich wem unterzuordnen hatte. So nahm sie gleich die Zimmereinteilung im Wohnbereich der ersten Etage vor, indem sie Pakka anwies, die Gepäckstücke in die beiden Räume zu bringen, die sich links der Treppen befanden. Es handelte sich hier um einen Wohnbereich, eine Schlafkammer und ein kleines Bad. Alle Räume waren recht schlicht ausgestattet und ihre Fenster zeigten zu den Tiergehegen.

Nach einem kurzen Frischmachen sollten Chris und Benno dann auch pünktlich zum Mittagessen erscheinen. Als sie endlich einmal wieder unter sich waren, bemerkte Benno: »Weißt du, so stelle ich mir vor, wie früher die Bundzeit gewesen sein muss oder ein Internat. Willst du hier wirklich bleiben?« Chris war schon seit ihrem Aufbruch aus dem Hotel recht schweigsam gewesen und sah nun auch noch ausgesprochen unglücklich aus. Sie antwortete nicht sofort. »Ich bleibe erst einmal hier. Wenn es gar nicht läuft, kann ich im November zum nächsten Frühjahr kündigen«, machte sie sich selber Mut.

Benno sah sie zweifelnd an, als er von ihr wissen wollte, ob sie befürchte, dass sie dann später Nachteile in ihrem Job hätte, oder was der Grund für diese selbstverordnete Ochsentour sei. Als sie weiter schwieg, fuhr er fort: »Du wolltest einmal raus aus deiner Welt. Das hast du jetzt getan und siehst, dass es hier einfach schrecklich ist. Meinst du nicht, dass du nun dein altes Leben wieder mögen kannst?« Diesmal reagierte seine Schwester auf seinen Vorschlag empört, als sie von ihm wissen wollte: »Meinst du mit altem Leben etwa auch die Ehe mit Jens?« – »Nein, meine ich nicht. Aber in Göttingen hast du doch alles. Eine nette WG, deine Familie und Freunde und an der Uni könntest du bestimmt auch einen guten Job bekommen.«

Sie war an das Fenster getreten und schaute auf die Käfige der Tierstation. In dem einen konnte sie einen schwarzen Panther erkennen, der unruhig die Gitterzäune absuchte, ganz so, als würde er ein Schlupfloch für den Weg in die Freiheit suchen. Schließlich stellte sie fast hilflos fest: »Du hast recht, es ist hier furchtbar und in Göttingen ist alles viel besser. So siehst du es aber mit deinen Augen, nur mir fehlt im Moment noch dieser Blick. Verstehst du nicht, dass ich gerade hier bin, um mein Leben in Göttingen und auch bei euch endlich wieder genießen zu können?«

Benno nahm sie in den Arm und versuchte, seine weinende Schwester zu trösten, als nach einem kurzen Anklopfen Mrs Crow den Wohnraum betrat. Nachdem sie erstaunt den engen Körperkontakt zwischen den Geschwistern gemustert hatte, mahnte sie, dass das Essen schon auf dem Tisch stehen würde. Benno reagierte verstimmt über diese selbstverständliche Art und bat sie deshalb sehr deutlich, zukünftig nicht nach dem Anklopfen sofort den Raum zu betreten. In seinem besten Oxford-Englisch betonte er noch, dass es sich hier schließlich um rein private Räume handeln würde. Mrs Crow reagierte auf diese Kritik sichtlich gekränkt. Ohne noch etwas zu erwidern, verließ sie das Zimmer und schloss dessen Tür deutlich hörbar.

Chris hatte sich im Badezimmer noch schnell die Tränen aus dem Gesicht gewischt und ging dann zusammen mit ihrem Bruder nach unten in einen langgestreckten Raum, der sowohl als Ess- als auch als Besprechungsraum diente. Pakka fragte sie, ob sie zum Essen einen frisch gepressten Obstsaft trinken wollten. Als sie dies bejahten, erklärte ihm Chris noch, dass sie zwar Milch-

und Eierprodukte essen würde, aber keine toten Tiere. Pakka, der gut Englisch verstand, erwiderte nur: »Das kriegen wir schon hin. Heute gibt es einen Kürbiskartoffeleintopf, da ist kein Tier drin.«

Mrs Crow, die neben ihrem Ehemann Platz genommen hatte, bemerkte, dass es aber nicht vorgesehen sei, für jeden Mitarbeiter ein spezielles Essen zu kochen, worauf Chris nur erwiderte: »Das ist auch gar nicht nötig. Ich lasse das Fleisch einfach weg und trinke dafür Ziegenmilch.« – »Ziegenmilch?«, fragte Mrs Crow fast angewidert. »Haben Sie die schon einmal getrunken?« – »Ja, natürlich«, antwortete Chris betont ruhig. »Und Ziegenkäse esse ich auch sehr gerne.«

Dr. Crow bemerkte in einem abfälligen Ton: »Es ist schon schlimm genug, dass es hier häufig Ziegenfleisch gibt, da muss man nicht noch mit so etwas anfangen.« Während Benno schon zu essen begonnen hatte, wollte Mrs Crow von der neuen Mitarbeiterin erfahren: »Haben Sie deshalb Ihr Kind verloren?« Chris sah sie fassungslos an und brauchte einen Moment, bevor sie antwortete: »Ich weiß nicht, was Sie schon alles über meine Vergangenheit wissen, aber offenbar sind dies eher Gerüchte.«

»Wenn dies alles nur Gerüchte sind, warum sind Sie hier?«, wollte nun Dr. Crow von ihr erfahren. Benno, der schon große Mühe hatte, seine aufflammende Aggression zu zügeln, stellte sehr bestimmt fest: »Wir sind hier um zu arbeiten. Es war uns auch nicht bekannt, dass man Probleme haben muss, um diesen Job hier zu bekommen.« Er sah sich um und ergänzte dann: »Wie ein Erholungsurlaub sieht es mir hier gerade nicht aus, auch wenn der Obstsaft richtig gesund schmeckt.« Nach einem längeren Schweigen, dass von jedem genutzt wurde, um seinen Teller so schnell wie möglich zu leeren, verkündete Dr. Crow: »Nach dem Essen findet in meinem Büro eine Dienstbesprechung statt. Danach kann Ihnen Pakka noch die Tierstation zeigen.«

Während der Dienstbesprechung, an der auch Pakka und der Tierpfleger Kobe teilnahmen, erfuhren Chris und ihr Bruder, dass Mrs Crow als Assistentin ihres Ehemannes angestellt war.

Sie hatte auch die Finanzplanung und Buchhaltung der Station übernommen, die zuvor zu den Aufgaben von Pakka gehörten, der schon seit fast zehn Jahren auf der Station arbeitete und seit vier Jahren als deren Stationsvorsteher.

Es wurde schnell deutlich, wer hier das Sagen hatte, und das gefiel Benno gar nicht. Scheinbar interessiert fragte er: »Mr und Mrs Crow, haben Sie eigentlich Kinder?« Als Dr. Crow dies schroff verneinte, bat Benno ihn: »Dann behandeln Sie uns bitte auch nicht so, als seien wir Ihre minderjährigen Sprösslinge.« Mrs Crow schnappte kurz nach Luft und verließ dann das Büro. Da Chris nicht vorhatte, in dem nächsten halben Jahr, welches sie mit dem Ehepaar Crow zusammen auf der Station verbringen sollte, um alles kämpfen zu müssen, versuchte sie, die Situation zu retten. Sie schlug deshalb vor: »Hier im Büro stehen ja nur zwei Schreibtische und für drei Personen wird es ziemlich eng. Ich werde meine Projektarbeiten lieber oben in meinen Räumen an dem kleinen Tisch erledigen.« – »Wie Sie meinen«, antwortete Dr. Crow und erklärte dann die Dienstbesprechung für beendet.

Pakka und Kobe beobachten mit ernsten Gesichtern den Schlagabtausch zwischen dem Ehepaar und den Neuankömmlingen; sie hatten aber die meiste Zeit geschwiegen und sich auch nur zu rein dienstlichen Belangen geäußert. Gemeinsam verließen sie mit Chris und ihrem Bruder das Büro, um die Tierstation zu besichtigen. Hier waren kranke oder verwaiste Tiere untergebracht, die so schnell wie möglich wieder freigelassen werden sollten.

Chris kannte viele der Tierarten bereits aus dem Zoo. Sie war nie eine Befürworterin davon gewesen, wilde bewegungsfreudige Tiere als Anschauungsobjekte in beengten Käfigen oder Umzäunungen zu halten. Einige Tiere waren aufgrund ihrer Verletzungen geschwächt und verhielten sich deshalb apathisch. Ging es ihnen dann aber wieder besser, so verbreiteten sie sofort eine deutliche Unruhe, was für die Stationsmitarbeiter dann auch das sichere Zeichen war, diese Tiere so schnell wie möglich wieder auszuwildern.

Sie waren gerade an dem geräumigen Käfig angekommen, in dem das junge Pantherweibchen, das Chris bereits von ihrem Zimmerfenster aus beobachtet hatte, unruhig an den Gitterstäben ihres Käfigs entlanglief. Es war sehr nervös und fauchte sofort aggressiv, als es die Menschen in ihrer Nähe wahrnahm. Chris erfuhr von Kobe, dass die Wildhüter das Tier vor einiger Zeit auf die Station gebracht hatten, weil es mit einem Fuß in eine Wildfalle geraten sei und sich dabei stark verletzt habe. Morgen sollte es wieder ausgesetzt werden.

Benno wollte gleich begeistert wissen, ob er mitkommen und die Freilassung filmen könnte, worauf ihn Pakka mit seinem gütigen Lächeln darauf hinwies, dass er morgen schon Dr. Crow begleiten sollte. Missmutig erwiderte Benno: »Ich glaube nicht, dass Dr. Crow dies bestimmen kann, wann und was ich filmen darf. Ich werde mit ihm darüber noch einmal sprechen. Das Pantherweibchen gibt bestimmt eine gute Story ab.«

Beim Abendessen brachte Benno das Thema gleich zur Sprache. Dr. Crow reagierte hierauf sehr ungehalten: »Mr Evers, offenbar haben Ihre Schwester und Sie ziemlich große Mühe, sich an Absprachen zu halten oder sich anzupassen. Wenn dies hier so weitergeht, werde ich morgen einmal mit Dr. Zerner telefonieren.« Benno reagierte auf die Ankündigung jedoch unbeeindruckt: »Sie können morgen gerne bei Dr. Zerner anrufen. Soweit ich weiß, sind wir nicht hier, um Ihnen bei Ihrer Arbeit zu assistieren, sondern um eigene Projekte durchzuführen.« Um nicht wieder ein verkrampft schweigendes Essen mit dem Ehepaar Crow zu verbringen, entschieden sich Chris und ihr Bruder, zukünftig in ihren Räumen die Mahlzeiten einzunehmen.

Erst am nächsten Morgen schien Dr. Crow einzulenken. Er erklärte sich bereit, mit dem Wildhüter Mr Thoolen zu sprechen, damit Benno ihn zusammen mit Kobe begleiten könne, um das Pantherweibchen freizulassen. Thoolen fuhr am späten Vormittag mit zwei Helfern und einem Geländewagen mit Ladefläche vor und erkundigte sich spöttisch, wo denn der eifrige Jungreporter aus Germany sei, der nun unbedingt mitwolle. Benno ließ sich davon aber nicht beeindrucken und erklärte ihm sein Anliegen, nachdem er sich und seine Schwester dem Wildhüter kurz vorgestellt hatte.

Während Kobe und die Helfer versuchten, das Weibchen mit Fleischstücken in den Transportkäfig zu locken, erkundigte sich Thoolen bei Chris: »Und Sie? Wollen Sie auch mitfahren?« – »Nein, heute nicht. Ich fahre mit Pakka zu dessen Familie«, antwortete Chris und war auch ganz froh darüber, schon am Morgen diese Verabredung getroffen zu haben. Diese machohaften, stark verschwitzten Wildhüter, die sie zwar neugierig, aber keineswegs auf Augenhöhe musterten, waren nicht unbedingt der Umgang, den sie suchte.

Bevor Benno mit Kobe in den Stationsjeep einstieg, ermahnte Chris ihren Bruder noch: »Sei nicht zu leichtsinnig. Das ist die Sache nicht wert.« Obwohl sie ihm dies auf Deutsch zugeraunt hatte, kommentierte Thoolen ihre Fürsorge mit den Worten: »Wir werden Ihren Bruder schon wieder heil nach Hause bringen. Schlimmer als die Safaritouristen wird er sich wohl kaum anstellen, oder?« Das Pantherweibchen fauchte und randalierte so heftig in seinem Käfig, als die beiden Fahrzeuge losfuhren, dass Pakka schon vermutete, sie würde völlig erschöpft sein, wenn man sie freilassen würde. Dann schlug er Chris vor, mit dem zweiten Jeep in sein Dorf zu fahren.

VI

Pakka wohnte mit seiner Familie in einem kleinen Dorf am Rande des Aberdare-Nationalparks in der Nähe der Touristenunterkünfte. Als sie mit dem Jeep vorfuhren, kam seine Tochter Sarah aus dem kleinen weißen Wohnhaus, das mit Palmwedeln bedeckt war. Sarah war eine hübsche junge Frau, die sich in Nairobi zur Englischlehrerin ausbilden lassen wollte. Sie hielt sich derzeit im Elternhaus auf, weil ihre Mutter erkrankt war und Fieber hatte.

Pakka sah gleich sehr besorgt nach seiner Frau und ermahnte dann die beiden Söhne, die zwölf und vierzehn Jahre alt waren, die Mutter und Schwester zu unterstützen. Chris war mit Sarah derweil vor dem Haus geblieben. Von ihr erfuhr sie, dass die Mutter sich an der Umzäunung der Ziegenweide verletzt hatte und die Wunde nun voller Eiter sei. Der Arzt hatte sie schon einmal aufgeschnitten und gesäubert, aber nun sei das Fieber gekommen. Die junge Frau wirkte sehr besorgt, worauf Chris sich erkundigte, ob sie denn Medikamente bekommen würde. Sarah antwortete nach kurzem Schweigen, dass diese sehr teuer seien.

»Na, habt ihr euch schon die kleine Ziege angesehen?«, wollte Pakka wissen, als er wieder aus dem Haus trat. Chris verneinte dies und folgte ihm dann zu der Einzäunung hinter dem Haus. Dort weideten mehrere Ziegen mit schwarzen Flecken in ihrem ansonsten hellen Fell. Einige hatten kleine Lämmer bei sich. Hinter der Wasserstelle konnte man eine junge Ziege erkennen, die offenbar die Gemeinschaft der Herde mied. Pakka hatte Chris gestern von dem Tier berichtet und auch, dass es gerade ein Junges bekommen hatte. Dieses sei aber von einem Wildhund gerissen worden, der auch zuvor das Muttertier an der Flanke verletzt hatte.

Chris hielt ein paar Meter Abstand zu dem Tier und beobachtete es. Dann wollte sie wissen: »Kann die Ziege denn schon wieder laufen?« – »Ja, aber sie lässt sich nicht mehr gut melken. Meine Frau will sie deshalb auch schlachten«, erklärte ihr Pakka. »Kann ich einmal allein zu dem Tier?«, fragte Chris ihn, und als dieser zustimmte, ging sie auf die Weide. Sie nahm sich etwas von dem Ziegenfutter und näherte sich dem Tier. Es hatte ein weißes Fell und nur der Kopf war komplett schwarz. Angestrengt sah die Ziege weg, als sich Chris in einem Meter Entfernung hinhockte und versuchte, sie mit dem Futter aus der Reserve zu locken.

Mit leiser Stimme sprach sie zu dem Tier: »Komm, nun friss doch. Wenn du so weiter machst, wirst du noch geschlachtet.« Erst als sie dem Tier mehrmals mit dem Gras über die Nase strich, begann es, daran zu schnuppern. Chris legte das Futter auf die Erde und wartete, bis es von der Ziege zaghaft gefressen wurde. Vorsichtig streckte Chris ihre Hand aus und strich sanft über den Kopf des Tieres, das sofort zusammenzuckte, sich dann aber das Streicheln gefallen ließ.

Erleichtert stand Chris auf und ging wieder zu Pakka, der sie mit Sarah vom Zaun aus beobachtet hatte. Gut gelaunt stellte dieser fest: »Das geht doch schon gut. Wollen Sie das Tier haben?« Chris nickte und schlug dann vor, dass sie das Medikament für seine Frau bezahlen wolle, als Gegenleistung für die Ziege. Als Pakka noch zögerte, drängte sie ihn: »Machen Sie es für Ihre Frau, bevor es zu spät ist.«

Es war nicht ganz einfach, das traumatisierte Tier auf die Rückbank des Jeeps zu verfrachten. Während Chris sich neben das vor Angst erstarrte Tier setzte und es an einem Strick um den Hals festhielt, beauftragte Pakka seine Tochter, sofort vom Arzt das Penicillin für die Mutter zu kaufen. Als er losfuhr, fing die Ziege verzweifelt an zu meckern und versuchte vom Wagen zu springen. Es dauerte einige Fahrtminuten, bis sich das Tier seinem Schicksal ergab; aber dafür vor Angst in das Fahrzeug pinkelte. Pakka, der diesen Geruch sehr gut kannte, bemerkte nur: »Dr. Crow wird nicht begeistert sein, wenn er morgen mit dem stinkenden Jeep zu seiner Affenherde fährt.«

Sie waren gerade auf dem Schotterplatz vor dem Haupthaus der Station angekommen, als die kleine Ziege, die Chris auf der Fahrt Claire getauft hatte, mit einem großen Satz aus dem Fahrzeug sprang. Chris hatte den zwei Meter langen Strick nicht zu eng gefasst, sodass das Tier etwas mehr Bewegungsfreiheit hatte, aber doch nicht weglaufen konnte. Auf dem Schotterplatz geriet Claire sofort wieder in Panik, als ihr die scharfen Gerüche der Wildtiere aus den Käfigen in die Nase stiegen, sodass Chris sie zu der Baracke führte, die neben der von Kobe und Pakka stand und die derzeit nicht belegt war.

Seit zwei Jahren gab es auf der Station die Arbeitszeitregelung, dass die Stationshelfer immer einen halben Monat auf die Station kamen und in dieser Zeit Dauerbereitschaft hatten. Die andere Monatshälfte konnten sie dann bei ihren Familien sein. Ausnahmen hiervon gab es nur für Pakka, Kobe, den Tiermediziner sowie für das Hauspersonal.

Der Baracke, die eigentlich nur für Not- oder Krankheitsfälle benutzt wurde, war anzusehen, dass sie seit geraumer Zeit unbewohnt war. Links neben dem Eingang befanden sich zwei Vorratsräume, von denen der eine frei war. Hier sollte Claire ihre Unterkunft mit Stroh ausgelegt bekommen. Auf der rechten Seite befanden sich zwei sehr einfache Schlafräume, ein Wohnraum mit einer Kochgelegenheit sowie ein kleiner Waschraum mit Toilette.

Während Tido, der jüngste Stationsmitarbeiter, für Claire Stroh und Futter besorgen wollte, erkundigte sich Chris bei Pakka, der ihr gerade die Räumlichkeiten zeigte, ob sie mit Claire nicht hier wohnen könne. Pakka blickte sie einen Moment erstaunt an, bevor er sie in seinem lebhaften Singsanglisch fragte: »Mrs Chris, Sie wollen aus dem Haupthaus raus?« – »Ja, und wenn mein Bruder wegfährt, wird es dort bestimmt noch unangenehmer«, gab

Chris zu. Pakka strahlte über das ganze Gesicht. »Ich verstehe, Sie brauchen etwas fürs Herz und Claire auch.« Während er das sagte, drückte er seine beiden Hände an seinen Oberkörper, so als müsste er sein eigenes Herz beschützen.

Nachdem sich Claire etwas beruhigt hatte, schloss Chris die Barackentür, um mit Dr. Crow über ihre Umzugspläne zu sprechen. Dieser arbeitete gerade mit seiner Ehefrau an seinem Forschungsbericht. Chris fragte ihn von der offenstehenden Bürotür aus, ob sie kurz etwas mit ihm besprechen könne. Als dieser ihr einen Platz neben seinem Schreibtisch anbot, erzählte sie ihm, dass sie von Pakka eine kleine Ziege gekauft hatte, um jeden Tag frische Ziegenmilch zu haben.

»Und wo soll das Tier hin? Wir haben hier nur wilde Tiere«, bemerkte Dr. Crow, worauf Chris ihn in ihre Umzugspläne einweihte. Der gewechselte Seitenblick zwischen den Eheleuten machte ihr deutlich, dass sie hier gerade wieder in ein Mitarbeiterfettnäpfchen getreten war. Mrs Crow fragte mit schriller Stimme: »Heißt das nun, Sie leben mit Ihrer Ziege in der Baracke gleich neben den Afrikanern?« – »Das kann man so ausdrücken«, gab Chris ihr recht. »Und wo soll ihr Bruder wohnen, etwa auch im Ziegenstall?«, wollte nun Dr. Crow von ihr wissen. »Nein, Benno und ich möchten unsere beiden Räume gerne oben behalten, weil wir dort arbeiten werden.«

Chris unterbrach das ungläubige Schweigen der Eheleute Crow, indem sie aufstand und erklärte: »Ich muss drüben noch Saubermachen. Den Jeep auch.« – »Welchen Jeep?«, wollte Dr. Crow barsch wissen. Als Chris ihm von dem Malheur mit Claire berichtete, reagierte er gereizt. »Und wann gedenken Sie, mit Ihrer Projektarbeit zu beginnen? Im Moment stellen Sie mit Ihren fixen Ideen eher eine Belastung für die Station dar, als eine Hilfe, die wir hier aber dringend benötigen.«

Von seiner Art inzwischen wenig beeindruckt, erwiderte Chris: »Sobald ich Claire versorgt und mich dort drüben eingerichtet habe, werde ich meinen Arbeitstag für morgen vorbereiten. Sie können mir ja schon einmal die Projektunterlagen zu den Colobus-Affen herauslegen.« Bevor er antworten konnte, mischte sich Mrs Crow ein: »Du wirst ihr doch jetzt nicht noch deine Unterlagen geben? Dafür hast du doch monatelang hier gearbeitet.«

Die Stimme von Chris klang bewusst leicht überheblich, als sie klarstellte: »Mrs Crow, ich habe bis vor Kurzem an einer deutschen Universität gearbeitet. Ich weiß, dass man das geistige Eigentum der anderen zu achten hat. Außerdem erforsche ich die Ernährungsketten unterschiedlicher Tierarten und die Colobus-Affen sind nur eine von vielen.« Ohne noch eine weitere Reaktion abzuwarten, verließ sie das Büro und ließ sich von Tido Putzzeug aushändigen. Hierbei erfuhr sie von ihm, dass morgen Abend das Hausarbeiterehepaar zurückkommen würde, das in den zwei Räumen neben der Küche im Haupthaus wohnte. Sie waren zur Familie in ihr Dorf gefahren, um dort an der Totenfeier für die verstorbene Mutter der Frau teilzunehmen. Als Chris erstaunt feststellte, dass dies die Crows ja gar nicht erwähnt hätten, rutschte es Tido so heraus: »Für die sind wir ja auch nicht so wichtig.«

Sie war gerade dabei, mit Tido den Jeep zu säubern, als Benno, Kobe und die Wildhüter zurückkamen. Benno strahlte über das ganze Gesicht und erkundigte sich bei seiner Schwester gleich: »Na, hast du Strafarbeiten bekommen und musst nun die Fahrzeuge putzen?« Noch ehe sie antworten konnte, war Thoolen an den Jeep getreten und fragte: »Sie sehen aber gar nicht wie ein böses Mädchen aus oder täuscht das nur?« Mit dem Putzlappen in der Hand gab Chris die Auskunft: »Zu deiner Frage, Benno, ja, ich muss den Jeep säubern, weil Claire auf der Fahrt hineingepinkelt hat. Und zu Ihrer Frage, Mr Thoolen, nein, ein Mädchen wie immer geartet bin ich nicht, sondern eine verheiratete Wissenschaftlerin.«

Während Thoolen mit dieser resoluten Reaktion nicht gerechnet hatte und für einen Moment sprachlos war, wollte Benno voller Neugier erfahren, wer denn Claire sei. Geheimnisvoll sagte Chris:

»Sie ist eine wunderschöne junge Dame und wird nun bei mir wohnen.« – »Wie, bei dir wohnen?«, fragte Benno. »Ich dachte, du wolltest eine Ziege für deine Milch haben.« – »Richtig und diese kleine Ziege ist sehr hübsch und heißt Claire«, löste Chris das Rätselraten auf.

Thoolen hatte leicht belustigt den verbalen Schlagabtausch zwischen den Geschwistern verfolgt und erkundigte sich dann: »Und, machen die Crows hier das alles auch so mit? Die beiden sind doch eher etwas konservativ.« Chris hatte keine Lust auf dieses Gespräch und sagte deshalb nur ausweichend: »Geht so«, bevor sie von den Rückkehrern wissen wollte, ob sie ein neues Tier mitgebracht hätten.

Sie hatte richtig bemerkt, dass der Transportkäfig auf der Ladefläche nicht leer war. Thoolen klärte sie dann darüber auf, dass sie einen Wurf Riesenwaldschweine mitgebracht haben, weil die Wilderer wohl Teile der Gruppe mitsamt der Mutter erlegt hätten. Neugierig trat Chris an den Transportkäfig, den die anderen Wildhüter schon von der Ladefläche des Fahrzeugs gehoben hatten. Sie konnte vier verängstigte Jungtiere sehen, die panisch übereinander stiegen und offenbar nur noch aus dem Käfig wollten. Drei Stationshelfer übernahmen nun die Unterbringung und Versorgung der Tiere, während Benno dies mit seiner Kamera festhielt. Seine Schwester wäre auch noch gerne dabeigeblieben, sorgte sich aber um Claire. Außerdem wollte sie sich noch von Pakka zeigen lassen, wie man sie am besten melken kann.

Claire wirkte zwar immer noch sehr nervös, zeigte aber doch schon etwas Zutrauen zu ihrer neuen Herrin. Beim Melken stellte Chris fest, dass sich ungeübte Melker sehr auf ihre Fingerhaltung konzentrieren müssen, um überhaupt zu Milch zu kommen und das Tier nicht zu sehr zu beanspruchen. Als dann die Schale voller frischer Ziegenmilch war, forderte Pakka sie mit seinem breiten Lächeln auf: »Nun trinken Sie doch einmal. Noch schön warm schmeckt sie besonders gut.« Chris nahm sich ein Trinkgefäß aus der Küche und schöpfte etwas Milch ab. Während sie trank, spürte sie diesen leicht süßlichen Geschmack mit der gewissen strengen Note, den sie so mochte, aber der frisch noch viel aromatischer war.

Sie betrachtete Claire und streichelte ihren schwarzen Kopf. Chris fühlte sich das erste Mal nach Monaten wieder glücklich. Es war ein beruhigendes warmes Gefühl, das sie weder nach der Abschlussprüfung noch nach dem Unterzeichnen des Arbeitsvertrags für diese Projektarbeit empfunden hatte. Inzwischen war auch Tido in die Baracke gekommen, weil er ihr noch beim Umzug helfen wollte. Als Chris ihm stolz das Gefäß mit der frischen Milch hinhielt, sagte er anerkennend: »Sie lernen schnell. Solche Menschen brauchen wir hier.« Während sie noch den Staub von den Möbeln wischten, erzählte er ihr, dass sich Mr Thoolen von ihr verabschieden wollte. Er habe ihm aber gesagt, dass sie noch zu tun hätte, worauf er dann schon losgefahren sei. Aus dem, wie er es sagte, schloss Chris, dass er ihn nicht gerade mochte und fragte deshalb nach. »Er ist wie viele Weiße hier. Seine Eltern waren Farmer und sahen in uns nur die Arbeiter«, gab er ihr als Antwort.

Sie hatten schon einen Großteil ihrer persönlichen Sachen herübergetragen, als sie Besuch von Benno bekamen, der Claire kennenlernen wollte. Diese lief neugierig durch alle Räume der Baracke und wirkte kaum noch ängstlich, als sie Benno bemerkte. Belustigend stellte er fest: »Das ist also deine neue Freundin. Nicht schlecht. In welcher Sprache unterhaltet ihr euch denn?« – »Kuscheln und Streicheln. Das versteht doch jeder«, war der knappe Kommentar seiner Schwester. Während sich Benno noch in deren neuer Bleibe umsah, klärte sie ihn darüber auf, dass er aber nicht auch hier einziehen müsse, weil sie ihre bisherigen Räume noch als Arbeitsräume und für ihn nutzen könnten. Benno, der wenig Lust auf die Nähe zu den Crows hatte, meinte nur: »Wenn Claire nicht zu sehr stinkt, kann ich ja bei euch schlafen, es sei denn, ihr wollt heute einen Mädchenabend machen.«

Zum Essen und Arbeiten gingen sie dann ins Haupthaus, wo

Chris auch nähere Einzelheiten zum Aussetzen des Pantherweibchens erfuhr und wie die Wildhüter die kleinen Schweine gefunden haben. Benno wirkte auf Chris, als hätte er einen guten und spannenden Tag gehabt; ganz nach seinem Geschmack. Beim gemeinsamen Essen erwähnte er eher beiläufig, dass Mr Thoolen wohl Interesse an ihrer Person bekundet habe und auch einige Dinge über sie erfahren wollte. »Und? Du hast ihm ja hoffentlich hierüber keine Auskünfte gegeben.« Benno bemerkte amüsiert: »Also ist dieser kräftige und mutige Kerl nicht dein Typ?« – »Nein, überhaupt nicht«, war ihre knappe Antwort. »Riecht er dir zu sehr nach Wildnis?«, bohrte Benno weiter. Chris blickte ihren Bruder sehr ernst an, als sie antwortete: »Ich weiß nicht, ob du das verstehst, aber ich will von diesem Mann hier nicht gejagt werden. Das ist für mich auch kein Spaß oder ein tolles Abenteuer.« Es war wohl eher die natürliche Autorität seiner älteren Schwester, die Benno dazu bewog, nicht mehr weiter darüber zu debattieren, wie man diesen Aufenthalt in Kenia sonst noch nutzen könnte, außer eben am Projekt zu arbeiten.

Die erste Nacht mit Claire verlief erst nach Mitternacht ruhig. Vorher irrte das Tier im Dunkeln durch die Baracke, bis ihr Chris schließlich eine kleine schäbige Kommode direkt an ihre Schlafpritsche zog und die Ziege mit Futter anlockte. Schließlich sprang Claire auf die Kommode und machte es sich dort bequem. Benno, der nur begrenzt Verständnis für die neue Mitbewohnerin aufbrachte, murrte: »Die stinkt und die Pritschen hier sind verdammt hart.« – »Die Hütten hier sind ja auch für die Arbeiter«, versuchte Chris ihn zu provozieren, worauf er sich sofort empörte: »Willst du damit sagen, dass die nichts Besseres verdient haben?« – »Nein, will ich nicht und mein Wohnen hier soll auch ein Zeichen setzen. Sogar Tido merkt als Jüngster schon, wie abfällig sie in ihrem eigenen Land von den wenigen Weißen behandelt werden.«

VII

Am nächsten Morgen holte Chris das Frühstück direkt aus der Küche, während sich Benno für Claire Heu von Tido geben ließ. Mit Pakka hatte Chris abgesprochen, dass sie die Ziege nun immer abends melken würde, weil sie dann mehr Ruhe habe und Pakka sie dabei unterstützen könne. Während Chris noch genüsslich die Ziegenmilch vom Vortag trank, konnte sie ihren Bruder nur schwer davon überzeugen, es ihr gleich zu tun. Es kostete Benno einige Überwindung, einen Becher hiervon zu trinken, auch wenn er ganz fest daran glauben wollte, dass sie sehr gesund sei.

Als sie kurz darauf zum Jeep gingen, wurden sie schon von Dr. Crow erwartet. Er grüßte nur knapp und forderte Benno dann auf, neben ihm Platz zu nehmen, während ihnen Chris und Pakka im zweiten Jeep folgen sollten. Auf der Fahrt nahm Chris erst so richtig die Vielfältigkeit dieses Nationalparks wahr. Es gab hier Bergketten und Wasserfälle, dicht bewachsene Berghänge und Moorlandschaften, worauf Chris begeistert feststellte: »Das hätte ich hier nicht erwartet. Ich dachte immer Afrika ist eher heiß und trocken.« Nicht ohne Stolz berichtete Pakka von der Artenvielfalt der Tiere und dem Bergwald als deren Rückzugsort sowie der Heidelandschaft.

Der Jeep von Mr Crow hatte vor ihnen schon angehalten, worauf Chris ihren Begleiter fragte: »Hat es mit unserem Vorgänger auch Unstimmigkeiten mit den Crows gegeben?« Pakka wusste genau, worauf sie hinauswollte und erzählte ihr dann, dass es sich bei ihrem Vorgänger um einen rundlichen Wissenschaftler aus Holland gehandelt habe, für den es nur seine Schmetterlingsforschung gab. Chris musste lachen, als sie nachfragte: »Schmetterlinge? Dafür muss ich doch nicht nach Kenia fahren.« Pakka tat geheimnisvoll: »Doch Mrs Chris, hier gibt es doch die schönen Blauen.«

Als sie im Revier der Affenfamilie angelangt waren, übernahm Dr. Crow wieder das Kommando. Schon während der Fahrt hatte er Benno genau angewiesen, was er alles filmen sollte und damit erreicht, dass dieser schon leicht gereizt aus dem Jeep ausstieg. Benno hatte auf der Hinfahrt sein ganzes Repertoire von guter Erziehung eingesetzt, um seiner Abneigung nicht freien Lauf zu lassen, was ihm nicht gerade leichtgefallen war. Die Affengruppe bestand aus einem imposanten Männchen mit schwarz-weißem Fell und einer üppigen weißen Schwanzquaste, seinen vier Weibchen und fünf Jungtieren mit hellem Fell. Mit gedämpfter Stimme erklärte Dr. Crow sichtlich begeistert, was er bislang über das Verhalten dieser Tiere alles herausbekommen hatte und versuchte nun Benno in die Filmaufnahmen einzuweisen.

Ausgesprochen unmotiviert kam Benno diesen Wünschen nach. Es wäre wahrscheinlich auch ein sehr beschaulicher Film über den Familienalltag dieser Affenfamilie geworden, wenn nicht ein großer kreischender Greifvogel am Himmel diese friedliche Idylle gestört hätte. Benno gelang es, mit seiner Kamera das Fluchtverhalten der Tiere gut einzufangen und auch die Momente, in denen langsam wieder Ruhe und Gelassenheit in die Gruppe einkehrte. Während sich Benno über diese ungeahnte Drehbuchänderung freute, reagierte Dr. Crow gereizt: »Haben Sie denn die anderen Bilder auch aufgenommen? Wo die Mutter gerade ihr Junges säugt?« Benno beruhigte ihn, dass er auch den ganz normalen Affenalltag gefilmt habe und ganz häufig das große stattliche Männchen. Verschwiegen hatte er hierbei höflich die eigene Feststellung, dass das Männchen ihn irgendwie an Dr. Crow erinnern würde.

Bevor sie wieder aufbrachen, schlug Benno vor, den zweiten Jeep zu lenken, damit er mit diesen Fahrzeugen schnell Fahrpraxis bekommen könne. Pakka, der ahnte, welches Motiv sich wirklich hinter diesem Vorschlag verbarg, ermutigte Dr. Crow, zuzustimmen. Während Dr. Crow mit Pakka im ersten Jeep fuhr, folgte ihnen Benno im zweiten Fahrzeug mit seiner Schwester. Benno brauchte die gesamte Rückfahrt, um sich über die herrische Art von Dr. Crow auszulassen. Als er Chris schließlich fragte, wie sie denn das alles ertragen wolle, entgegnete diese ruhig: »Benno, ich habe jahrelang die Überheblichkeit und den Aktionismus von Jens ertragen, da werde ich die Crows auch noch die nächsten sechs Monate ertragen. Außerdem werde ich die Nahrungskette der Colobus-Affen im Gelände für diese Vegetationszeit in einer Woche abgeschlossen haben und vergleiche sie dann nur noch mit denen der Paviane und Weißkehlmeerkatzen. Wenn die kleine Regenzeit beginnt, schreibe ich hierzu den Bericht.« – »Du willst also immer noch hierbleiben?«, fragte Benno zweifelnd. »Ja«, war die simple Antwort seiner Schwester.

An der Station angekommen, kam Tido auf sie zu und berichtete, dass Claire schon sehr unruhig sei. Gemeinsam mit Pakka ging Chris mit ihm zu der kleinen Ziege. Claire lief gleich auf Chris zu und ließ sich ausgiebig von ihr streicheln. Während sie frisches Futter bekam, konnte Chris ihr Euter abwaschen und sie melken. Tido durfte es zum Schluss auch einmal versuchen, weil er diese Aufgabe übernehmen wollte, wenn Chris einmal verhindert war. Als Gegenleistung bekam er Ziegenmilch.

Nach dem Melken ging Chris mit Claire nach draußen. Diesmal wagte sie sich schon näher an das Haupthaus heran, aber hielt noch deutlichen Abstand zu den Tierkäfigen. Benno war inzwischen mit dem Essen gekommen und stellte es auf den Tisch vor der Baracke. Während sie aßen, beobachtete er die Ziege und wollte dann von seiner Schwester wissen: »Und was wirst du mit ihr machen, wenn hier alles vorbei ist?« – »Claire mit nach Göttingen nehmen. Der Garten ist doch groß genug. Und damit sie nicht so einsam ist, kaufe ich noch eine zweite Ziege dazu.« Benno sah sie einen Moment skeptisch an und stellte dann fest: »Ich glaube, dir bekommt hier etwas nicht.«

Nach dem Essen ging er zurück ins Haupthaus, um sich auf dem

PC die Filmaufnahmen anzusehen. Chris wollte lieber bei Claire bleiben und sich erste Notizen zu den Colobus-Affen machen. Als ihr Bruder nach zwei Stunden wieder zurückkam, wirkte er äußerst zufrieden. »Wollte denn Dr. Crow nicht gleich den Film mit ansehen?«, fragte Chris ihn. »Doch, hat er ja auch gemacht und ich musste ihm versprechen, dass er ihn für seine Projektarbeit bekommt. Den Film von gestern bekommt er aber nicht«, stellte Benno gleich klar.

Den nächsten Tag wollte sich Chris um die Tiere in der Aufzuchtstation kümmern, während Benno wieder mit Thoolen ins Gelände zum Filmen fuhr. Chris sah dies nicht so gerne, wusste aber, dass sie ihrem Bruder dies wohl kaum verbieten konnte. Sie hatte einfach dieses mulmige Bauchgefühl einer großen Schwester, die von klein auf für ihren Bruder einen Beschützerinstinkt entwickelt hatte. Bevor sie losfuhren, erkundigte sich Thoolen: »Na, wollen Sie heute wieder nicht mit? So lernen Sie diesen Nationalpark nie kennen.« – »Das werde ich schon noch, aber es muss auch immer zu meinem nächsten Projektschritt passen«, erwiderte Chris ausweichend.

Sie waren gerade losgefahren, als Thoolen Benno befragte: »Sag mal, ist deine Schwester immer so ehrgeizig oder hat sie etwas gegen mich?« Es war mehr die Loyalität seiner Schwester gegenüber, die ihn dazu brachte, zu antworten: »Meine Schwester war schon immer sehr ehrgeizig und sie möchte eine gute Projektarbeit abliefern.« – »Und ihr Ehemann, ist der auch so gestrickt?«, bohrte Thoolen weiter. »Ja, der ist auch sehr erfolgreich. Aber frag Chris doch lieber selbst«, beendete Benno dieses Verhör.

Chris hatte derweil die Tiere betrachtet, die auf der Aufzuchtstation untergebracht waren, und bildete hieraus Gruppen, die sie dann in ihrem Ernährungsverhalten in freier Wildbahn miteinander vergleichen wollte. Heute hatte sie ein besonderes Augenmerk auf zwei Jungtiere gelegt, die morgen wieder freigelassen werden sollten. Es waren zwei afrikanische Goldkatzen, die nur sehr selten vorkamen und über die sie auch recht wenig wusste.

Als sie gerade vor dem Bücherregal im Büro stand, um sich ein Buch über afrikanische Raubkatzen herauszusuchen, kam Mrs Crow herein. Interessiert erkundigte sie sich: »Was suchen Sie denn?« Als Chris ihr Anliegen schilderte, griff Mrs Crow sofort nach zwei Buchbänden und gab sie ihr mit den Worten: »Wenn Sie hier etwas brauchen, fragen Sie einfach mich.« Chris bedankte sich bei ihr und wollte gerade wieder das Büro verlassen, als Mrs Crow sagte: »Ich wollte Ihnen beim ersten gemeinsamen Essen nicht zu nahe treten, aber Dr. Zerner hatte vorher ein paar Informationen zu den neuen Mitarbeitern bekannt gegeben und da bin ich natürlich davon ausgegangen, dass sie auch stimmen würden.«

»Welche Informationen meinen Sie?«, stellte sich Chris ahnungslos. »Dass Sie Ihr Kind verloren haben. Ich kann gut verstehen, wie Ihnen zumute ist. Ich hatte auch vier Fehlgeburten und konnte danach keine Kinder mehr bekommen«, gab sich Mrs Crow sehr versöhnlich. Chris sah sie einen Moment erstaunt an und sagte schließlich: »Das tut mir leid. Bei mir war es ein Autounfall, durch den ich meinen Sohn verloren habe.« Diesmal war es Mrs Crow, die sehr betroffen wirkte. »Das ist ja furchtbar. Und Ihr Mann, wie geht er damit um?« Chris entschied sich zu mehr Offenheit, weil Anfang nächsten Jahres auch der Scheidungstermin anstand, für den sie sich Urlaub nehmen musste. Sie erzählte Mrs Crow von der Trennung und der anstehenden Scheidung, bat sie aber gleichzeitig um Verschwiegenheit.

Mrs Crows Anteilnahme wirkte auf Chris ehrlich, als sie vorschlug: »Meinem Ehemann sollten wir schon sagen, warum Sie Urlaub nehmen werden, aber ansonsten geht das keinen etwas an.« Fast mütterlich fügte sie noch hinzu, dass Chris jederzeit zu ihr kommen könne, wenn sie Probleme habe, worauf diese nur nickte und dann das Büro verließ. In ihrer Baracke wurde sie bereits von Claire erwartet. Sie ließ die Tür auf, damit die Ziege hinauslaufen konnte und setzte sich mit den Büchern vor das Haus, um gleich darin zu stöbern. Als Tido sie so vorfand, erkundigte er sich, ob er ihr frischen Obstsaft aus der Küche von

Sana mitbringen solle, worauf Chris gleich freudig zustimmte. Zurück kam er kurz darauf nicht nur mit dem Saft, sondern auch mit verschiedenen Speisen und stellte sie Chris wie einen kleinen Schatz im Korb auf die Bank. Chris lachte und versprach ihm als Gegenleistung: »Dann kriegst du heute Abend aber deutlich mehr Ziegenmilch ab.«

Am späten Nachmittag kam Benno zurück. Nachdem er den Jeep abgestellt und seine Sachen aus dem Fahrzeug genommen hatte, ging er zu seiner Schwester, die immer noch vor der Baracke saß und in den Büchern las. Zusammen mit Tido hatte sie noch einen kleinen Tisch aus dem Haus geholt und ihn vor die Bank gestellt, sodass sie nun einen kleinen Arbeitstisch vor dem Haus hatte, während Claire das Umfeld erkundete, aber hierbei immer in der Nähe ihres Frauchens blieb. Hungrig von der Fahrt griff Benno gleich in den Korb, in dem sich noch reichlich Essen befand. Mit vollem Mund wollte er von ihr wissen: »Das ist aber nicht alles, was ich heute noch bekomme, oder? Ich bin nämlich so hungrig wie ein Löwe.« Seine Schwester beruhigte ihn: »Das sieht man. Nur dass ein Löwe wohl eher selten beim Fressen brüllt. Sana hat noch was für dich.« Dann teilte sie ihm auch gleich mit, dass sie morgen mit rausfahren wolle, um dabei zu sein, wenn die beiden Goldkatzen freigelassen werden.

Benno sah sie erstaunt an und sagte dann mit einer brüderlichen Überheblichkeit: »Ich weiß aber nicht, ob Ron das erlaubt. Raubtiere sind etwas anderes als der Transport einer Ziege.« Seine Art ärgerte Chris ein wenig, worauf sie vorschlug: »Dann frage doch bitte einmal deinen neuen Freund Ron Thoolen, ob ich auch mitkommen darf, wenn ich mich nicht zu dumm anstelle.«

Benno griff noch einmal in den Korb und ging dann zu der Aufzuchtstation, in der Thoolen mit Kobe die Vorbereitungen für den morgigen Abtransport der Tiere besprach. Als ihm Benno die Pläne seiner Schwester mitteilte, wirkte er erstaunt, erklärte sich dann aber damit einverstanden. Bevor er die Station verließ, kam er noch einmal persönlich zu Chris und fragte sie: »Na, haben Sie jetzt doch Lust auf ein wenig Wildnis?« Chris sah von ihrem Buch auf und antwortete sehr reserviert: »Ich wäre gerne dabei, wenn die beiden Goldkatzen in die Wildnis entlassen werden.«

Thoolen sah sie einen Moment voller Unverständnis an und verabschiedete sich dann. Benno, der ihre Antwort mitbekommen hatte, wollte von ihr wissen: »Sag einmal, glaubst du etwa, du hast hier einen Unijob mit kleinen Exkursionen und ansonsten viel Theorie?« – »Nein, aber ich bin hier, um zu arbeiten und nicht um ein Abenteuer nach dem anderen zu erleben«, war ihr Einwand. Benno hatte sich zu ihr auf die Bank gesetzt und schwieg einen Moment, bevor er feststellte: »Es ist wegen Ron. Das merke ich doch.«

»Benno, ich muss nicht alle Menschen toll finden, mit denen du dich anfreundest.« – »Nein, aber du solltest schon zu den Personen ein gutes Verhältnis haben, auf die du die nächsten Monate angewiesen sein wirst und da gehört Ron nun einmal mit dazu«, versuchte Benno ihr deutlich zu machen. Unbeeindruckt stellte Chris fest: »Auf die Crows werde ich auch angewiesen sein und trotzdem habe ich immer meine Standpunkte vertreten und hier nicht herumgeschleimt.« Ihr Bruder reagierte hierauf ausgesprochen wütend: »Ich schleime bei Ron auch nicht herum! Was ist eigentlich los mit dir? Sonst hast du doch vor selbstbewussten Männern auch keine Angst.«

Chris drückte ihren Rücken durch, bevor sie feststellte: »Wir sind hier nicht an einer deutschen Uni, sondern in einem fremden Land. Ich verhalte mich deshalb auch etwas vorsichtiger.« Als ihr Bruder noch schwieg, fuhr sie fort: »Benno, ich bin hierhergekommen, um wieder auf die Beine zu kommen, um stabiler zu werden. Ich brauche hier keine Abenteuer, welcher Art auch immer, die mich wieder aus der Bahn werfen. Komm lass uns zu Sana gehen. Sie hat noch leckeres Essen für uns.«

Am nächsten Tag kam Thoolen mit zwei Helfern und zwei Fahrzeugen, um die beiden Käfige aufzuladen. Die beiden Jungtiere sollten getrennt transportiert werden, damit sie sich in ihrer

Aufregung gegenseitig nicht verletzen könnten. Während Benno damit beschäftigt war, alles zu filmen, hielt sich Chris zurück. Erst vor der Abfahrt forderte Thoolen sie auf, mit ihm im Jeep zu fahren, was Chris aber erst tat, nachdem sich Benno auf den mittleren Sitzplatz der Vorderbank gesetzt hatte, sodass sie rechts von ihrem Bruder Platz nehmen konnte.

Zwischen Benno und Thoolen entwickelte sich gleich ein lebhaftes Gespräch. Benno war wie immer wissbegierig und der Wildhüter fand Gefallen an seinem Interesse für die Arbeit, während Chris sehr schweigsam war. Sie waren bereits über eine Stunde auf holpriger Strecke mit den Jeeps unterwegs, als Thoolen das Fahrzeug am Fuße eines Berghangs, der dicht bewaldet war, anhielt. Gemeinsam mit seinen Helfern besprach er, wann die Käfige zu öffnen seien, zumal die beiden Wildkatzen vom Transport verängstigt und somit deutlich aggressiv reagierten. Benno suchte sich derweil einen guten Platz zum Filmen und kletterte hierbei auf den zweiten Jeep.

Noch bevor Chris ihre Rolle erfragen konnte, wurde der erste Käfig geöffnet und eine wild fauchende Goldkatze sprang auf sie zu, worauf sie in Panik geriet und rückwärts auszuweichen versuchte. Dabei stolperte sie über einen Felsstein und kam zu Fall. Das Tier erschreckte sich ebenfalls und lief an ihr vorbei direkt in das Waldstück. Thoolen kam auf sie zu und gab seinen Helfern das Signal, den zweiten Käfig zu öffnen. Während auch diese Goldkatze mit einem deutlichen Fauchen in den Wald lief, zog Thoolen Chris am Arm hoch. Hierbei bemerkte sie ihren schmerzenden linken Fuß; sie musste beim Sturz umgeknickt sein.

Chris humpelte mit Unterstützung ihres Bruders zum Jeep und setzte sich dort auf den Beifahrersitz. Die Stimmung war nach diesem Vorfall angespannt. Benno hatte aus Angst um seine Schwester die Filmaufnahmen abgebrochen, während diese aufgrund des Verhaltens des Wildhüters den Verdacht hegte, als wollte Thoolen ihr mit dieser Aktion eine Lektion erteilen. »Schade, dass Sie jetzt nicht mehr laufen können. Ich hätte Ihnen gerne noch einen Teil vom Berghang gezeigt. Da hätten wir aber ein Stück klettern müssen«, stellte dieser wenig mitfühlend fest.

Als Chris schwieg, erkundigte er sich: »Meinen Sie, Sie brauchen einen Arzt?« Gereizt antwortete sie: »Können Sie mir das nächste Mal einfach einmal sagen, was Sie vorhaben und wie ich mich dann verhalten soll? Ob ich noch zum Arzt fahre, möchte ich erst auf der Station entscheiden.« Thoolen forderte seine Helfer zum Aufbrechen auf und nahm mit Benno wieder im Jeep Platz. Mit einem knappen Seitenblick auf Chris bemerkte er schroff: »Mir war bislang nicht bekannt, dass die neuen Mitarbeiter der Station so unerfahren sind. Vielleicht sollten Sie erst einmal an einer Safari teilnehmen.« Nun war auch bei Benno der Punkt erreicht, wo er vermittelnd eingriff: »Ron, das hätte jedem von uns passieren können. Wenn Chris mit bei mir auf dem Wagen gestanden hätte, wäre alles bestimmt günstiger abgelaufen.« – »Man weiß bei panischen Tieren nie, wie sie reagieren«, war der kurze Einwand des Wildhüters, bevor er die Rückfahrt antrat, die diesmal zum großen Teil schweigend verlief.

Auf der Station angekommen, zeigte der Fuß von Chris schon deutliche Schwellungen, sodass Pakka mit ihr gleich zum Arzt fahren wollte. In Begleitung von Benno fuhren sie auch sofort los, nachdem die Verabschiedung der Wildhüter zuvor ausgesprochen kühl ausfiel. Während der Fahrt wollte Pakka wissen, wie es denn zu der Fußverletzung gekommen sei, worauf Chris nur sagte: »Ich stand etwas unglücklich, als Mr Thoolen die Käfige mit den Goldkatzen öffnen ließ.« – »Wieso? Hat er Ihnen denn nicht gesagt, dass Sie im Jeep bleiben sollen?«, fragte Pakka erstaunt. »Nein, Benno filmte auf dem zweiten Jeep und die drei Wildhüter befanden sich auf dem Fahrzeug mit den beiden Käfigen. Ich stand unten«, versuchte Chris ihm die Situation zu erklären.

»Und das war wohl gerade die Fluchtroute der Tiere auf dem direkten Weg ins Gebüsch«, ergänzte Pakka die Schilderung von Chris. Nun schaltete sich auch Benno ein, als er fragte: »Hätten die Wildhüter das wissen müssen, dass Chris dort falsch stand?« –

»Von den jungen Goldkatzen wäre Mrs Chris wohl kaum angegriffen worden, die wollten einfach nur noch weg, aber ein ausgewachsenes Tier hätte schon angreifen können. Für einen großen Schreck reichte dies schon«, stellte Pakka fest.

Der Arzt diagnostizierte bei Chris eine Bänderdehnung und verordnete ihr ansonsten Ruhe und einen Verband. Als sie wieder auf der Station ankamen, begrüßte sie gleich Mrs Crow und erkundigte sich sehr besorgt nach dem Gesundheitszustand von Chris. Nachdem sie erfahren hatte, wie es zu der Verletzung gekommen war, bemerkte sie nur abfällig: »Ach, hat der Wildhüterboss einmal wieder den wilden Mann spielen müssen?« Nur ungern sah es Mrs Crow, dass Chris in ihrer Baracke bleiben wollte, weil die Betten im Haupthaus deutlich bequemer waren, aber diese wollte Claire nicht allein lassen. Dennoch ließ sie Chris ihre mütterliche Fürsorge dadurch zuteilwerden, dass sie Sana bat, für Chris sehr schmackhafte vegetarische Speisen zusammen zu stellen und ihr dann zur Baracke zu bringen.

Benno war nach dem Vorfall sehr in sich gekehrt und fragte erst beim gemeinsamen Essen seine Schwester: »Du glaubst also, Ron hat das absichtlich gemacht, um dir eins auszuwischen?« Sie antwortete nicht sofort und sagte dann einfach nur: »Ja.« – »Und was meinst du, wollte er damit bezwecken?«, hakte ihr Bruder nach. »Vielleicht, dass ich schnell begreife, dass hier ohne den großen Ron gar nichts läuft«, war ihre Vermutung.

An diesem Nachmittag sprachen sie noch ausführlich über Bennos bevorstehende Abreise in fünf Tagen. Chris fühlte sich inzwischen von allen Stationsmitarbeitern akzeptiert und kam mit dem Ehepaar Crow auch immer besser zurecht. Inwieweit sie Thoolen aus dem Weg gehen konnte, ließ sich nicht mit einer großen Gewissheit sagen, weil das immer davon abhing, welche Tiere von ihm in die Aufzuchtstation gebracht wurden. Auf jeden Fall wollte sie zukünftig ohne einen erfahrenen Stationshelfer nicht mehr mit den Wildhütern losfahren.

An den letzten Tagen vor Bennos Abfahrt fuhr er noch einige

Male mit Dr. Crow und Kobe ins Gelände. Er konnte hierbei weitere Kurzfilme anfertigen und bereitete sich dann schweren Herzens auf seine Abfahrt vor. Den letzten Abend schrieb Chris an ihre Eltern einen langen Brief, den Benno ihnen übergeben sollte. Sie beschrieb hierin ihre Situation, ohne etwas zu beschönigen, warb aber auch um deren Vertrauen dafür, dass dies ein wichtiges Jahr für sie sei, um sich nachher wieder besser in ihrem alten Leben zurechtfinden zu können. Auch glaubte sie fest daran, von dem Ehepaar Crow und auch den Stationshelfern all die Unterstützung zu erhalten, die sie benötigen würde, um die Zeit hier unbeschadet zu überstehen. Um ihren Eltern zu zeigen, dass es ihr gut ging, fertigte Benno von ihr und Claire noch einen Kurzfilm für seine Familie an.

Am nächsten Tag brach Benno direkt nach dem Frühstück auf. Beim Abschied auf der Station hatte er das Ehepaar Crow, Pakka und die übrigen Stationsmitarbeiter eindringlich darum gebeten, gut auf seine Schwester aufzupassen, was diese ihm auch versprachen. Chris begleitete ihn mit Kobe zur Busstation. Die Fahrt dorthin verlief wortkarg und die Verabschiedung am Bus ausgesprochen hektisch, weil es wie immer ein großes Gedränge vor dem Fahrzeug gab. Als er schließlich losfuhr und Chris ihre Hand zum Winken anhob, konnte sie ihren Bruder nur schemenhaft im Inneren des Fahrzeugs erkennen. Sie blickte ihm noch ein wenig hinterher und hatte das erste Mal in ihrem Leben das beklemmende Gefühl, einsam in einer ihr sehr fremden Welt zu sein.

Kobe versuchte sie auf der Rückfahrt zur Station aufzumuntern, indem er meinte, dass sie morgen ja das erste Mal wieder mit Dr. Crow ins Gelände fahren könne. Er würde auch mitkommen. Mit einem kurzen Seitenblick auf ihren Fuß ergänzte er: »Und Ihr Fuß ist bestimmt auch froh, nicht mehr länger krank zu sein.« Chris musste lachen, weil hier manche Dinge so beruhigend unkompliziert gesehen wurden, und hoffte, sich auch ein wenig von dieser Lebensart abschauen zu können.

Zurück auf der Station, erkundigte sich Mrs Crow bei ihr, ob sie zukünftig nicht wieder im Haupthaus wohnen wollte, was Chris aber dankend mit dem Hinweis auf Claire ablehnte. Dafür einigte man sich aber auf gemeinsame Mittagessen, wobei das erste auch sofort stattfand. Während Dr. Crow bislang rein private Themen eher vermieden hatte, erkundigte er sich heute danach, ob Chris noch Probleme mit ihrer Scheidung zu befürchten hätte. Diese verstand die Frage nicht ganz und fragte deshalb: »Meinen Sie jetzt rein juristische oder Probleme im zwischenmenschlichen Bereich?« – »Nein, ich meinte, ob Sie damit rechnen können, dass beim Scheidungstermin auch alles glatt verläuft«, bemühte er sich um Klarstellung.

»Ich denke schon, zumal eigentlich alles zwischen uns geklärt ist. Aber hundertprozentig sicher sein sollte man sich hierbei nie. Das sagt zumindest mein Vater, und der hat als Anwalt schon viele Scheidungen begleitet«, äußerte Chris ihre Einschätzung. Nach einem kurzen Schweigen bemerkte Dr. Crow, während er etwas unbeholfen in seinem Essen stocherte: »Dies ist ja alles auch nicht so ganz einfach. Was sagt denn Ihr Vater dazu?« Chris überlegte erst kurz, ob sie so viel Offenheit zulassen sollte. Sie entschied sich dann aber mit der Bitte um Verschwiegenheit doch dazu und erzählte ihm in groben Zügen von den Hoffnungen und Ängsten ihrer Eltern zu Beginn der Trennung. Hätten sie anfangs eine Versöhnung zwar noch begrüßt, würden sie nun aber voll hinter ihr stehen.

Als sie am Abend noch lesend auf der Bank vor ihrer Baracke saß, während Claire im sicheren Abstand zu ihr den abendlichen Auslauf genoss, kam Mrs Crow und bat um ein Gespräch. Chris legte das Buch zur Seite und bot ihr den Platz neben sich auf der Bank an. Etwas unbeholfen fragte dann ihre Besucherin: »Haben Sie das alles gut überstanden? Ich meine den Unfall und das mit Ihrem Kind.« Chris beobachtete noch einen kurzen Moment Claire, die ein paar Grasbüschel zwischen den Baracken abfraß, bevor sie zugab: »Nein, überhaupt nicht. Ich habe doch schon jeden Tag die Bewegungen meines Sohnes in mir gespürt. In ein paar Jahren vielleicht einmal, aber ich fände es nicht natürlich, wenn ich danach wieder mein altes Leben führen würde.«

»Macht Ihr Mann das denn?«, fragte Mrs Crow nach und ihre Stimme klang nicht nach Neugier, sondern nach aufrichtigem Interesse. »Ich glaube, er hatte es schon so vor und dann demnächst auch eine neue Schwangerschaft geplant. Aber bei mir ging es nicht. Wir passten so nicht mehr zusammen«, erklärte ihr Chris etwas, was ihr mit diesen Worten selbst auf einmal deutlich wurde. Da gab es nicht mehr nur die Wut auf Jens und das Gefühl, von ihm in ihrer Trauer nicht verstanden zu werden, sondern zwei Menschen, die plötzlich durch ein Ereignis nicht mehr zusammenpassen, obwohl sie zuvor jahrelang ein Paar waren.

Als Mrs Crow schwieg, erkundigte sich Chris: »Und wie ist das bei Ihnen? Waren Sie immer gleich bereit für eine neue Schwangerschaft?« Mit angespanntem Gesichtsausdruck erzählte ihr Mrs Crow: »Mein Mann wollte es nach jeder Fehlgeburt auch gleich wieder versuchen, so als hätte ich nur ein Missgeschick gehabt.« Nach einem kurzen Schweigen gestand sie: »Als der Arzt dann nach der vierten Fehlgeburt von erneuten Schwangerschaften dringend abriet, war ich fast erleichtert. Plötzlich hatte sich unser ganzes Eheleben verändert. Vorher hatten wir beide an der Universität gut zusammengearbeitet und nun versagte ich dabei, meinem Ehemann die gewünschten Kinder zu schenken.« – »Können Sie denn jetzt damit leben und Ihr Mann auch?«, fragte Chris nach. »Nachdem jeder von uns ziemlich einsam wurde, weil wir dieses Thema auch mieden, hatten wir die Chance, ein großes Projekt zusammen zu bearbeiten. Das hat uns wieder zusammengebracht. Und jetzt läuft es richtig gut.«

Beide Frauen spürten, dass ihnen dieses Gespräch guttat und sie verabredeten sich, einmal wöchentlich einen Frauenabend abzuhalten. Als Mrs Crow aufstand, um zu gehen, kam Claire neugierig zur Sitzbank und stupste ihr Frauchen an. Mrs Crow betrachtete das Tier noch einen Moment und wollte dann wissen: »Was wird mit ihr geschehen, wenn Sie wieder zurückgehen?« –

»Ich hoffe, sie kann mir mitteilen, ob sie hier eine Ziegenherde braucht oder aber die Bindung zu mir stärker ist. Wenn Claire lieber in einer Herde leben möchte, bitte ich Pakka, sie wieder zurückzunehmen. Ich übernehme dann für sie alle Kosten, die für ihre Versorgung anfallen. Bleiben wir aber so eng zusammen, werde ich sie mit nach Deutschland nehmen.«

VIII

Am nächsten Tag brachen Dr. Crow, Chris, Pakka und Kobe rechtzeitig auf. Dort, wo sie hinfuhren, stand noch der Nebel über dem Land, was Chris bislang für Afrika nicht für möglich gehalten hat. Überhaupt empfand sie die Temperaturen als eher mäßig warm und war deshalb auch ganz froh darüber, dass sie genügend warme Bekleidung mitgenommen hatte. Pakka kündigte bereits auf der Fahrt an, dass in einem Monat die Regenzeit einsetzen werde und es dann morgens und abends ganz schön ungemütlich werden kann.

Während Dr. Crow schon Kontakt zu einzelnen Tieren aus der Affenfamilie aufnahm, blieb Chris eher im Hintergrund und fotografierte ihn dabei, so wie sie es zuvor abgesprochen hatten. Die Affengruppe wirkte heute seltsam nervös und Dr. Crow vermisste ein Weibchen mit seinem Jungen. Deutlich beunruhigt gingen Dr. Crow und Pakka zusammen die nähere Umgebung der Affenherde ab, während Kobe und Chris den zweiten Suchtrupp bildeten.

Es dauerte nicht lange, bis sie nicht weit von der Affenherde entfernt Reifenspuren feststellten. Alarmiert von diesem Fund funkte Dr. Crow sofort Thoolen an. Dieser befand sich mit seinen Männern gerade auf einer Kontrollfahrt. Er sagte aber zu, in einer Stunde vor Ort zu sein. Diese Wartezeit nutzten Dr. Crow, die beiden Stationshelfer und Chris, um nach weiteren Spuren zu suchen. Man fand sie an der Stelle, an der sich die Affenfamilie noch vor Tagen aufgehalten hatte. Anhand der abgeknickten Äste und der Schleifspuren am Boden vermutete Dr. Crow, dass hier eine Jagd auf die Affenfamilie stattgefunden haben musste. Chris bemühte sich, diese Beweise mit ihrer Kamera festzuhalten, was aber nicht so einfach war, zumal Dr. Crow in seiner Aufregung sehr sprunghafte Wünsche und Vorstellungen äußerte.

Als Thoolen mit seinen Männern eintraf, erkundigte sich dieser nach einer kurzen Begrüßung sofort bei Chris: »Na, können Sie wieder laufen? Ich hatte ja schon Angst, Sie würden von mir noch Schadensersatz verlangen.« Chris ärgerte sich über seine Art, mit ihr umzugehen, und so fragte sie angriffslustig zurück: »Sind Sie denn gegen derartige Vorfälle versichert?« Während Thoolen seinen Hut etwas in den Nacken schob, blickte er sie einen Moment ungläubig an, bevor er ausgesprochen kühl erwiderte: »Nein, so etwas habe ich bislang nicht gebraucht und meine Erbschaft musste ich auch noch nicht einsetzen.« Ohne sie noch weiter zu beachten, wandte er sich Dr. Crow zu und ließ sich die ganze Situation schildern.

Auch Thoolen befürchtete, dass eine Wildererbande die Affenmutter mit ihrem Jungen eingefangen haben könnte, um sie dann an Tierhändler zu verkaufen. Er wollte sich über Kontaktmänner informieren, ob es ein entsprechendes Angebot auf dem illegalen Wildtiermarkt gab. Für den morgigen Tag verabredete sie ein Treffen bei Thoolen, um über die aktuellen Fälle der Wilderei zu sprechen. Bevor Thoolen wieder in seinen Jeep stieg, teilte er Chris noch mit: »Sie können morgen auch mitkommen. Ich werde vorher auch alle gefährlichen Tiere wegsperren.« Chris antwortete nicht darauf und setzte sich wieder neben Kobe in den Jeep.

Sie waren bereits eine Weile schweigend hinter dem Jeep von Dr. Crow und Pakka hergefahren, als Kobe schließlich feststellte: »Sie verstehen sich nicht gut mit dem Wildhüter«, worauf Chris nur mit einem knappen »Ja« zustimmte. Kobe sah sie kurz von der Seite an und meinte dann: »Mr Thoolen ist auch ein schwieriger Mann für die Frauen.« Dieser Satz machte Chris neugierig, sodass sie nachfragte, was er denn damit meinen würde. »Mr Thoolen hat zwar manchmal eine Frau, aber nicht sehr lange. Die Frauen wollen dann wohl nicht mehr«, gab Kobe zur Antwort.

Wieder zurück auf der Station war Dr. Crow seine Sorge um das verschwundene Muttertier und ihr Junges anzumerken. Er ging umgehend in sein Arbeitszimmer und schilderte der Polizei per Funk seinen Verdacht. Beim gemeinsamen Essen hegte er die Hoffnung, dass die beiden Tiere doch noch aufgefunden werden könnten. Er hatte die Polizei des Bezirks gebeten, auch die Zugangsfahrten zu kontrollieren. In den letzten Monaten konnten auf diese Weise schon dreimal illegale Wildtiertransporte gestoppt werden.

Am nächsten Morgen überlegte Chris erst, ob sie mit zu dem Treffen der Wildhüter fahren sollte. Sie entschied sich dann aber doch dafür, weil sie sich von Thoolens Sticheleien nicht beeindrucken lassen wollte. Gemeinsam mit Dr. Crow und Pakka fuhr sie zu dessen kleiner Ranch, deren Nebenhaus er als Büro und Mitarbeiterunterkünfte für die Wildhüter nutzte. Wie erwartet kommentierte er die Anwesenheit von Chris mit der Bemerkung: »Sie sind ja doch mutiger, als ich dachte«, worauf diese nur erwiderte: »Ich wüsste auch nicht, wovor ich hier Angst haben sollte.« Im Besprechungsraum, der gleichzeitig seinen Mitarbeitern auch als Ess- und Aufenthaltsraum diente, setzten sie sich an den rustikalen langen Tisch und besprachen die Funde der letzten Wochen aus den Wildfallen, die offensichtlich von Wilderern aufgestellt wurden. Da es sich hier ausschließlich um Lebendfallen für Kleintiere handelte, ging Thoolen davon aus, dass die Tiere für den illegalen Verkauf gefangen worden sind.

Gemeinsam überlegten sie, welche Mittel und Möglichkeiten zur Verfügung stünden, um die Wilderei und den Tierfang wieder besser eindämmen zu können. Da es viele Kleinbauern in dieser Gegend gab, erhoffte sich Thoolen, diese im Nebenerwerb als Wildhüter beschäftigen zu können, um so dann auch die Kontrollfahrten zu intensivieren. Er wollte mit seinen Helfern in einige Dörfer fahren, um hierfür zu werben und Pakka wollte dies in den nächsten Tagen in seinem eigenen Dorf tun. Nach der Besprechung schlug Thoolen Chris vor, sie am nächsten Tag zu einer

Kontrollfahrt mitzunehmen, was sie aufgrund der Erfahrung mit ihm mit den knappen Worten ablehnte: »Im Moment eher nicht.« – »Schade, ich hätte auch wirklich gut auf Sie aufgepasst«, war seine Reaktion.

Bis zum Eintritt der Regenzeit fuhr Chris mit Dr. Crow und den Stationshelfern ins Gelände und sah die Wildhüter nur, wenn man sich draußen begegnete, sie Tiere zur Aufzuchtstation brachten oder bei den wöchentlichen Besprechungen, die im Wechsel auf der Station oder bei Thoolen stattfanden. Nach der letzten Besprechung erkundigte sich Thoolen bei ihr fast beiläufig: »Was macht denn Ihr Bruder?« – »Der kommt in zwei Wochen und bleibt diesmal einen ganzen Monat.« Sichtlich erfreut stellte Thoolen fest: »Das hört sich ja gut an. Vielleicht kann er dann eine richtig gute Story über den illegalen Tierfang schreiben.«

Die letzten Tage bis zu Bennos Ankunft kamen Chris endlos vor. Es regnete jetzt morgens und abends schon recht intensiv. Die Geländefahrten auf dem weichen Boden waren äußerst mühsam und wurden auch auf die notwendigsten reduziert. Chris hatte ihr Projektthema inzwischen so gut strukturiert, dass sie sich in dessen Bearbeitung an ihre Doktorarbeit erinnert fühlte. Es gab ihr Orientierung und eine Aufgabe, die sie erfüllte. Claire, die gerne zwischen den Mitarbeiterbaracken tagsüber ihre kleinen Ausflüge machte, wenn ihr Frauchen unterwegs war und Tido nach ihr sah, suchte nun deutlich die Nähe zu Chris, wenn sich diese danach wieder in ihrer gemeinsamen Baracke aufhielt.

So verbrachten sie die Abende auch häufig zurückgezogen in den Wohnräumen ihrer Unterkunft in trauter Zweisamkeit; Chris mit Lesen und dem Verfassen von wissenschaftlichen Texten für ihre Projektarbeit beschäftigt und Claire mit gemütlichem Wiederkäuen. Manchmal, wenn Chris gerade nach Formulierungen suchte und dabei Claire beobachtete, kam es ihr so vor, als gäbe es beim Wiederkäuen eine Seelenverwandtschaft zwischen der Ziege und ihr, nur dass sie ihr Forschungswissen wiederkäute, um es dann zu einem gut verdaubaren Bericht zu bündeln.

Gemeinsam mit Kobe fuhr sie zur Busstation der Touristenunterkünfte, um ihren Bruder endlich in Empfang nehmen zu können. Es war kühl und der Boden aufgeweicht vom Regen, der nun immer ergiebiger vom Himmel fiel. Zu ihrem Erstaunen stieg ihr Bruder zusammen mit Sarah aus dem Bus, die ebenfalls aus Nairobi kam, wo sie Fremdsprachen studierte. Nun wollte sie ein paar Tage ihre Familie besuchen, zumal ihr Vater Geburtstag hatte.

Gut gelaunt nahm Benno seine Schwester in den Arm und begrüßte dann Kobe. Dann zog er Sarah näher heran, die etwas abseits stand und sagte schwärmerisch zu seiner Schwester: »Schau einmal, was ich hier auf der Busfahrt für eine hübsche junge Frau kennengelernt habe. Und wenn wir Glück haben, lädt uns Pakka zu seiner Geburtstagsfeier ein und ich kann sie morgen wiedersehen.« Chris freute sich, Sarah wiederzusehen und auch darüber, dass es mit einem Studienplatz in Nairobi geklappt hatte.

Benno wirkte wie immer leicht überdreht, wenn er nicht wusste, wie er seine Energie in seinem Sinne einsetzen konnte. Auf der Fahrt zur Station sprudelten seine Ideen nur so aus ihm heraus. Seine Schwester unterbrach ihn nach einiger Zeit: »Mr Thoolen hat auch schon nach dir gefragt und einen Auftrag für dich.« Benno sah sie erstaunt an. »Ehrlich? Redet ihr überhaupt noch miteinander?« Chris gab sich professionell: »Natürlich. Hier wird schließlich gearbeitet.«

Auf der Station wurden sie von dem Ehepaar Crow begrüßt und dann auch gleich zum gemeinsamen Mittagessen gebeten. Benno, dem die Annäherung seiner Schwester an die Crows zwar schon aufgrund entsprechender Mailnachrichten von Chris bekannt war, fremdelte erst ein wenig und gab deshalb eher knappe Antworten. Gesprächiger wurde er erst, als ihn Dr. Crow darauf ansprach, dass sich Dr. Zerner sehr lobend über seine Filmaufnahmen und Presseberichte geäußert habe. Die Idee, über die illegalen Wildfänge zu berichten, fand Benno spannend und wollte in den nächsten Tagen gleich damit anfangen, zumal ihm Dr. Crow auch das Foto zeigte, welches ihm die Polizei übersandt hatte. Es zeigte die verschwundene Affenmutter mit ihrem Jungen tot im Kofferraum eines Fahrzeugs.

Als Chris am Abend mit ihrem Bruder in der Baracke war, erzählten sie sich gegenseitig, was alles noch so geschehen war, zumal die Mailberichte, für die Chris immer zu den Touristenunterkünften fahren musste, um überhaupt Internetzugang zu bekommen, sich daher nur auf das Wesentliche beschränkt hatten. Von ihren Eltern übergab er ihr noch einen drei Seiten langen Brief, zusammen mit ihren Lieblingsplätzchen und Hautpflegeprodukten. Während sie den Brief las, merkte sie, wie ihr Herz schneller schlug. Ihre Eltern vermissten sie sehr, waren aber weiterhin bereit, ihr Vorhaben zu unterstützen. Sie schrieben auch, dass sie das Grab von Jannic und den Großeltern mit herbstlichem Grabschmuck versorgt haben, worauf Chris Tränen in die Augen stiegen.

Es regnete schon längere Zeit, als Chris ihren Bruder zum Schlafen ermahnte. Etwas irritiert bemerkte dieser: »Sag einmal, hört dieser Regen denn gar nicht auf? Irgendwie nervt das, wenn es immer auf das Barackendach tropft.« – »Du schläfst schon ein, glaub mir«, beruhigte ihn seine Schwester. Benno zog seine Schlafpritsche direkt neben die seiner Schwester, als Chris ihm in Erinnerung brachte: »Denk daran, Claire muss auf ihrer Kommode neben mir schlafen. Dann musst du an der Wand liegen.« Benno schaute sehr ungläubig, als er spontan erwiderte: »Nein, das glaube ich jetzt nicht. Geht das zwischen euch immer noch so? Mensch, Chris, du kriegst nie einen Mann ab, wenn du weiterhin mit deiner Ziege schläfst.«

Benno hielt sich dann aber doch an die Liegereihenfolge und zog seine Schwester fest in seinen Arm, bevor er anfing von Sarah zu schwärmen. Chris fand Sarah zwar auch ganz nett, war sich aber unsicher, was sie von einer Verbindung zu Benno halten sollte. Deshalb fragte sie ihn, ob er denn gerade etwas in Göttingen laufen habe. Benno berichtete ihr, dass er ab und zu mit Doro aus der

WG seines besten Freundes Sex habe und einmal nach einer Fete auch wieder mit Lisa, die auch auf der Feier war. Er hatte vorher wohl etwas zu tief ins Glas geschaut.

Wie von Benno insgeheim erhofft, hatte Pakka sie tatsächlich zu seiner Geburtstagsfeier am nächsten Tag eingeladen. Das Ehepaar Crow hatte seine Einladung bereits dankend abgelehnt, was aber keinen erstaunte. Chris fragte ihren Bruder nun direkt: »Und was willst du jetzt von Sarah?« – »Sie ist hübsch, niedlich und wir finden uns sympathisch. Warte es doch einfach ab.« Seine Schwester sah das nicht so gelassen. Sie setzte sich abrupt auf und beschwor ihn: »Benno, so geht das hier nicht. Sarah ist die Tochter von Pakka und hier heiratet man eine Frau, wenn man sie nett findet.« Ihr Bruder schwieg einen Moment, bevor er zugab: »Okay, ich muss erst wieder umdenken. Was, meinst du, darf ich morgen mit Sarah machen?« – »Dich einfach nur ohne Körperkontakt mit ihr unterhalten«, klärte ihn seine Schwester auf. »Riskier bitte nicht mehr, sonst ist Sarahs guter Ruf ruiniert, und das hat hier schlimme Folgen.«

Am nächsten Morgen bekam Pakka von den Stationsmitarbeitern einige Geburtstagsgeschenke und brach dann mit Kobe und dem Tierpfleger Duma sowie Chris und ihrem Bruder mit dem Jeep auf, um in sein Dorf zu fahren. Dort hatten seine Familie und seine Freunde schon auf ihn gewartet und er wurde dort mit der typisch afrikanischen Lebendigkeit empfangen. Da es nicht mehr regnete, fand die Feier draußen statt. Alle Gäste hatten etwas zu Essen mitgebracht und es wurde viel gesungen und gelacht.

Chris beobachtete Benno und Sarah, die sehr vertraut miteinander wirkten und auch häufig lachten. Benno hielt sich offenbar an die Absprache mit seiner Schwester, die ihm ab und zu einen Kontrollblick hinüberwarf. Bevor dann der Regen wieder einsetzte, wollten Duma, Chris und ihr Bruder gerade aufbrechen, als Pakka mit einer Handvoll Tier an den Jeep trat und Chris fragte, ob sie das drei Tage alte Ziegenkitz für Claire haben wolle. Die Ziegenmutter hatte gleich drei Junge bekommen und würde es nun nicht schaffen, alle ausreichend zu säugen. Während Chris noch etwas ratlos auf das kleine Tier sah, ergänzte Pakka: »Es ist ein kleines Mädchen.« Vorsichtig nahm Chris ihm das Tier ab und meinte: »Ich versuche es mit Claire, aber wenn es nicht geht, muss ich sie zurückbringen.«

Auf der Rückfahrt fragte Benno sie etwas angriffslustig: »Und, soll die nun auch neben deinem Bett schlafen?« – »Nein, Benno. Wenn alles klappt, werden die beiden sich haben und wir werden bald ziemlich abgeschrieben sein. Hoffentlich reicht es dann noch für etwas Milch für uns.«

Claire beschnupperte gleich die kleine Ziege, die schwach und verängstigt vor ihr im Stroh lag. Vorsichtig half Chris dem Tier auf seine schwachen Beine und stupste es mit dem Mäulchen an Claires Euter, das schon wieder gut gefüllt war und gemolken werden musste. Claire machte einen Satz zur Seite und das Zicklein fiel um. Nun versuchte es Chris mit Futter für Claire, das sie ablenken sollte. Ihr Plan ging auf. Claire fraß ihr Lieblingsfutter, während das Zicklein von ihr wieder an das Euter gehalten wurde und es begann zu trinken. Erst vorsichtig und dann fast gierig. Erschöpft ließ es sich danach wieder ins Stroh fallen. Chris reinigte das Euter sorgsam und melkte den Rest der Milch ab. Als sie danach gut gelaunt zu Benno in den Barackenwohnraum ging, saß dieser auf einem der schlichten Sitzgelegenheiten und starrte vor sich ins Leere.

»Na, was ist?«, fragte Chris und setzte sich zu ihm. Er antwortete nicht sofort und sagte schließlich: »Sarah hat mich gefragt, ob ich ihr helfen könne, ein Stipendium zu bekommen, weil sie gerne in Europa Sprachen studieren möchte.« – »Und was sagen ihre Eltern dazu?«, wollte Chris wissen. »Ich weiß nicht. Das interessiert mich auch nicht. Sarah ist immerhin schon erwachsen«, antwortete Benno leicht gereizt. »Benno, das bedeutet hier gar nichts. Ohne den Segen ihrer Eltern wird sie niemals ins Ausland gehen können«, war sofort der Einwand seiner Schwester. Benno reagierte wütend: »Und was hat sie hier für ein Leben? Ziegen, kleine Hütten und ansonsten kann sie nur hoffen, dass sie den richtigen Mann findet und ihm viele Kinder schenkt.« Chris sah dies ganz anders und erklärte ihm: »Benno, sie hat hier eine sehr liebevolle Familie und eine tolle Dorfgemeinschaft, wie wir heute selbst miterleben konnten. Hier kennen sich die Menschen gut und helfen sich gegenseitig. Das ist doch das Schönste, was man haben kann. Im Ausland ist sie fremd und auf sich allein gestellt.«

»Und warum will sie ins Ausland, obwohl hier alles so toll ist? Warum hast du deine vertraute Umgebung und deine Familie verlassen und machst hier diesen Job?«, reagierte Benno angriffslustig. Chris sah ihn einen Moment fassungslos an. Sie wusste genau, dass er mit gewissen Dingen recht hatte und trotzdem mit anderen so etwas von falsch lag. Mühsam rang sie nach Worten: »Benno, wenn ich im nächsten Herbst wieder nach Deutschland zurückkehre, komme ich zurück in meine vertraute Welt, schaffe dort einen Neuanfang und kann vielleicht auch noch von meinen Erfahrungen hier zehren. Ich glaube nicht, dass Sarah das auch so tun kann.«

»Und warum nicht? Warum kann sich Sarah nicht auch eine Auszeit von Afrika nehmen und dann wieder zurück in ihr Land gehen?«, fragte Benno harsch. »Weil unsere Welt zu brutal für sie ist. Sie ist eine hübsche junge Frau. Was glaubst du, wird passieren, wenn sie an der Uni in Göttingen studieren und im Studentenwohnheim oder einer WG leben würde? Als Frau hast du dort doch nur eine Chance, wenn du dich auch in einer gewissen Weise emanzipiert hast«, philosophierte Chris. Benno sah sie mit einem abfälligen Blick an und bemerkte verächtlich: »Chris, weißt du eigentlich, wie mir so manche emanzipierte Frauen gehörig auf den Keks gehen? Alles Weibliche ist weg. Lisa ist nur noch Frau Lehrerin, die allen sagen muss, wo es langgeht. Sarah dagegen ist so natürlich und einfühlsam.«

Mit dem letzten Satz hatte Benno genau das gesagt, was seine Schwester befürchtet hatte. Schonungslos redete sie auf ihn ein: »Du hast dich also in sie verliebt und möchtest sie mit nach

Deutschland nehmen? Weißt du eigentlich was das bedeutet? Sie ist völlig von dir abhängig, selbst wenn sie ein Stipendium bekommt. Und wenn es mit euch nicht klappt, kann sie nicht einfach zurück in ihr Land, weil sie dann eine gefallene Frau ist.« – »Du traust mir also nicht zu, dass ich Verantwortung für einen Menschen übernehmen kann?«, stellte Benno seine Schwester zur Rede.

»Doch, das kannst du. Aber du kennst sie gerade einen Tag und willst dich dann schon ein Leben lang binden. Ist das nicht ein bisschen naiv?«, hielt Chris dagegen. Benno war zu verstimmt, um noch einen klaren Gedanken zu fassen und ging in den Waschraum und dann ohne noch etwas zu sagen auf seine Schlafpritsche. Chris hatte noch einmal nach den beiden Ziegen gesehen, die sie mit Futter und Wasser in der Abstellkammer untergebracht hatte, die noch immer Stallersatz für Claire war. Zu ihrer freudigen Überraschung lagen sie beieinander im Stroh und Claire machte auch keine Anstalten, ihren Stall für die Nacht zu verlassen.

Nachdem sich auch Chris fürs Bett fertig gemacht hatte, legte sie sich neben Benno auf die Pritsche und fragte ihn: »Schläfst du schon?« Er schwieg einen Moment, bevor er sagte: »Weißt du, was ich glaube, was dein Problem mit Sarah ist? Sie hat die falsche Hautfarbe. Merkst du eigentlich, dass du dich hier aufführst wie eine Kolonialherrin? Du lässt dich von den afrikanischen Mitarbeitern bedienen, aber gemeinsam mit dir am Esszimmertisch sitzen sie nicht. Es grenzt ja schon an ein Wunder, dass du zur Geburtstagsfeier mitgekommen und nicht etwa bei den Crows geblieben bist.«

Seine Worte taten ihr weh, weil sie sich missverstanden fühlte. Sie hatte den Eindruck, als müsste sie jeden Tag einen Riesenspagat hinbekommen, zwischen den Regeln hier auf der Station, den Landessitten und ihren eigenen Ansprüchen und ihr Bruder bemerkte dies gar nicht. Nach einem langen Schweigen sagte sie schließlich: »Du bist ziemlich ungerecht. Dadurch, dass ich mit dir zu Pakkas Geburtstagsfeier mitgefahren bin, habe ich die Stationsregeln gebrochen und auch dadurch, dass ich hier in einer Mitarbeiterbaracke wohne. Ich bin aber auch die zweite Chefin und eine Frau und trage Verantwortung für diese Station. Das geht nicht nur mit: ›Wir haben uns alle so lieb.‹ – Das hat auch schon an der Uni nicht funktioniert.«

»Wenn sich zwischen Sarah und mir mehr entwickelt, wirst du uns dann unterstützen, wie ich dich auch hier unterstütze?«, wollte er von ihr wissen. »Glaubst du, es wird etwas wirklich Ernstes zwischen euch?«, fragte Chris nun doch etwas besorgt. Ihr Bruder geriet ins Schwärmen, als er von Sarah sprach, von ihrer Natürlichkeit und Wärme, die er bei Lisa all die Jahre so vermisst hatte. »Weißt du, wie sie mich kürzlich vorgeführt hat, als ich einen Bildband über Afrika von ihr abholen wollte? Ich wurde von ihrer Mitbewohnerin in die WG-Küche gebracht, wo Lisa gerade Nudeln kochte. Dort begrüßte ich sie und erklärte ihr dann: ›Ich komme wegen dem Buch.‹ Sie zog kurz die Augenbrauen hoch und sagte dann betont deutlich in ihrer oberlehrerhaften Art: ›Du kommst also wegen des Buches?‹ – Sag einmal, wie schräg ist das denn? So redet doch kein Mensch.«

Chris musste lachen, als er seine Ex-Freundin empört nachäffte und sagte dann vermittelnd: »Lisa ist halt Lehrerin und möchte alles richtig machen. Ja, ich werde dir helfen, wenn es zwischen Sarah und dir wirklich ernst werden sollte. Ich erwarte aber von euch, dass ihr hierbei nicht nur eure Belange berücksichtigt, sondern auch die von den Menschen, die euch nahestehen. Und ich werde mich mit Kritik nicht zurückhalten, wenn ich denke, dass etwas schiefläuft.«

Benno war dankbar für ihre Worte und zog sie zu sich in den Arm. Dann wollte er Zukunftspläne schmieden für die Zeit nach Afrika und hoffte, Sarah mit in die WG nach Göttingen nehmen zu können. Seine Schwester versuchte ihn zu bremsen, indem sie meinte: »Benno, mach langsam. Sarah wirst du niemals mitbekommen, wenn du in den nächsten Wochen nicht einen verdammt guten Eindruck bei ihrem Vater hinterlässt. Hier in Afrika hört man noch auf seine Eltern. Und jetzt lass uns schlafen. Morgen nach dem Frühstück wird dich dein Freund Ron gleich abholen, um die Wilderer zu jagen.«

In der Nacht wurde Chris wach, weil Claire mit ihrer rauen Zunge ihren Arm leckte, wie sie es immer tat, um an das Salz ihres Schweißes zu gelangen. Erschrocken setzte sie sich auf und fingerte nach der Taschenlampe, die immer in Reichweite ihrer Pritsche lag. Im Schein der Lampe bewegte sie sich vorsichtig durch den Raum, gefolgt von Claire. In der Vorratskammer entdeckte sie das kleine Zieglein im Stroh, das schon völlig durchnässt war. Als sie sich zu dem Tier hinunter beugte, spürte sie mehrere Wassertropfen auf ihrem Rücken, die von der Decke der Baracke tropften.

Chris ging zurück in den Wohnraum und sucht nach einer großen Schüssel. Von den Geräuschen des Küchenboards aufgeschreckt, fuhr Benno aus dem Schlaf hoch und rief erschrocken: »Was ist denn los?« Seine Schwester beruhigte ihn: »Es ist nur der Regen, der durch die Decke tropft. Die richtig bösen Buben jagst du erst morgen.« Mit einer großen Schüssel ging sie wieder zurück in den Behelfsstall und stellte sie unter die Stelle im Dach, durch die beständig die Regentropfen fielen, um dann mit einem kräftigen Plopp in der Schüssel zu landen. Um das Geräusch etwas abzuschwächen, füllte Chris etwas von dem nassen Stroh in die Schüssel und bereitete dann den beiden Ziegen eine trockene Ecke, wo sie sich hinlegen konnten. Die kleine Ziege war zwar noch sehr schwach, wirkte aber ansonsten recht zufrieden in ihrem neuen Leben und Claire ebenfalls.

Als Chris wieder zurück in den Wohnraum ging, überlegte sie, wie die kleine Ziege heißen könnte. Ihr Blick fiel hierbei auf ihre Körperpflegeprodukte und mit leichter Abwandlung zum Produktnamen entschied sie sich für den Namen »Fina«. Nachdem sie sich wieder zu Benno auf die Pritsche gelegt hatte, zog er sie in seinen Arm und küsste sie auf die Stirn. Dann fragte er: »Sag einmal, wie hältst du das hier eigentlich schon die ganzen Wochen aus?« Chris sah es gelassen und entgegnete: »Dieses Jahr wird meine Meisterprüfung fürs Leben sein, glaub mir. Danach wird mich eine lange Warteschlange im Supermarkt oder eine dreckige WG-Küche überhaupt nicht mehr stören.«

Am nächsten Vormittag übergab Chris ihren Bruder nur mit sehr ambivalenten Gefühlen in die Obhut von Thoolen, der Benno gleich bei der Begrüßung überschwänglich in die wichtige Mission einweihte. Chris hatte ihren Bruder während des gemeinsamen Frühstücks noch einmal eindringlich darauf eingeschworen, jetzt nicht den Helden zu spielen und hoffte, dass ihre Mahnungen auf ihn wirkten. Sie selbst verbrachte den Tag auf der Aufzuchtstation und mit der Übertragung ihrer gesammelten Daten in die hierfür eingerichteten PC-Tabellen. Seit dem Beginn der Regenzeit saß sie nicht mehr so häufig draußen an ihrem Arbeitsplatz vor der Baracke, zumal das feuchte Wetter auch ideal für angriffslustige Insekten war.

Um Claire aber dennoch genügend Auslauf zu geben, ging sie mit ihr und Fina auf dem Arm am Nachmittag zwischen den Baracken spazieren, als Pakka auf sie zukam. Er war gerade von seiner Familie zurückgekehrt und wirkte vom Feiern noch etwas müde. Als er das kleine Zicklein auf ihrem Arm sah, fragte er gleich sehr besorgt: »Wird das mit den beiden nichts?« Chris beruhigte ihn und stellte das kleine wackelige Tier vorsichtig auf die Beine, während sie ihm stolz erzählte, dass Claire sich der Kleinen angenommen habe. Dann berichtete sie ihm auch von der undichten Stelle im Dach, woraufhin Pakka sich sofort bereit erklärte, den Schaden zu reparieren.

Während Pakka kurz darauf mit Dichtungsmaterial zu ihr in die Baracke kam, nutzte Chris die Gelegenheit, ihn nach dem weiteren Verlauf seiner Geburtstagsfeier zu befragen. Erst erzählte er noch freudig und sehr lebhaft, dass sie gesungen und getanzt hätten und alles sehr schön gewesen sei, bis plötzlich sein Gesicht sehr ernst wurde. Er unterbrach das Verspachteln des Risses im Barackendach und sagte: »Sarah möchte nach Europa, weil sie dort Sprachen lernen will.«

»Meine Eltern waren auch nicht begeistert, als ich nach Afrika wollte. Obwohl ich jetzt hier bin, kann ich die Sorgen meiner Eltern durchaus verstehen«, sagte Chris. Pakka sah sie einen Moment an und spachtelte dann weiter an der Barackendecke. Schließlich meinte er: »Sarah mag auch Ihren Bruder sehr.« Chris hatte schon befürchtet, dass die offensichtliche Zuneigung der beiden von Pakka auf dem Fest nicht unbemerkt geblieben war und gab sich diplomatisch: »Benno ist zwar manchmal etwas forsch, aber kein schlechter Kerl. Ich mag ihn, seit es ihn gibt, und kann mich hundertprozentig auf ihn verlassen.« Nach einem kurzen Schweigen fragte Pakka: »Und wie ist er zu Frauen?« Chris wollte dem sehr besorgten Vater nichts vormachen, sich aber auch nicht gegen ihren Bruder stellen. Vorsichtig formulierte sie: »Benno hatte jahrelang eine Beziehung zu einer Studentin. Sie wohnte auch bei uns mit im Haus. Dann wurde sie Lehrerin und zog weg und die Beziehung war vorbei.«

Pakka arbeitete schweigend weiter und räumte dann seine Sachen zusammen. Gemeinsam mit Kobe wollte er das Dach zusätzlich von außen abdichten. Bevor er ging, fragte er Chris nochmals eindringlich: »Wird Ihr Bruder der richtige Mann für Sarah sein?« – »Ich weiß es nicht. Bei uns läuft es oft ein bisschen anders. Wir studieren oder arbeiten miteinander, lernen uns dann schon recht gut kennen und können uns dann entscheiden, ob wir auch ein Paar sein wollen. – Und klappt es dann nicht miteinander, können wir uns auch wieder trennen.« Pakka schüttelte den Kopf und sagte beim Hinausgehen: »Nein, so leben wir hier nicht.«

Bis zur Rückkehr von Benno versuchte sie zwar weiter an ihrem Projekt zu arbeiten, es gelang ihr aber nicht wirklich. Sie hatte den Eindruck, als hätte sie ihren Bruder in seinem Vorhaben, bei dem sie selbst große Befürchtungen hatte, nicht ausreichend unterstützt. Benno kam am späten Nachmittag zwar müde, aber noch mit einer gewissen Restenergie in die Baracke gestürmt und umarmte seine Schwester. Diese bemerkte gleich, dass er nach Zigarettenrauch und Bier roch, worauf er gut gelaunt klarstellte:

»Bier ja, aber der Zigarettenrauch ist von Ron. Wir waren zum Schluss noch auf seiner Farm.« Dann berichtete er, dass Thoolen von seinem Arbeitgeber massiv Druck bekommen habe, das Problem mit den Wilderern und Tierfängern endlich in den Griff zu bekommen.

Erst während des gemeinsamen Abendessens erzählte er seiner Schwester, wo er den Tag über im Gelände war und Chris ihrem Bruder von der Unterredung mit Pakka. Benno reagierte wie von ihr erwartet sehr enttäuscht und wollte dann von ihr wissen: »Stimmt's, als Mann würde ich für dich auch nicht infrage kommen oder warum kannst du dich nicht für mich einsetzen?« Ihr fiel die Antwort verdammt schwer, aber sie sagte es trotzdem: »Ja, Benno, als Bruder bist du mir lieber. Du bist zwar verlässlich und auch hilfsbereit, aber auch ziemlich sprunghaft und brauchst viel Raum für dich selbst. Ich denke, dass Pakka einen Familienvater für seine Sarah sucht und nicht jemanden, der erst einmal ausprobiert, ob es auch mit dieser Frau klappen könnte.«

Benno starrte sie enttäuscht an und fragte dann mit einem zynischen Unterton: »Sag mal, sind wir jetzt hier im Mittelalter, oder was?« Er war aufgestanden und packte seine Reisetasche zusammen. Chris war irritiert. »Was hast du denn vor?« – »Ich ziehe ins Haupthaus und fahre morgen in eine Touristenunterkunft. Dort werde ich sehen, was ich im Netz über Stipendien für Sarah herausfinden kann. Pass du nur auf, dass du hier nicht zu einer alten Jungfer mutierst. Eine, die mit zwei Ziegen zusammenlebt.«

Wütend verließ er die Baracke und Chris verspürte auf einmal einen heftigen Schmerz und eine unendliche Trauer. Ihr schossen die Tränen in die Augen und sie stellte erstaunt fest, dass sie seit langer Zeit wieder richtig weinen konnte, nachdem sie die letzten Monate immer nur funktioniert hatte. Sie lag auf ihrer Pritsche und merkte nicht, dass ihr Bruder noch einmal zurückgekehrt war. Er hatte seine Fototasche vergessen und als er sie so sah, wollte er noch einmal mit ihr reden.

Ihr hemmungsloses Weinen berührte ihn, sodass er sich zu ihr an den Pritschenrand setzte und ihr über die Haare strich. Chris brauchte noch eine Weile, bis sie sich wieder beruhigen konnte, worauf er sie fragte: »Du weinst nicht nur wegen eben, oder? Kommt jetzt alles bei dir hoch?« Als sie nicht antwortete, zog er seine Schwester zu sich in den Arm und schlug dann vor: »Lass mich heute einfach drüben schlafen. Ich brauche diese Nacht für mich und meine Gedanken. Du hast recht mit dem, was du gesagt hast. So bin ich jetzt, aber ich möchte mich auch entwickeln, so wie du dich hier entwickelst.«

Chris wischte sich die Tränen aus dem Gesicht und fragte von der ganzen Situation noch sehr verunsichert: »Willst du auch mutieren, in einen Mönch, oder so?« Er drückte sie fest an sich und versuchte sie zu beruhigen: »Chris, du machst das hier toll und du bist auch eine tolle Frau mit ganz viel Tiefgang. Den möchte ich auch bekommen.« Benno ging erst wieder in das Haupthaus zurück, als er sich ganz sicher war, seine Schwester mit den beiden Ziegen in der Baracke zurücklassen zu können. Zum Abschied küsste er sie auf die vom Weinen deutlich gerötete Nase und sagte: »Und du weißt ja, wo du mich finden kannst, wenn du mich brauchst.«

Es war die erste Nacht, in der sich Chris an den Geräuschen des Regens störte und auch an dem Heulen der Hyänen. Es kam ihr plötzlich so vor, als würde ihr Leben mit der schmerzhaften Vergangenheit in Deutschland nicht mehr mit dem Hier und Jetzt zusammenpassen. Unruhig wälzte sie sich auf ihrer Pritsche hin und her und schlief spät ein. Sie wurde wach, als Benno zu ihr mit dem Frühstück kam. Erschrocken stellte er fest, dass sie sehr blass aussah, bis auf die vom Weinen verquollenen Augen. Spontan schlug er vor: »Willst du heute nicht freinehmen und mit mir zu den Touristenunterkünften fahren? Dann kannst du auch einmal wieder ein paar Mails nach Deutschland versenden.« Chris zögerte zunächst, war dann aber von seinem Vorschlag überzeugt, als sie ihr Spiegelbild in dem schon etwas matten Spiegel des Waschraumes betrachtete.

Dem Ehepaar Crow erzählten sie, dass Chris sich nicht so gut fühlen würde, was diese ihr auch abnahmen, zumal die Sonnenbrille ihre geröteten Augen verdeckte. Pakka musterte sie schon etwas kritischer, als er ihnen für die Fahrt den Stationsjeep überließ. Erst ging er mit ihnen noch die Liste der Waren durch, die sie mitbringen sollten, weil alle Lebensmittellieferungen und sonstige Gegenstände für die Station nicht bis hierhergebracht wurden, sondern immer nur bis zu den Touristenunterkünften, die besser zu erreichen waren. Dort hatte die Station einen Abstellraum mit einem großen Kühlschrank für die bestellten Lieferungen und die Stationsmitarbeiter holen sie zweimal in der Woche ab. Erst als Chris bereits eingestiegen und Benno noch einmal ins Haupthaus gegangen war, um seine Jacke zu holen, erkundigte sich Pakka bei ihr: »Gab es Streit mit Ihrem Bruder?« Chris antwortete ausweichend: »Es geht mir nicht so gut, weil ich Heimweh habe. Ich vermisse meine Familie und möchte auch einmal wieder zum Grab meines Sohnes.«

Pakka sah sie tief betroffen an und sagte dann: »Ich wusste nicht, dass Sie einen Sohn hatten. Das tut mir leid. Hilft ihr Bruder Ihnen?« – »Ja, Benno hat ja sogar den Vorschlag gemacht, dass wir den Tag heute zusammen verbringen. Nur wir zwei.« Pakka wollte noch etwas sagen, schwieg dann aber, als er Benno sah, der gerade zurückkam und auf dem Fahrersitz Platz nahm. Als Benno den Motor anließ, trat Pakka einen Schritt zurück und wünschte ihnen noch einen guten Tag.

Während der Fahrt bat Chris ihren Bruder eindringlich, mit dem Stipendium für Sarah nichts gegen den Willen von Pakka zu unternehmen, was dieser dann auch bereit war zu akzeptieren. In den Touristenunterkünften, die hauptsächlich von Safaribegeisterten bewohnt wurden, herrschte wie fast immer ein reges Treiben, was bei Benno spontan Aggressionen erzeugte. So war auch sein Auftreten sehr bestimmt, als er zwei Internetplätze für jeweils zwei Stunden reservieren ließ.

Während er auf die Internetsuche nach Auslandsstudienmöglichkeiten für Sarah ging, checkte Chris ihre Mails der letzten Woche. Es waren sechs von ihren Freunden gekommen, die sie ausführlich beantwortete, dann schrieb sie noch eine sehr lange an ihre Eltern. Sie schrieb ihnen auch von den Gedanken der letzten Nacht und dass sie sich darauf freuen würde, Weihnachten nach Deutschland zu kommen. Als sie hiermit fertig war, nahm sie per Mail Kontakt zu ihrem ehemaligen Biologieprofessor Herrn Stallmeyer in Göttingen auf. Sie schilderte ihm ihre jetzige Projekttätigkeit und fragte nach, ob er für sie ab September nächsten Jahres eine Assistentenstelle an seinem Institut freihätte.

Da Benno noch sehr beschäftigt mit seinen Recherchearbeiten war, beschloss sie, die Essensvorräte für die Station schon auf die Ladefläche des Jeeps zu laden. Sie war gerade dabei, eine Kiste mit Gemüse zum Fahrzeug zu tragen, als sie Thoolen auf sich zukommen sah. Erstaunt fragte er: »Machen Sie heute den Job ganz allein?« – »Nein, mit meinem Bruder.« Thoolen sah sich um und fragte dann: »Wo ist denn Benno? Ich wollte ihm noch etwas sagen.« Ausweichend schlug sie vor, dass sich Benno bei ihm melden würde, weil er noch etwas Dringendes zu erledigen hätte, was aber Thoolen nur noch misstrauischer machte. »Wo ist denn Benno? Ich fahre gleich wieder zurück.« Mit deutlich gereizter Stimme forderte ihn Chris auf: »Sagen Sie einfach mir, was Sie Benno sagen wollen und ich richte es ihm dann aus.«

Thoolen musterte sie einen Moment und ging dann um ihren Jeep herum, um die Kisten ausführlich zu inspizieren, die sie bereits eingeladen hatte. Verärgert durch sein Verhalten fragte Chris mit einem spitzen Unterton: »Machen wir uns in Ihren Augen irgendwie verdächtig, nur weil wir hierher gefahren sind und Sie vorher nicht um Erlaubnis gefragt haben?« – »Wie ich sehe, haben Sie auch schon den Gedanken, dass hier etwas verdächtig sein könnte«, bemerkte Thoolen und kam sehr nah auf sie zu. Bevor er noch etwas sagen konnte, unterbrach das Auftauchen und das »Hi Ron« von Benno den sich anbahnenden Konflikt. Benno hatte sofort gespürt, dass zwischen seiner Schwester und dem Wildhüter eine schlechte Stimmung herrschte. Mit Blick auf die Ladefläche des Jeeps sagte er zu Chris: »Die restlichen Teile lade ich auf. Geh du drinnen doch noch einen Kaffee trinken, der schmeckt hier ja richtig gut.«

Das ließ sich seine Schwester nicht zweimal sagen und verschwand in dem Lokalbereich des Gebäudes. Draußen begann Benno zusammen mit Thoolen die restlichen Lieferungen aufzuladen. »Deine Schwester ist ja heute noch merkwürdiger als sonst«, stellte Thoolen fest und erklärte dann: »Du, die hat sich mit ihrem Verhalten richtig verdächtig gemacht.« – »Verdächtig? Womit?« – »Ich dachte, sie hätte etwas mit den Tierschiebereien zu tun. Sie wollte mir ja noch nicht einmal sagen, wo du bist«, eiferte sich Thoolen weiter. Diesen Verdacht gegen seine Schwester wollte Benno aber keineswegs so stehen lassen und sagte deshalb sehr bestimmt: »Ron, nur weil du Druck von deinem Chef bekommen hast, musst du jetzt nicht jeden verdächtigen. Meine Schwester ist Tierschützerin und bestimmt keine Tierfängerin.«

Als Chris kurz darauf wieder zum Jeep zurückkam, war er komplett beladen und Thoolen dabei, sich von Benno zu verabschieden. Zu Chris sagte er nur kurz: »Wir sehen uns ja morgen auf der Dienstbesprechung.« Auf der Rückfahrt empörte sich Chris über das Verhalten des Wildhüters, während Benno sie wieder zu beruhigen versuchte, in dem er sagte: »Du, der Ron hat richtig Schiss vor seinem Chef. Der hat ihm nach den letzten illegalen Tierfängen und Wildereien einen richtig großen Einlauf verpasst.« – »Ach, und wenn dein Macho Schiss kriegt, muss er seinen Frust gleich an der nächstbesten Frau auslassen, oder was?«, hielt Chris verständnislos dagegen.

Zurück auf der Station, eilte Pakka zum Jeep und half ihnen beim Ausladen der Kisten. Hierbei beobachtete er die Geschwister sehr aufmerksam, sagte aber nichts. Chris spürte, dass er noch etwas bereden wollte. »Möchten Sie heute Abend nicht zum gemeinsamen Essen zu uns in die Baracke kommen?«, fragte sie ihn. Das erstaunte Pakka sehr und fast verlegen sagte er: »Ich weiß nicht, ob das hier so gewollt ist.« Benno klopfte ihn aufmunternd auf die Schulter. »Bei deiner Geburtstagsfeier haben wir auch nicht danach gefragt. Wir müssen etwas mit dir besprechen.«

Am Abend klopfte Pakka an die Barackentür und betrat dann etwas unbeholfen den Wohnraum, als ihn Benno hereinbat. Chris stellte gerade das Essen auf den Tisch und begrüßte ihn: »Schön, dass Sie gekommen sind. Nehmen Sie doch hier am Fenster Platz.« Als sie dann alle beisammensaßen, begann Chris: »Benno hat sich heute erkundigt, ob Sarah überhaupt ein Stipendium bekommen könnte. Wir wollen aber nichts ohne Ihre Zustimmung machen. Es ist einfach nur ein Vorschlag und Sie können dann entscheiden.«

Pakka, der sich von diesem Gespräch überrumpelt fühlte, starrte sie ungläubig an und erklärte dann: »Sarah ist klug, aber sie ist auch meine Tochter und ich bin für sie verantwortlich. Eure Welt ist so anders, da passt sie nicht hin.« Benno sah ihn einen Moment schweigend an und stellte dann klar: »Es geht hier um ein Studienjahr in Deutschland und auch nicht sofort. Sarah könnte bei uns wohnen und würde nach einem Jahr wieder zurückkommen.« – »Und was würde das bringen?«, äußerte Pakka seine Zweifel. Chris erzählte ihm, warum sie nach Afrika gekommen sei und gestern Nacht auch plötzlich glaubte, dass das keine so gute Idee war. »Außerdem habe ich fürchterliches Heimweh«, gestand sie. Pakka hatte ihr aufmerksam zugehört und fragte dann: »Hat Afrika für Sie etwas gebracht?« – »Ja, ich habe hier wieder in mein Leben zurückgefunden«, war sich Chris inzwischen sehr sicher.

Während Pakka nervös sein Stück Kartoffelbrot zerbröselte, fragte er nach längerem Schweigen: »Aber warum soll Sarah weggehen? Sie hat hier nicht so etwas Schlimmes erlebt wie Sie Mrs Chris.« – »Sarah studiert Sprachen. Vielleicht wird sie später Lehrerin, aber vielleicht kann sie auch Übersetzerin werden, und da ist es immer gut, wenn man auch einmal im Ausland war«, versuchte Benno ihm den Wunsch von Sarah zu erklären. »Und wenn es das gar nicht ist? Wenn Sarah nur mit zu Ihnen will?«, brachte

Pakka verzweifelt hervor. Die Geschwister wechselten einen kurzen Blick, bevor Chris sagte: »Pakka, Sarah ist Ihre Tochter und Sie dürfen hier allein entscheiden, ob sie mit uns für ein Jahr mitgehen darf. So sind hier die Regeln, auch für uns.« Pakka nickte und bat dann darum, sich verabschieden zu dürfen.

Als er gegangen war, fügte Benno hinzu: »Und diese Regeln sind verdammt hart.« Er war in den Waschraum gegangen und kam nach einiger Zeit mit einem kleinen kelchförmigen Behälter aus Silikon in der Hand zurück. Etwas belustigend wollte er von ihr wissen: »Ist dies hier deine Reiseaugenbadewanne, wenn dir die rote Erde von Kenia zu sehr in den Augen brennt?« Sehr energisch nahm ihm Chris das Behältnis mit den Worten aus der Hand: »Nein und ich hoffe, du hast sie so auch nicht benutzt. – Es ist eine Mentruationstasse.« – »Eine was?«, fragte ihr Bruder, der nun noch neugieriger geworden war.

Chris klärte ihn deshalb auf, dass sie dieses kleine Gefäß hier während der Menstruation benutze, damit sie keine Vorlagen oder Tampons entsorgen müsse. »Und woher kennst du so etwas? Das gibt es doch nicht im Drogeriemarkt.« – »Richtig«, entgegnete seine Schwester und fuhr dann fort: »Ich habe mir das Gefäß von einer Hilfsorganisation schicken lassen, die junge afrikanische Mädchen in ihren Projekten damit versorgt, damit diese während ihrer Monatsregel überhaupt zur Schule gehen dürfen.«

IX

Die nächste Dienstbesprechung mit den Wildhütern machte deutlich, dass eine Zeitenwende bevorstand. Nachdem sich dieser Nationalpark gerade in den letzten Jahren einen guten Ruf dadurch verschafft hatte, seine Tiere ausreichend schützen zu können und einen eher gemäßigten Safaritourismus ohne große Belastungen für Tiere und Natur zu praktizieren, schien sich das plötzlich zu ändern. Die Wildhüter standen mächtig unter Druck. Thoolen kam daher auch rasch zur Sache. Er teilte mit, dass sein Arbeitgeber Geld für acht neue Aushilfskräfte bewilligt habe, um die Wildhüter in ihrer Arbeit zu unterstützen. Für die Mitarbeiter der Projektstation gab es ebenfalls Einschnitte. So sollten sie zukünftig ihre Geländefahrten selbst absichern und nicht wie bislang, im Bedarfsfall Unterstützung von den Wildhütern erhalten. Auch das Auswildern der Tiere aus der Aufzuchtstation sollten sie zukünftig selbst bewerkstelligen.

Nach der offiziellen Dienstbesprechung stellte Thoolen auch gleich drei seiner neuen Mitarbeiter vor. Es waren junge Männer, die vor ein paar Monaten aus Australien gekommen waren und nun Safaris organisierten. Da dies ihren Angaben nach aber nicht so gewinnbringend sei, wollten sie sich mit diesem Job etwas dazuverdienen und dadurch auch das Land und die Tierwelt besser kennenlernen. Während für Chris feststand, dass Thoolen durch die neuen Mitarbeiter seine Abenteurer- und Machomannschaft verstärkt hatte, wollte Dr. Crow wissen, ob die jungen Männer auch mit Betäubungsgewehren umgehen könnten.

Steven Parker, der lebhafteste von ihnen, sagte sofort: »Wir können gut schießen, wenn Sie das meinen.« Dr. Crow sah ihn streng an und betonte: »Ich meine nicht schießen, sondern im Bedarfsfall ein Tier betäuben, und zwar so, dass es hierdurch keinen Schaden nimmt.« Parker sah gereizt von dem Wissenschaftler zu Thoolen und fragte dann: »Das kann doch wohl nicht so schwer sein, oder?«, worauf Dr. Crow ihn gleich belehrte: »Welche Betäubungsmenge ein Tier benötigt, ist sehr unterschiedlich. Unser Stationstierarzt kann Sie beraten.« Thoolen wollte diese Debatte abkürzen und bestimmte gleich: »Die neuen Mitarbeiter sollen erst einmal Kontrollfahrten durchführen.«

Auf der Rückfahrt zur Station meinte Benno, dass er Steven Parker gestern im Internetraum der Touristenunterkünfte gesehen habe. Er hatte zwei Plätze neben ihm gesessen und ungefähr eine Stunde am PC gearbeitet. Chris, die Parker auf Anhieb nicht mochte, stellte fest: »Das allein reicht ja wohl noch nicht aus, um ihn für diesen Job zu sperren. Vielleicht hat er auch nur an seine Leute in Australien Mails versandt.«

Bevor Pakka vor dem Stationshaus den Jeep wegfuhr, trat Benno an ihn heran und fragte ihn mit gedämpfter Stimme: »Hast du etwas dagegen, wenn ich Sarah nächste Woche in Nairobi besuche? Ich habe mir noch Teile für meine Kamera schicken lassen und hole sie direkt vom Flughafen ab.« Pakka sah ihn einen Moment erstaunt an und entschied dann: »Nein, ich möchte das nicht. Was soll es auch bringen, außer große Sorgen für uns alle.« Obwohl Benno sehr enttäuscht war, verhielt er sich respektvoll: »Schade, dann geht es eben nicht.«

Wie geplant fuhr Benno am nächsten Tag mit dem Wildhüter Aban nach Nairobi, der dort seinen Bruder besuchen wollte. Sie hatten vor, den ganzen Tag zu bleiben. Benno wollte sich ein wenig die Stadt ansehen und auch fotografieren. Aban und sein Bruder nahmen sich die Zeit, Benno nicht nur die Sehenswürdigkeiten dieser Stadt zu zeigen, sondern auch deren Slums, in denen immerhin über die Hälfte der Bewohner leben mussten. Auch fuhren sie mit ihm zu den Orten, wo wildlebende Tiere versuchten, dieser hektischen Stadt Lebensraum abzutrotzen. Das soziale Ungleichgewicht berührte Benno dermaßen, dass er sich vornahm, einen Artikel darüber zu schreiben.

Seine Schwester war dagegen mit Dr. Crow, Kobe und Pakka zur Affenfamilie gefahren, die nach dem Vorfall mit den Tierfängern deutlich ängstlicher auf die Anwesenheit von Menschen reagierten. Als sie wieder zurück zur Station fahren wollten, begegneten sie einem Geländewagen der Wildhüter. In ihm saßen die drei neuen Aushilfskräfte aus Australien. Dr. Crow fragte sie interessiert: »Na, haben Sie schon eine heiße Fährte?« In seiner Überheblichkeit antwortete Steven mit einem breiten Grinsen: »Wir haben immer eine heiße Fährte. Wir sind nämlich die großen Fährtenleser.«

Über so viel Respektlosigkeit sichtlich verärgert, wollte Dr. Crow im strengen Ton wissen: »Und welche Fährten wären das?« Steven sah sich amüsiert um, als würde er jemanden suchen und erklärte dann: »Mein Chef ist gerade nicht hier und ohne seine Erlaubnis dürfen wir keine Auskünfte geben.« Ohne noch eine Reaktion von seinem Gesprächspartner abzuwarten, trat er auf das Gaspedal und fuhr zügig los. Hierbei verursachte er ein deutlich schepperndes Geräusch auf der Ladefläche des Fahrzeugs.

Als Benno am Abend aus Nairobi zurückkam, musterte ihn Pakka, sagte aber nichts. Von Chris erfuhr er dann gleich, welche merkwürdige Begegnung sie mit den neuen Wildhütern gehabt hatten, worauf ihr Bruder, der morgen mit Thoolen verabredet war, diesen gleich darauf ansprechen wollte.

Thoolen wirkte am nächsten Morgen sehr gereizt, als er Benno von der Station mit dem Jeep abholte. Ihm war gemeldet worden, dass zwei Kaffernbüffel abgeschossen worden waren. Chris hatte ein ungutes Gefühl, als sich ihr Bruder hastig von ihr verabschiedete, dann mit seiner Kamera in den Jeep sprang und losfuhr. Sie selbst wollte mit Pakka zu den Touristenunterkünften fahren, um die neuen Lieferungen für die Station zu holen und auch im Netz einmal das Safariangebot von Steven zu checken.

Während sie noch vor dem Computer saß und sich durchlas, welche Touristendienste Steven anbot, unterhielt sich Pakka mit einem Mitarbeiter der Unterkünfte, den er aus seinem Dorf kannte. Von ihm erfuhr er, dass Steven gut im Geschäft sei und auch für sehr reiche Touristen besondere Safaris im Programm habe. Was das Besondere genau war, konnte er nicht sagen, nur so viel, dass es sehr teuer sei und diese Gäste auch ihre eigenen Gewehre dabeihätten.

Sie waren gerade auf der Rückfahrt, als sie den Funkspruch hörten, dass es bei den Wildhütern einen Zwischenfall mit zwei Verletzten gegeben hätte und man dringend Unterstützung durch die Station benötige. Chris verspürte sofort einen tiefen Schmerz in ihrem Brustkorb und griff mit zitternden Händen zum Funkgerät. Sie teilte Dr. Crow mit, dass sie mit Pakka direkt zu dem Territorium der Kaffernbüffel fahren würde, während dieser mit Kobe und zwei weiteren Mitarbeitern ebenfalls losfahren wollte. Chris schwieg während der Fahrt, die ihr endlos erschien und umklammerte so fest den Rucksack auf ihrem Schoß, dass ihre Finger bereits weiße Stellen zeigten.

Schon von Weitem sahen sie zwei Jeeps der Wildhüter und zwei Personen, die auf der Erde lagen, umringt von drei Wildhütern. Chris sprang aus dem Fahrzeug und lief zu ihnen hin. Sie erkannte ihren Bruder und Thoolen, der offenbar stark am Bein blutete. Benno war noch sehr benommen und hatte Schmerzen. Wie Chris erfuhr, war ihr Bruder von der Ladefläche des Jeeps gestürzt und Thoolen angeschossen worden, als er Benno helfen wollte. Chris versuchte von ihrem Bruder zu erfahren, was ihm alles wehtat und hob ihn dann mit Pakka und zwei Wildhütern auf die Ladefläche ihres Jeeps. Dann wurde Thoolen, dessen Bein bereits abgebunden war, damit er nicht noch mehr Blut verlor, ebenfalls auf die Ladefläche gehoben. Gemeinsam mit dem einheimischen Wildhüter Kito versorgte Chris die beiden Verletzten auf der Ladefläche, so gut es eben mit dem Verbandskasten und drei Decken ging, während Pakka das Fahrzeug zu den Touristenunterkünften steuerte.

Benno klagte über starke Kopfschmerzen und musste sich zweimal auf der holprigen Fahrt übergeben, sodass seine Schwester eine Gehirnerschütterung vermutete und ihn ermahnte, ruhig liegen zu bleiben. Mit Blick auf das verletzte Bein von Thoolen konnte Chris Kito überreden, den Gürtel von dessen Oberschenkel zu lockern, damit das Blut wieder zirkulieren könne. Sofort begann die Wunde wieder heftiger zu bluten, sodass Chris Kito anwies, mit einem Mullstück kräftig auf die Wunde zu drücken. Fast hysterisch schrie Thoolen sie an: »Wollen Sie mich jetzt umbringen?« – »Wollen Sie Ihr Bein verlieren, wenn es zu lange abgebunden ist?«, fragte Chris ungerührt zurück.

Als sich der Arzt der Touristenunterkünfte beide verletzten Männer noch auf der Ladefläche angesehen hatte, entschied er, Thoolen vor Ort behandeln zu wollen, während Benno sofort weiter ins Krankenhaus nach Nairobi gefahren werden sollte. Benno ging es schlecht. Er hatte starke Schmerzen. Während Pakka den Wagen fuhr, saß seine Schwester neben ihm auf der Ladefläche, um seinen Körper während der Fahrt so gut es ging zu stabilisieren. Pakka war direkt zur Universitätsklinik gefahren, weil diese einen recht guten Ruf hatte. Nach einer kurzen Untersuchung wurde Benno dort auch aufgenommen. Pakka und Chris saßen währenddessen im Flurbereich und warteten auf das Untersuchungsergebnis. Sie sprachen nicht viel miteinander und trotzdem hatte Chris das Gefühl, als würde Pakka mit ihr leiden.

Nach einer dreiviertel Stunde konnte der Arzt ihnen endlich die Verletzungen von Benno schildern. Vom Sturz des fahrenden Jeeps hatte er sich eine Gehirnerschütterung sowie einen Bänderanriss am rechten Fuß und einen sehr schmerzhaften Beckenanbruch zugezogen. Die gute Nachricht war, dass man versuchen wollte, den Fuß mit einer Schiene zu stabilisieren und den Beckenanriss ohne Operation zu behandeln. Die schlechte war, dass Benno für mindestens vier Wochen im Krankenhaus bleiben sollte. Benno lag in einem Vierbettzimmer und wirkte keineswegs erleichtert. »Chris, hol mich hier so schnell wie möglich raus«, worauf diese nur antwortete: »Damit wir Anfang Januar nach Deutschland fliegen können, musst du jetzt richtig gut mitmachen. Du musst viel liegen und bist ansonsten auch nicht wirklich transportfähig.«

Während sie noch bei ihrem Bruder blieb, fuhr Pakka zurück zur Station. Er wollte dort den Crows berichten, was geschehen war, und auch einige persönliche Gegenstände von Benno holen, die er im Krankenhaus benötigte. Auf Geheiß von Chris nahm er auch Stapel von Büchern aus der Bibliothek mit, damit sich Benno in seinem Krankenbett nicht allzu sehr langweilte. Mit einer innerlichen Unruhe verabschiedete sich Chris am späten Nachmittag von ihrem Bruder, um mit Pakka zur Station zurückzufahren. Sie versuchte ihn noch zu trösten: »Benno, so lernst du hier doch gut Land und Leute kennen; das wolltest du doch immer«, worauf sie dieser nur grimmig anblickte und konterte: »Aber bestimmt nicht im Krankenhaus.«

Auf dem Rückweg machten sie noch einen kurzen Abstecher zu den Touristenunterkünften, damit Chris ihren Eltern per Mail berichten konnte, was geschehen war. Sie hatte sich gerade wieder neben Pakka auf den Beifahrersitz gesetzt, als dieser sagte: »Morgen kann ich ja ins Krankenhaus fahren und dann auch Sarah bitten, zweimal die Woche nach Ihrem Bruder zu sehen, damit er öfter Besuch bekommt.« Erstaunt sah ihn Chris von der Seite an und bemerkte dann: »Aber Sie wollten doch gar nicht, dass sie sich treffen.« Angestrengt blickte Pakka weiterhin auf die Fahrspur und sagte dabei: »Irgendwie muss es ja gehen.«

Das Ehepaar Crow und auch die übrigen Stationsmitarbeiter hatten schon voller Sorge auf ihre Rückkehr gewartet und waren sichtbar erleichtert, als der Jeep endlich vorfuhr. Gemeinsam beratschlagten sie, wie ein täglicher Besuchsdienst organisiert werden könne und wollten dies nach Möglichkeit mit den Vorratstransporten verbinden. Mrs Crow hatte auch die Idee, Benno zu besuchen, wenn sie ihre Weihnachtseinkäufe in Nairobi erledigen würde.

Beim gemeinsamen Abendessen mit dem Ehepaar erfuhr Chris

nähere Einzelheiten zum heutigen Vorfall im Gelände. So hatte Kito ihnen berichtet, dass sie von Weitem ein Fahrzeug gesehen hatten, von dem aus auf die Büffel geschossen wurde, und es dann verfolgen wollten. Benno, der dies von der Ladefläche des Jeeps aus filmen sollte, hatte bei einem abrupten Abbremsen des Fahrzeugs den Halt verloren und war hierbei vom Wagen gefallen. Mr Thoolen wollte ihm gerade helfen, als kurz darauf ein Schuss fiel und Mr Thoolen mit verletztem Bein am Boden lag.

Chris, die sich schweigend diesen Bericht angehört hatte, fragte nach: »Und wie geht es Mr Thoolen jetzt?« – »Der konnte schon wieder nach Hause gebracht werden. Die Kugel wurde aus seinem Bein entfernt. Er muss sich noch etwas schonen, aber ansonsten ist alles gut«, versicherte ihr Dr. Crow und seine Ehefrau fügte mit einem Lächeln hinzu: »Und er soll ganz begeistert davon gewesen sein, dass Sie ihm sein Bein gerettet haben.« Das ließ Chris lieber unkommentiert; stattdessen wollte sie wissen: »Und wer sind jetzt die Täter?«, worauf Mrs Crow sehr geheimnisvoll von einer Falle sprach, die ihnen gestellt werden sollte. Ihr Ehemann sah dies nüchterner, indem er bemerkte: »Wir hatten wohl doch mit unserer Vermutung recht. Der Steven mit seinen Leuten steckt da wohl mit drin und der Schuss auf Mr Thoolen sollte vermutlich verhindern, dass er mit seiner Verfolgung erfolgreich sein könnte.«

Chris musste diese Information erst einmal sacken lassen und fragte dann nach: »Spricht denn einiges dafür, dass Steven mit seinen Männern vor Ort war?« – »Sie hielten sich auf jeden Fall in dieser Gegend auf«, klärte sie Dr. Crow auf. Nachdem Chris den beiden nun auch von den Neuigkeiten erzählt hatte, die Pakka von seinem Dorfmitbewohner, der aber nicht genannt werden wollte, erfahren hatte, wollten sie Thoolen davon überzeugen, die Polizei einzuschalten.

Wie geplant fuhr Dr. Crow am nächsten Tag zur Ranch von Thoolen, um das weitere Vorgehen mit ihm zu besprechen. Pakka und Kobe waren mit Chris ebenfalls sehr früh aufgebrochen, weil Pakka noch einen Platz in dem Touristenbus nach Nairobi ergattern wollte. Am Abend hatte er dann vor, zusammen mit seinem Dorfmitbewohner zu seiner Familie zu fahren, zumal er auch zwei Tage frei hatte. Chris, die erst am nächsten Tag zu ihrem Bruder fahren konnte, fühlte sich etwas unruhig bei dem Gedanken, erst morgen wieder etwas von ihrem Bruder zu hören. Pakka versuchte deshalb, sie zu beruhigen: »Mrs Chris, vertrauen Sie mir. Wenn es wichtige Nachrichten gibt, fahre ich heute Abend zur Station zurück oder informiere meinen Freund von der Touristenstation und der schickt Ihnen dann einen Funkspruch.«

Pakka wollte in Nairobi auch abklären, ob Chris am nächsten Tag eine Unterkunft bei seiner Schwester in deren Wohnung bekommen könne, bei der sich Sarah zusammen mit einer Studienfreundin ein Zimmer teilte. In dieser Situation war Chris beinahe verzweifelt. In Deutschland gab es nahezu eine Rundumerreichbarkeit über Handy und Smartphone und hier war man streckenweise trotz moderner Kommunikationsmittel nicht erreichbar.

Nach Pakkas Abfahrt ging Chris mit Kobe zu der medizinischen Versorgung im Touristenzentrum. Es gelang ihr, mit dem Arzt zu sprechen und ihn um eine Abschätzung zu bitten, ob ihr Bruder zu Hause weiter versorgt werden könne. Der Arzt wollte zunächst ausweichen: »Seien Sie doch froh, dass Sie gleich einen Krankenhausplatz für ihn bekommen haben. Ihr Bruder ist dort gut versorgt.« Als Chris aber hartnäckig blieb, erklärte er ihr, dass bei einem stabilen Beckenbruch, der hier bei Benno wohl vorlag, nach zwei Wochen die Patienten mit Gehhilfe und Verordnung von viel Bettruhe auch wieder entlassen werden können.

Optimistisch gestimmt von dieser Nachricht, verließ Chris das Behandlungszimmer und suchte Kobe. Der hatte sich in der Zwischenzeit ein wenig bei seinen Landsleuten umgehört, die hier arbeiteten. Es war das erste Mal, dass während einer Wilderei Menschen zu Schaden kamen und Kobes Bekannte befürchteten nun eine Untersuchung durch die Polizei, die keineswegs zuträglich für das Geschäft mit den Safarigästen war.

Während sich Kobe noch angeregt unterhielt, ging Chris in

den Internetraum, um ihre Mails zu lesen. Wie zu erwarten war, hatten ihre Eltern sich gleich sehr besorgt gezeigt. Sie überlegten sogar, nach Kenia zu kommen. Nur der Umstand, dass ihr Vater zum Jahreswechsel in seinem Rechtsanwaltsbüro immer sehr eingespannt war, stand diesem Plan entgegen. Ihre Mutter traute sich nicht zu, diese Reise allein anzutreten, was Chris gut nachvollziehen konnte. Sie antwortete auf die besorgte Mail ihrer Eltern, indem sie ihnen mitteilte, dass Benno wahrscheinlich in zwei Wochen das Krankenhaus wieder verlassen könne und sie hoffe, Anfang Januar mit ihm den Heimflug antreten zu können. Ein gemeinsames Weihnachten und ein ruhiges Silvester, auf das sich alle schon gefreut hatten, war zwar nicht möglich, aber dafür der rechtzeitige Rückflug zum Scheidungstermin im Januar.

Kobe hatte sich schon an die Eingangstür des Internetraumes gestellt und beobachtete die Menschen in der Eingangshalle. Er sah einen ziemlich rundlichen Touristen am Anmeldungstresen, zwischen dessen Gepäckstücken eine Gewehrtasche halb verdeckt steckte. Kobe gab Chris, die sich gerade am PC abmeldete, mit der Hand hastig ein Zeichen. Auch sie sah die verdächtige Tasche und ging auf den Mann zu. In englischer Sprache fragte sie ihn freundlich, ob er gerade angekommen sei. Der Mann sah sie erstaunt an und erklärte dann barsch: »Nein, ich fahre gerade ab und habe es sehr eilig.« Chris zeigte auf die Gewehrtasche und wurde deutlich: »Kann ich die einmal sehen und Ihren Waffenschein dazu?« Ohne noch etwas zu antworten, schubste der Mann sie mit einer derartigen Wucht nach hinten, dass sie erst gegen einen anderen Gast und dann zu Boden fiel. Dann griff er hastig nach seinem Gepäck. Chris schrie laut auf und rief: »Stopp! Haltet den Mann fest!«

Da dieser rüde Gast noch nicht bezahlt hatte, war auch das Interesse der Touristenunterkunft sehr groß, ihn an einem schnellen Verlassen des Hauses zu hindern. Energisch verstellten ihm zwei Hausangestellte den Weg und führten ihn in einen Büroraum. Chris folgte ihnen und forderte die Mitarbeiter auf, sofort die

Polizei zu informieren, was diese dann auch unter dem heftigen Protest des Gastes taten.

Es dauerte nahezu eine Stunde, bis die Polizei endlich eintraf. Sie waren über den Vorfall von gestern gut informiert und rochen auch gleich an dem Lauf des teuren Jagdgewehres für die Großwildjagd. Er roch nach Pulver und im Magazin steckte noch eine Patrone. »Warum führen Sie dieses Gewehr bei sich?«, fragte der Polizist den Gast. Dieser gab sich arglos, obwohl man den sichtbaren Schweißperlen auf seiner Stirn entnehmen konnte, dass er sehr nervös war. »Ich habe hier an Safaris teilgenommen und das Gewehr hatte ich zu meiner Sicherheit mit dabei, falls uns jemand angreift.« – »Das höre ich das erste Mal, dass sich ein Safariteilnehmer selbst verteidigen muss. Außerdem ist Ihr Gewehr für die Großwildjagd ausgelegt. Damit können Sie ja einen Elefanten oder Büffel erschießen«, bezweifelte der Polizist den Wahrheitsgehalt der Erklärung. Bevor sie ihn mitnahmen, fragten sie Chris noch, ob sie wegen des Stoßes noch Anzeige erstatten wolle. Diese überlegte erst einen kurzen Moment, weil sie nicht vorhatte, diesen Menschen noch einmal zu begegnen. Sie stimmte dann aber doch zu, weil sie vermutlich ohnehin noch als Zeugin gebraucht werden würde.

Kobe hatte in der Aufenthaltshalle auf sie gewartet. Er konnte die Reaktionen der übrigen Gäste auf diesen Vorfall sehr genau beobachten, auch wenn er ihre Sprache häufig nicht verstand. Kobe war sehr gut im Beobachten und er spürte sofort die Unruhe, die in der Eingangshalle unter den Touristen und auch bei dem Personal entstanden war. Chris drängte ihn zum Aufbruch, sodass er sie erst im Jeep danach fragen konnte, was denn nun mit dem Gast geschehen würde, den die Polizei gerade mitgenommen hatte. Vorsichtig formulierte sie: »Es sieht so aus, als sei er ein illegaler Großwildjäger. Aber das ist natürlich nur ein Verdacht.« Kobe dagegen wollte sich nicht so verhalten geben und verkündete deshalb mit einem gewissen Stolz: »Und wir haben ihn zur Strecke gebracht. Dr. Crow wird sehr stolz auf Sie sein, wenn ich ihm erzähle, dass Sie sich diesem großen Mann so mutig in den Weg gestellt haben.« Chris, die nach dem Sturz in der Wartehalle schon gespürt hatte, dass es hiervon einige blaue Flecken geben wird, ergänzte nur: »Ja, und dann wurde ich wie ein dreckiger Lappen durch die Gegend geschleudert.« Kobe grinste und begann dann voller Optimismus, vor sich hin zu singen.

Vor dem Haupthaus der Station stand der Wagen von Thoolen. Chris, die eigentlich vorhatte, aus dem Jeep auszusteigen und sofort in ihre Baracke zu gehen, wurde von Mrs Crow begrüßt und dann gebeten, mit ins Arbeitszimmer zu kommen. Dort saßen bereits Dr. Crow und Thoolen. Letzterer hatte seinen Gehstock gegen den Schreibtisch gelehnt. Chris begrüßte ihn mit den Worten: »Na, heute mit Stock und nicht mit Gewehr?« Bevor er etwas antworten konnte, forderte Dr. Crow sie auf, am zweiten Schreibtisch Platz zu nehmen, während seine Frau frischgepressten Saft in die Gläser goss. Thoolen hatte Chris längere Zeit gemustert und sagte dann: »Ich habe von Dr. Crow erfahren, dass Sie übermorgen nicht mit zur Dienstbesprechung kommen, weil Sie für zwei Tage zu Ihrem Bruder nach Nairobi fahren. Ich wollte mich bei Ihnen für die gute Erstversorgung bedanken. Der Arzt hat gesagt, dass sie alles richtig gemacht haben.«

Mrs Crow verteilte die Gläser und ihr Ehemann erhob seines, um auf den ersten Erfolg der Polizei anzustoßen. Chris wollte gleich erstaunt wissen: »Welchen Erfolg?« – »Steven und seine Mannen sind heute Vormittag in ihren Unterkünften durchsucht worden und man hat einige Beweise dafür gefunden, dass sie illegale Safaris für Großwildjäger anbieten. Ob noch mehr dahintersteckt, wird sich noch zeigen«, berichtete Dr. Crow mit einem gewissen Stolz. »Das passt ja zu dem, was wir heute erlebt haben«, stellte Chris fest und berichtete dann von der Festnahme des vermeintlichen Großwildjägers.

Für einen Moment herrschte ungläubiges Schweigen, das dann aber sehr bald durch die von Mrs Crows geäußerte Sorge unterbrochen wurde: »Aber das war doch gefährlich. Wenn Ihnen dabei etwas passiert wäre. Erst Ihr Bruder und dann Sie. Was sollen wir denn nur Ihren Eltern sagen?« – »Gar nichts. Das mit Benno wissen sie schon. Ich werde mir heute Nacht von meinem Bruder die Decke unterlegen, damit ich meine blauen Flecken nicht so spüre«, verkündete Chris und wollte sich dann in ihre Baracke zurückziehen. Mrs Crow bot sich gleich an, ihr später noch Essen vorbeizubringen und Thoolen bat sie, ihren Bruder morgen zu grüßen, bevor er sich dann mit den Worten verabschiedete: »Ich glaube, vor Ihnen muss man sich richtig gut vorsehen. Irgendwie habe ich Sie viel harmloser in Erinnerung.«

Am nächsten Morgen wurde Chris von Kobe und Dr. Crow zur Busstation gebracht. Sie wollte von dort aus weiter nach Nairobi fahren. Bevor sie in den Bus einsteigen konnte, kam Pakka auf sie zu. Sein Nachbar hatte ihn zu den Touristenunterkünften mitgenommen. Pakka konnte ihr noch mitteilen, dass es ihrem Bruder gestern schon besser gegangen sei und sie bei seiner Schwester übernachten könne; Sarah wollte sie deshalb am Nachmittag aus dem Krankenhaus abholen. Chris umarmte ihn voller Dankbarkeit und stieg dann in den Bus.

Die Musik aus dem Autoradio des Busses empfand Chris diesmal als anstrengend wie auch viele der Touristen. Sie versuchte auf der Fahrt in einem der Bücher zu lesen, die sie eigentlich ihrem Bruder mitbringen wollte, konnte sich aber nicht darauf konzentrieren. Als sie den einen Absatz das dritte Mal gelesen, ihn aber nicht wirklich verstanden hatte, klappte sie das Buch zu und blickte einfach nur nach draußen. Sie versuchte das Rundherum über sich ergehen zu lassen, was ihr aber nur mäßig gelang, weil ihre Ungeduld zu groß war.

In Nairobi nahm sie ein Taxi, um ins Krankenhaus zu gelangen. Benno freute sich, als seine Schwester das Zimmer betrat und Chris bemerkte sofort, dass er schon deutlich besser aussah. Nach der üblichen Abfrage bei Krankenhausbesuchen über Genesungszustand bis hin zum Essen erzählte Benno mit leuchtenden Augen, dass Sarah ihn gestern besucht habe und nun jeden Nachmittag nach der Uni vorbeikommen wolle. Erstaunt erkundigte sich Chris: »Weiß denn Pakka davon?«

»Ihr Vater war gerade draußen. Er musste zur Toilette, als Sarah mir das gesagt hatte«, gab Benno zu. »Das kann ich mir gut vorstellen. Passt nur auf, dass ihr sein Vertrauen nicht missbraucht, sonst ist gleich alles wieder kaputt, bevor es überhaupt beginnt«, ermahnte ihn seine Schwester. Dann machte sie ihm Hoffnung, dass er schon nach zwei Wochen das Krankenhaus wieder verlassen könne, aber noch viel liegen müsse. Benno schaute sie entgeistert an und erklärte ihr dann: »Du, ich schaffe den Flug so nicht. Das ist doch völlig stressig.« – »Nein, dass sollst du ja auch nicht. Du kannst aber noch zwei Wochen lang bei uns auf der Station gepflegt werden und wir fliegen dann Anfang Januar zurück.«

Benno starrte einen Moment vor sich hin und sagte dann sehr bestimmt: »Nein, das will ich nicht. Hier werde ich gut versorgt. Und die Zeit bis zum Abflug kriege ich auch noch rum.« Chris reagierte enttäuscht und verteidigte ihren Plan: »Benno, weißt du eigentlich, wie schwierig es ist, dich hier regelmäßig zu besuchen? Ich musste mir jetzt zwei Tage freinehmen, die ich eigentlich für den Weihnachtsurlaub haben wollte.« Ihr Bruder betrachtete sie und entschied dann: »Du brauchst nicht immer zu kommen. Wenn du nur einmal die Woche kommst, ist das für mich schon in Ordnung.«

Ziemlich verstimmt wollte sie von ihm wissen: »Und wer soll deine Wäsche waschen? Macht das etwa auch Sarah?« Um sie wieder etwas zu beruhigen, erklärte er: »Chris, wer weiß, wie oft ich sie noch sehen kann, wenn ich hier erst einmal wieder raus bin. Wir haben hier genügend Zeit, um uns besser kennenzulernen, die bekommen wir sonst nicht.« – »Und dafür liegst du hier im Krankenhaus in einem Vierbettzimmer?«, fragte ihn seine Schwester zweifelnd. Während Benno von Sarah und ihren wunderschönen großen braunen Augen schwärmte, sah Chris ein, dass er hier wohl doch ganz gut untergebracht war. Auf jeden Fall schien seine Welt hier nicht mehr so gefährlich zu sein wie seine Touren mit Thoolen.

Nachdem zwischen ihnen geklärt war, dass Benno bis zum Abflug, am dritten Januar, hier im Krankenhaus bleiben würde, wollte er von Chris noch wissen, ob man die Wilderer schon gefasst habe. Ziemlich wortkarg antwortete Chris: »Kobe und ich haben gestern einen erwischt. Die Polizei hat ihn dann abgeholt.« Ihr Bruder sah sie verwundert an. »Du, das glaube ich jetzt nicht. Willst du mich hier verarschen?« Mit einem leichten überheblichen Unterton in der Stimme erzählte sie ihm ausführlich, was geschehen war, und auch von dem Verdacht, Steven und seine Freunde könnten etwas mit der Sache zu tun haben. Benno, der ihr interessiert zugehört hatte, kämpfte nun im Inneren mit sich, ob er nicht doch so schnell wie möglich das Krankenhaus verlassen sollte. Schließlich war das alles seine Story und nun konnte er nicht mehr hautnah dabei sein.

Seine Schwester hatte insgeheim genau das beabsichtigt und sagte nun provozierend: »Weißt du, Benno, dunkelbraune Kulleraugen sind mit Sicherheit sehr schön, aber auch nicht alles im Leben. Ich habe dir deshalb deinen Laptop mitgebracht, damit du wenigstens hier im Krankenbett an deiner Reportage weiterarbeiten kannst. Einmal die Woche bringe ich dir dann neue Fakten und Fotos und tausche deine schmutzige Wäsche aus, damit Sarah das nicht noch machen muss. Ich war ganz froh, dass Jens damals noch seine schmutzige Wäsche selbst gewaschen hat, dann kommt man wenigstens nicht gleich nach dem Kennenlernen im Beziehungsalltag an, bei dem so manches auf der Strecke bleibt.«

Sarah kam wie verabredet am Nachmittag nach ihrer letzten Vorlesung. Sie strahlte über das ganze Gesicht, als sie Benno und Chris erblickte und die Worte sprudelten einfach so aus ihr heraus, während sie berichtete, dass ihre Freundin, mit der sie ein Zimmer bei der Tante teilt, für eine Nacht bei einer anderen Freundin übernachte und Chris deshalb bei ihr schlafen könnte. Chris hatte einige Mühe, jedes Wort von ihrem Englisch, das mit einem deutlich afrikanischen Akzent durchdrungen und ansonsten auch keineswegs fehlerfrei war, zu verstehen. Sie fragte deshalb noch einmal nach, weil sie Sarahs Freundin auf keinen Fall vertreiben wollte. Aber dann ließ sich auch dies klären und Chris war mit dieser Unterbringungsmöglichkeit einverstanden.

Um ihrem Bruder und Sarah noch ein wenig Zweisamkeit zu gönnen, was nur bedingt in diesem Mehrbettzimmer zur Besuchszeit möglich war, setzte sich Chris noch für eine halbe Stunde in die Kantine des Krankenhauses. Zu ihrem Erstaunen war sie dort keineswegs die einzige hellhäutige Person, was ihr ganz recht war. Es störte sie manchmal, allein wegen ihrer Hautfarbe aufzufallen. Während sie an einem kleinen Tisch saß, machte sie nach dem Essen für ihren Bruder auf einem Blatt aus ihrem Notizbuch knappe Ausführungen zum aktuellen Ermittlungsstand der Wilderei.

Als sie später ins Krankenzimmer zurückkam, lag Benno mit leuchtenden Augen in seinem Bett und hörte Sarah zu, die ihm in ihrer lebhaften Art, immer wieder unterbrochen von ihrem Jungmädchenkichern, von ihrem Tag an der Uni erzählte. Seine Schwester hatte sich an das Fußteil von seinem Bett gestellt, weil kein Besucherstuhl mehr frei war. Sarah, die sofort erkannte, dass Chris der ganze Trubel im Zimmer zu viel wurde, bot dieser ihren Stuhl an. Als Chris ablehnte, schlug sie vor, zusammen zu ihrer Tante zu fahren. Bevor Chris ihren Bruder zum Abschied umarmte, gab sie ihm noch ihre Aufzeichnungen für seine Story. Sarah verabschiedete sich von Benno, indem sie ihn scheu auf die Wange küsste. Als sie sich dann zum Gehen umdrehte und dabei kurz Chris ansah, die über diese Verabschiedung etwas schmunzelte, senkte Sarah gleich verlegen ihren Blick.

Chris wollte für die Fahrt zur Tante ein Taxi benutzen, aber Sarah überredete sie, mit einem Matatu zu fahren. In diesem sehr preiswerten Sammeltaxi saßen schon einige Fahrgäste dicht gedrängt. Chris fühlte sich ausgesprochen unwohl, zumal der Straßenverkehr in Nairobi etwas chaotisch und ungeregelt war, sodass die Fahrt mit dem fluchenden Taxifahrer schon allein eine gewisse

Herausforderung darstellte. Erleichtert, dies alles gut überstanden zu haben, verließen sie das Taxi an der Straßenecke, in deren Nähe das Wohnhaus der Tante stand.

Es war ein mehrgeschossiges schlichtes Mietshaus und Sarahs Familie bewohnte dort eine Vierzimmerwohnung im zweiten Stock. Als sie das Treppenhaus betraten, roch es nach Essen und in einer der Wohnungen konnten sie ein kleines Kind weinen hören. Sarahs Tante war Pakkas jüngere Schwester und mit einem Polizisten verheiratet. Seit dem Auszug ihrer beiden erwachsenen Söhne arbeitete sie als Übersetzerin in einer Firma mit Kontakten ins Ausland. Sarahs Tante war wie ihr Bruder eine große schlanke Person. Sie sprach sehr gut Englisch, was Chris gleich bei der Begrüßung auffiel.

Nach dem gemeinsamen Essen bedankte sich Chris bei ihr für die Möglichkeit der Unterbringung und bot ihr dafür auch einen Geldbetrag an, den diese aber gleich mit den Worten ablehnte: »Ihr Ausländer wollt immer für alles bezahlen und dann hat sich auch alles damit erledigt. Wir bleiben dem anderen durch Hilfe verbunden.« Chris schämte sich ein wenig und räumte auch gleich ein: »Ja, das stimmt. Ich muss hier noch viel lernen.« Später im ehemaligen Zimmer von Sarahs Cousins, welches diese nun zusammen mit ihrer Studienfreundin zur Untermiete bewohnte, weihte sie Chris in ihre Pläne ein, für zwei Semester ins Ausland gehen zu wollen. Von ihrer Tante, die selbst zwei Söhne im Ausland hatte, würde sie hierfür Unterstützung erhalten, aber ihr Vater war noch immer sehr skeptisch, zumal sie eine junge Frau sei. Chris erzählte ihr, dass sie erst im August wieder nach Deutschland gehen würde. Sie würde dann also bereits dort sein, wenn Sarah, vorausgesetzt sie erhält ein Stipendium, zum Wintersemester kommen würde, um an der Uni in Göttingen Sprachen zu studieren.

Während sie später im Dunkeln in ihren Betten lagen, wollte Sarah noch einige Dinge über Benno erfahren. Chris, die sich immer sehr bedeckt hielt, wenn sie über andere Personen ausgefragt wurde, machte diesmal eine Ausnahme, weil sie hoffte, allen Seiten hierdurch gerecht werden zu können. Sie erzählte Sarah, dass sie sehr froh sei, Benno als kleinen Bruder zu haben, der immer ein wenig wild, aber ansonsten ein ganz lieber Kerl sei. Später, während des Studiums, habe sie auch gerne mit ihm zusammen in der WG gelebt. Es war wohl die Dunkelheit des Zimmers, die Sarah den Mut gab, an einer Stelle noch einmal nachzuhaken, die Chris in ihren Erzählungen gerade ausgelassen hatte. Sie fragte daher zaghaft: »Hat er denn eine Freundin?« – »Er hatte viele Jahre eine Freundin, die Lehrerin geworden ist und auch in der WG gewohnt hat. Sie sind jetzt aber nicht mehr zusammen«, antwortete ihr Chris und lauschte auf Sarahs Reaktion. Diese sagte aber nur »Oh!« und stellte hiermit ihre Nachforschungen über Bennos Liebesleben ein.

Am nächsten Morgen gab Chris ihr noch einen Geldbetrag, damit sie ins Krankenhaus fahren und auch notwendige Dinge für Benno besorgen konnte. Dann nahm sie ein Taxi und fuhr zur Busstation, um gleich mit dem ersten Touristenbus zurückfahren zu können. Gegen Mittag wollte Kobe sie dann von der Touristenstation abholen. Zu ihrer Überraschung stand aber Pakka neben dem Jeep und wartete auf sie. Er begrüßte sie mit einem Lächeln und erkundigte sich dann gleich nach ihrem Bruder. Chris teilte ihm mit, dass Benno wohl doch bis zum Abflug im Krankenhaus bleiben würde und sie ihn einmal die Woche besuchen wolle. Als Pakka sie irritiert anblickte, fuhr sie fort: »Auf dem Zimmer neben ihm liegt ein Lehrer mit einer Knieoperation. Benno und er verstehen sich gut und falls etwas sein sollte, würde das Krankenhaus oder der Zimmernachbar von Benno auf der Touristenstation anrufen und die können uns dann über Funk informieren.«

Das Ehepaar Crow berichtete ihr später, beim gemeinsamen Mittagessen, dass Steven und seine beiden Freunde von der Polizei während der Dienstbesprechung abgeholt worden seien. Anhand der aus dem Bein von Thoolen herausoperierten Gewehrkugel wolle man nun untersuchen, aus welcher Waffe der Schuss abgegeben worden sei. Chris hatte ihnen interessiert zugehört. »Wo wohnen die Männer eigentlich?«, wollte sie dann wissen. Dr. Crow war nur bekannt, dass sie am Rande des Nationalparks ein Nebengebäude von einem weißen Farmer angemietet hatten. Der Farmer hatte sich in den letzten Jahren bereits mehrfach bei den Wildhütern oder hier auf der Station darüber beschwert, dass Wildtiere seine Ernte zerstört haben oder eines seiner Weidetiere von einer Wildkatze gerissen worden sei. Chris kommentierte diese Auskunft, indem sie sagte: »Na, dann haben sich ja die Richtigen gefunden. Kann man denn den Farmer nicht auch gleich überprüfen?«

Dr. Crow war hier skeptisch, weil sich einige Farmer in der Gegend zusammengeschlossen hatten, um sich und ihren Besitz vor den Wildtieren zu schützen. Sie waren der festen Überzeugung, dass das Wohl der Menschen nun einmal vor dem der Tiere gehen würde. Mrs Crow ergänzte dies noch mit dem Hinweis: »Die verteidigen ihre Haltung doch mit der Bibel, weil dort steht, der Mensch solle sich die Welt untertan machen.« Nach diesem Gespräch war Chris nachdenklich zu ihren Ziegen gegangen, die sie freudig begrüßten. Tido hatte sie zwar während ihrer Abwesenheit gut versorgt, aber sie waren die meiste Zeit in der Baracke eingesperrt gewesen und genossen es nun, mit Chris ein wenig auf dem Gelände spazieren gehen zu können.

Danach wollte Chris weiter an ihren Projektunterlagen arbeiten. Dies gelang ihr aber nur schwer, denn ihre Gedanken waren immer wieder beim bevorstehenden Jahreswechsel und der anstehenden Scheidung. Auch stellte sie sich immer öfter die Frage, ob dieses Jahr in Kenia sie tatsächlich wieder mehr in ihrem Leben festigen könne. Sie kam sich im Moment so vor, als spielte sie auf einer falschen Bühne, als sei dies nicht ihre Welt, und das frustrierte sie. Erst als sie die beiden Ziegen versorgt hatte, stimmte sie dies wieder versöhnlicher mit ihrer derzeitigen Situation. Wenn sie momentan schon nicht den großen Vorteil ihres Aufenthaltes hier für sich erkennen konnte, so wollte sie wenigstens etwas bewegen, indem sie sich für die Sicherheit der Tiere in diesem Nationalpark einsetzte.

Auf der wöchentlichen Dienstbesprechung mit den Wildhütern zeigte sich Thoolen ihr gegenüber ausgesprochen höflich und zuvorkommend. Als er sich nach Benno erkundigte, berichtete sie ihm, dass er vom Krankenhausbett aus weiter an seiner Story arbeiten wolle, worauf Thoolen erfreut vorschlug: »Ich kann Ihnen ja noch ein paar Informationen für Ihren Bruder mitgeben.«

Mit einer Tasche frischer Wäsche und einem Stapel neuer Bücher im Gepäck ließ sich Chris zwei Tage später von Pakka sehr früh zu den Touristenunterkünften fahren. Während der Fahrt informierte er sie darüber, dass Sarah das letzte Wochenende nicht ins Dorf gekommen sei, weil sie sehr viel für die Uni lernen müsse. Erstaunt fragte Chris: »Kommt sie denn sonst immer zu euch?« – »Fast immer.« Pakka schwieg danach und sein sehr ernster Gesichtsausdruck ließ erahnen, welche Gedanken er sich machte. Chris, der die ganze Situation ausgesprochen unangenehm war, suchte trotzdem das Gespräch: »Glaubst du ihr nicht?« Pakka sah sie kurz von der Seite an und fragte dann zurück: »Kann ich ihr denn glauben?« Es war ein unpassender Moment, weil gleich der Bus losfuhr, aber das Thema war so drängend, dass Chris ihm vor dem Aussteigen aus dem Jeep versprach: »Ich rede heute einmal mit Sarah.« Pakka sah sie erleichtert an, bevor sie sich zum Abschied umarmten.

Benno hatte seine Schwester schon erwartet. Stolz berichtete er ihr von seinen Fortschritten. Zwar fiel ihm als sportlicher Mensch, der immer in Bewegung sein musste, das Liegen nach wie vor schwer, aber ansonsten war er guter Dinge, da er die Zeit im Krankenhaus gut nutzte. Weniger erfreut war er über die Ankündigung von Mrs Crow, ihn nächste Woche im Krankenhaus besuchen zu wollen. Sie wollte mit Kobe zusammen ihre Weihnachtseinkäufe in Nairobi erledigen und dann für eine Stunde zu ihm ins Krankenhaus fahren.

Entsetzt fragte er: »Kannst du das nicht verhindern? Das wird doch alles völlig peinlich.« Seine Schwester dagegen erwiderte ohne jegliches Mitgefühl: »Benno, was kann ich dafür, dass du hier der absolute Frauenschwarm bist und dich nun alle besuchen wollen? Pech nur, dass du nicht weglaufen kannst.« Mit finsterer Miene berichtete er, dass Sarahs Tante auch schon einmal vorbeigekommen war, um ihn kennenzulernen. »Und, was war daran so schlecht?«, wollte Chris von ihm wissen. »Dass ich hier in Boxershorts und T-Shirt im Bett liege und ansonsten diese Frau gar nicht kenne«, war sein wütender Einwand. »Du, ich habe sie auch vorher nicht gekannt und dann eine Nacht in ihrer Wohnung verbracht. Sie ist sehr nett und setzt sich gut für ihre Familie ein«, entgegnete ihm Chris.

Als sie von ihrem Bruder dann wissen wollte, was zwischen ihm und Sarah laufen würde, schwieg dieser erst einen Moment, bevor er zu erzählen begann: »Sie kommt jeden Tag.« – »Wie, sie kommt jeden Tag, mehr ist da nicht?«, wollte Chris nun doch etwas genauer wissen. Benno tat sich schwer damit, seine Gefühlslage zu Sarah näher zu beschreiben. Er fand sie zwar nach wie vor sehr nett, aber auch noch ziemlich kindlich. »Und was glaubst du, was sie für dich empfindet?«, hakte Chris nach. »Es sieht so aus, als würde sie mich mögen und sie macht sich vielleicht auch Hoffnungen, dass es etwas wird mit uns«, gab ihr Benno eher zögerlich Auskunft.

Chris wurde nervös, weil sie genau so etwas befürchtet hatte und fragte ihn deshalb sehr direkt: »Benno, heißt das, dass du dir nicht mehr so sicher bist?« – »Bist du dir nach einer Woche Gespräche am Krankenbett sicher, ob du ein gemeinsames Leben mit jemanden willst? Ich weiß doch gar nicht, wie sie in Deutschland sein wird und ob wir gemeinsame Interessen haben«, antwortete Benno gereizt. Seine Schwester holte tief Luft, bevor sie ihn daran erinnerte: »Ich war mir immer sehr sicher, dass man das nicht so einfach kann, aber dir reichten ja bislang ihre braunen Augen, um eine gemeinsame Zukunft zu planen. Kommt sie nachher noch vorbei?« Als Benno nickte, schlug sie vor, einmal in aller Ruhe mit

Sarah von Frau zu Frau zu sprechen, und berichtete ihm auch von dem unguten Gefühl, das Pakka inzwischen hatte.

Benno, der sich noch nie um unangenehme Gespräche gerissen hatte, zeigte sich dankbar, für den Vorschlag seiner großen Schwester. Als Sarah eine Stunde später das Krankenzimmer betrat, konnte man ihr ansehen, wie müde sie war. Nach einer kurzen Begrüßung schlug Chris ihr vor, zusammen in den Garten des Krankenhauses zu gehen, um sich dort einmal in aller Ruhe unterhalten zu können. Der Blick von Sarah zeigte, wie verunsichert sie war, als sie erst Benno ansah und dann mit Chris das Krankenzimmer verließ. Im Garten setzten sie sich auf eine Bank, die etwas abseits von den anderen Sitzgelegenheiten stand. Chris begann das Gespräch. »Sarah, dein Vater hat mich heute angesprochen, weil du nicht wie sonst nach Hause gekommen bist.« Die junge Frau senkte ihren Blick und schwieg, worauf Chris fortfuhr: »Ich bin dir sehr dankbar, dass du dich so um meinen Bruder kümmerst. Ich möchte aber nicht, dass du dafür dein Studium oder deine Familie vernachlässigst.«

Sarah blickte sie einige Sekunden an, bevor sie kaum hörbar sagte: »Das ist nicht der Grund.« Chris verstand nicht ganz. »Was ist denn der Grund?« Während Sarah nervös an ihrem Kleid fingerte, gestand sie, dass sie Benno sehr mögen würde, aber nicht wüsste, wie das gehen soll. Chris suchte einen Moment nach den richtigen Worten, bevor sie schließlich sagte: »Sarah, das wissen Benno und ich auch nicht. Mein Bruder mag dich, aber du bist deutlich jünger als er und er wird im Januar nach Deutschland zurückgehen. Wenn du mitgehen würdest, was dein Vater vielleicht wegen deines Alters gar nicht zulassen wird, ist es fraglich, ob du das Leben in Deutschland mögen wirst. Und bei uns in Deutschland leben Mann und Frau oft auch erst einmal als Paar zusammen, um zu sehen, ob auch alles passt und man gemeinsame Pläne hat. Falls es dann aber nicht klappen sollte, trennen sie sich wieder. Hier bei euch ist das anders.«

Sarahs dunkle Augen füllten sich mit Tränen und Chris griff

nach ihrer Hand. Verzweifelt fragte Sarah: »Er liebt mich nicht, ist es nicht so?« – »Sarah, in unserem Alter liebt man nicht mehr so schnell. Da muss schon vieles rund herum stimmen. Wir lieben nicht nur mit unserem Herzen, sondern auch mit unserem Kopf. Aber Benno mag dich sehr.« Die dunkle schmale Hand von Sarah lag in der hellen von Chris wie ein kleiner frisch gefangener brauner Vogel, der zu ängstlich war, um sich zu bewegen. Sie begann heftiger zu weinen und Chris ließ ihre Hand los, um ihr ein Taschentuch zu geben. Als sie sich wieder etwas beruhigt hatte, sagte sie: »Ich möchte jetzt gehen. Kannst du Benno sagen, dass ich noch nicht weiß, ob ich noch kommen kann?« Chris versprach es ihr und nahm sie zum Abschied in den Arm.

Als Chris zurück ins Krankenzimmer kam, unterhielt sich Benno gerade angeregt mit seinem Zimmernachbarn. Erstaunt blickte er seine Schwester an und fragte: »Wo ist denn Sarah?« Chris zog den Besucherstuhl sehr nah an sein Bett und berichtete ihm dann mit gedämpfter Stimme, was geschehen war. Benno wirkte anfangs sehr betroffen, sagte dann aber nach längerem Schweigen: »Vielleicht ist es besser so.« In diesem Moment ging die Zimmertür auf und eine sehr attraktive Krankenschwester kam herein, um sich um den neuen Patienten zu kümmern, der ihnen gegenüber lag. Benno sah zu ihr hinüber und beobachtete sie dabei. Als sie wieder das Zimmer verlassen hatte, sagte er mehr vor sich hin: »Sarah ist niedlich, so wie eine kleine Schwester, aber die eben war schon stark.«

Chris sah ihren Bruder sprachlos an, worauf er ihr erklärte: »Chris, ich bin nun einmal ein erwachsener Mann und da hat man nicht mehr nur Kuschelsex.« – »Das heißt aber nicht, dass du jetzt etwas mit der Krankenschwester anfangen wirst?«, fragte ihn Chris ziemlich verstört. Benno grinste: »Wie denn? Ich liege hier zwar den ganzen Tag im Bett und die Hormone sind gut in Schuss, aber mehr als Kopfkino ist wohl kaum möglich.« Bevor Chris aufbrach, versorgte sie ihren Bruder noch mit neuen Informationen für seine Story und raunte ihm ins Ohr: »Du, Benno, wenn ich irgendwelche Klagen über dich höre, wirst du mit dem Jeep auf die Station gefahren. Und denk daran, demnächst kommt Mrs Crow«, worauf dieser eine Grimasse schnitt.

Nach dem Krankenhaus fuhr Chris mit dem Taxi ins Einkaufszentrum Westgate, was nach dem Terroranschlag noch besser bewacht wurde, als zuvor und kaufte dort ihre Weihnachtsgeschenke für die Familie ein. Als dies erledigt war, besorgte sie sich noch etwas zu Essen und übernachtete dann in einem kleinen Hotel, nahe der Bushaltestelle ihres Fernbusses. Sie wollte am nächsten Morgen gleich mit dem ersten Bus wieder zurückfahren.

Während sie am Abend in ihrem kleinen Hotelzimmer auf dem Bett lag, fühlte sie sich ein wenig beruhigt, dass ihr Bruder die Verliebtheit von Sarah offenbar nicht ausnutzte, spürte aber gleichzeitig auch tiefes Mitgefühl für diese junge Frau. Sie selbst fand als junges Mädchen einmal einen jungen Mann sehr nett, der mit seinen Freunden an der Nordsee Urlaub machte, so wie sie mit ihrer Familie. Vom Strandkorb aus beobachtete sie ihn, wie er schwimmen ging und mit seinen Freunden lachte, aber er hatte keine Augen für sie. Sie war gerade fünfzehn Jahre alt und noch mehr ein Kind als eine Frau. Als er an einem der Tage mit einer jungen sportlichen Frau zum Schwimmen ging, machte ihr der Anblick dieser hübschen Frau schmerzhaft klar, dass sie noch gar nicht in dieser Liga spielte. Genau so musste sich jetzt Sarah fühlen, und das tat ihr leid.

Wie verabredet holte sie Pakka am nächsten Tag von der Busstation vor den Touristenunterkünften ab. Nach einer kurzen Begrüßung bat ihn Chris, noch ihre Mails checken zu können. Ihr ehemaliger Professor hatte ihr gemailt, dass er sich im Januar mit ihr in Göttingen treffen wollte, und ihren Eltern teilte sie mit, dass es Benno immer besser gehen würde und sie am dritten Januar losfliegen würden. Pakka hatte in der Zwischenzeit schon damit begonnen, die Vorräte auf den Jeep zu laden. Chris half ihm noch bei den letzten Kisten. Erst auf der Rückfahrt zur Station erkundigte sich Pakka, wie es ihrem Bruder gehe. Sie sagte ihm, dass es mit dem planmäßigen Abflug wohl klappen könnte und sie ihn jetzt nur noch einmal zu Weihnachten besuchen wollte. Chris erzählte auch, dass er sich mit dem einen Zimmernachbarn sehr gut verstehen würde. Als Pakka ihr einfach nur zuhörte und ansonsten sehr ernst auf die Fahrbahn blickte, fasste sie Mut und sagte: »Ich habe auch mit Sarah gesprochen.« Pakka blickte sie kurz von der Seite an. »Und? Was ist mit ihr?« – »Sarah hat Benno öfter besucht, weil sie uns helfen wollte. Wir haben uns aber jetzt darauf geeinigt, dass sie erst einmal wieder an ihr Studium und ihre Familie denkt«, versuchte Chris ihn zu beruhigen, ohne Sarahs Gefühle zu verletzen.

Das, was sie sagte, schien Pakka tatsächlich zu beruhigen. Er wurde wieder lebhafter und berichtete von den Farmern, die am Rande des Nationalparks wohnten und nun gemeinsam gegen die wildlebenden Tiere, die auf ihr Land kommen würden, vorgehen wollten. Chris hatte sofort ein ungutes Gefühl. »Und wie soll das gehen?«, fragte sie. – »Die Farmer bezahlen Leute dafür, dass sie die Tiere vertreiben, notfalls auch mit Gewehren«, erklärte Pakka mit ernster Miene.

X

Die letzten Tage vor Weihnachten verliefen für Chris so wenig feierlich, wie sie es noch nie in ihrem Leben zuvor erlebt hatte. Es gab keinen Weihnachtsschmuck, kein Weihnachtsgebäck und natürlich auch keinen Weihnachtsmarkt, auf dem sie mit der Familie oder mit Freunden einen heißen Glühwein trinken konnte. Es war noch nicht mal winterlich kalt. Nur der Kalender zeigte an, dass die Feiertage immer näher rückten. Mrs Crow war mit Kobe in Nairobi gewesen, um dort Geschenke für alle Mitarbeiter zu kaufen, an denen sich Chris auch beteiligen wollte. Wie von ihr angekündigt, war Mrs Crow danach noch zu Benno ins Krankenhaus gefahren und hatte ihm sein Geschenk dort überreicht. Überhaupt hatte sie den Eindruck, dass das Krankenhaus Benno sehr guttun würde. Sie fand ihn sehr besonnen und höflich, was sie auf der Station oft an ihm vermisst hatte.

Am Heiligabend frühstückten alle Mitarbeiter gemeinsam im Essraum der Station. Sana hatte dies sehr festlich vorbereitet und zusammen mit Chris verteilte Mrs Crow dann die Geschenke. Danach fuhr die Hälfte der Belegschaft in zwei Jeeps zu der Touristenstation und von dort aus ging es weiter zu ihren Dörfern. Chris war mit ihnen zur Busstation mitgefahren. Sie wollte von hier aus direkt nach Nairobi weiterfahren und konnte Sana dafür gewinnen, in der Zwischenzeit ihre beiden Ziegen zu versorgen. Seit Fina da war, gestaltete sich dies etwas unkomplizierter, weil die kleine Ziege inzwischen immer größere Milchmengen trank und deshalb der tägliche Melktermin bei Claire auch nicht mehr zeitlich so genau eingehalten werden musste. Auch verstanden sich die beiden Tiere ausgesprochen gut und schienen sich auch zu zweit nicht zu langweilen, wenn Chris einmal nicht da war.

Im Krankenhaus berichtete ihr Benno überglücklich, dass er immer häufiger sein Bett verlassen dürfe, er sich aber noch sehr schonen müsse. Langsam und mit Gehhilfen ausgestattet, zeigte er seiner Schwester auf dem langen Krankenhausflur stolz seine Fortschritte. Probleme bereiteten ihm dagegen noch die Schmerzen und so befürchtete er auch, dass er den anstehenden Flug nur mit Schmerzmitteln überstehen würde.

In einer Besuchernische setzten sie sich einen Moment hin und Chris wollte von ihrem Bruder wissen, wie es mit Mrs Crow gelaufen sei. Benno schüttelte nur den Kopf und meinte: »Oh, nee. Die Frau ist schon krass. Weißt du, was sie mir zu Weihnachten geschenkt hat? Ein Halstuch und einen Ledergürtel, als sei sie meine Tante.« Chris musste lachen. »Und, gefällt es dir nicht?« – »Die Sachen sind ja ganz nett, aber was sie alles wissen wollte. Ob das Essen gut ist und ob ich gut schlafen kann«, äffte Benno die Befragung durch Mrs Crow nach. Als er sich wieder etwas beruhigt hatte, erkundigte sich Chris: »Und was ist mit Sarah?« – »Sie war gestern mit ihrer Tante noch einmal da. Sie haben mir zu Weihnachten ein Buch geschenkt und mir dann alles Gute für meinen Heimflug gewünscht«, sagte Benno etwas bedrückt. Seine Schwester hatte ihn einen Moment lang gemustert und fragte schließlich: »Und? Wie ist das für dich?« Benno starrte den Flur entlang und sagte dann sehr nachdenklich: »Ich mag sie wirklich, aber eine Beziehung ohne Sex kriege ich nicht hin und so viel gemeinsam haben wir auch nicht.«

Obwohl sie einige Stunden im Krankenhaus zusammen sein konnten und sich dabei auch lebhaft unterhielten, war Chris am Nachmittag froh, in ihr Hotelzimmer gehen zu können. Die vielen Besucher störten sie und sie hatte das Bedürfnis, einfach nur allein zu sein. In dieser Nacht träumte sie von ihrem kleinen Sohn, der in einem Kinderwagen lag, so als wäre der Unfall nie geschehen. Immer wenn sie zu ihm gehen wollte, rollte der Kinderwagen ein Stück weiter, bis sie schließlich verstört von dem Traum aufwachte. Sie stellte sich vor, dass es das erste Weihnachten mit ihm gewesen wäre und begann zu weinen. Erschöpft von dieser Nacht, machte sie sich den nächsten Morgen sehr zeitig auf den Weg zur Bushaltestelle. Es war deutlich ruhiger als sonst auf den Straßen von Nairobi, einer Stadt, der sie nicht so viel abgewinnen konnte. Diese Mischung aus zum Teil imposanter Moderne, durchzogen von bedrückender Armut und auch sehr viel Kriminalität. Sie war immer wieder erleichtert, wenn sie endlich in dem Fernbus saß, der sie aus dieser Stadt herausbrachte.

Diesmal fuhr der Bus nicht gleich los, weil ein Touristenpärchen beim Busfahrer lautstark den Verlust seines Koffers beklagte, den es vor dem Bus einen Moment unbeobachtet abgestellt hatte, um die übrigen Gepäckstücke zu verstauen. Ein anderer Reisender hatte eine Jugendbande beobachtet, die sich auf der Gegenseite der Busstation aufgehalten hatten und nun verschwunden war. Auf Drängen einiger Reisender, die sich inzwischen sehr ungeduldig zeigten, einigte man sich nach dem Eintreffen der Polizei schließlich darauf, dass der Fernbus ohne das bestohlene Pärchen losfahren sollte. Während der Fahrt wurde unter den Fahrgästen noch lebhaft darüber diskutiert, welche Orte in Nairobi man lieber nicht aufsuchen sollte. Einige wussten auch von Diebstählen direkt am Flughafen zu berichten.

Diesmal wurde sie von Dr. Crow abgeholt, der schon mehr als eine Stunde auf sie gewartet hatte. Nachdem ihm Chris von dem Diebstahl des Gepäckstückes an der Bushaltestelle erzählt hatte, sagte er sehr emotional: »Genau deswegen fahre ich selten nach Nairobi. Da lauern doch überall die Straßendiebe. Manchmal sind es sogar Kinder, die zum Stehlen geschickt werden.« Chris hatte noch schnell ihren Eltern eine Mail gesandt, bevor es zurück zur Station ging. Während der Fahrt gestand ihr Dr. Crow, dass er inzwischen sehr froh darüber sei, Ostern wieder in seine Heimat zurückkehren zu können. Er vermisse hier doch viele Dinge, die für ihn an den Feiertagen wichtig seien. So erzählte er von einigen

Weihnachtsbräuchen aus seiner Heimat und darüber, wie wichtig seiner Familie immer dieser gemeinsame und sehr festliche Jahresabschluss war.

Auf der Station herrschte inzwischen große Aufregung, weil sie so spät zurückkamen. Mrs Crow hatte zusammen mit Sana ein festliches Weihnachtsessen vorbereitet und drängte nun, mit dem Essen zu beginnen, weil sie es nicht länger warmhalten konnte, ohne es zu verkochen. Am Esstisch erzählte Chris von ihrem Bruder und seiner Angst vor dem langen Flug, weil das für ihn doch sehr anstrengend werden würde.

Erst zum Abend, nachdem sie sich ausgiebig um Claire und Fina gekümmert hatte, ging Chris wieder zu den Crows ins Haupthaus. Sie wollten gemütlich beisammensitzen und Mrs Crow wollte ihr das Bridgespiel beibringen. Da ihnen hierfür aber der vierte Spieler fehlte, wollte Dr. Crow gleich zwei Kartenstapel bedienen und wechselte hierfür stets die Sitzplätze, was seine beiden Mitspielerinnen am Anfang noch amüsierte, dann aber von Mrs Crow immer mehr missbilligt wurde, sodass sie ihn zum Schluss sogar des Falschspielens bezichtigte. Empört über diesen Vorwurf legte Dr. Crow seine Spielkarten auf den Tisch und stand auf. Mit den knappen Worten: »Ich empfehle mich dann einmal«, verließ er den Raum und ging nach oben in die Privaträume.

An diesem Abend unterhielten sich Mrs Crow und Chris noch lange über private Dinge. Seit der Ankunft von Benno waren die wöchentlichen Verabredungen zu Gesprächen nicht mehr möglich gewesen, doch an diesem Abend ergab sich die Gelegenheit. Chris erzählte von ihren Gefühlen in Bezug auf die anstehende Scheidung im Januar und auch von dem beabsichtigten Treffen mit ihrem ehemaligen Professor, um nach ihrer Zeit in Kenia ihre berufliche Zukunft schon planen zu können. Mrs Crow machte sich ebenfalls Gedanken über ihre Rückkehr nach Kanada und den anstehenden Ruhestand. Sie hatte nun all die Jahre mit ihrem Ehemann eng zusammengearbeitet und die Arbeit hatte in ihrer Ehe einen so großen Raum eingenommen, dass sie sich gar nicht vorstellen konnte, nun eine ganz private Beziehung zu führen. Sie hoffte deshalb, dass ihr Ehemann noch für ein paar Stunden in der Woche im Museum ihrer Heimatstadt arbeiten würde. Sie selbst wollte in der Kirchengemeinde aktiv werden, wie ihre beste Freundin es schon seit Jahren tat.

Es war bereits kurz vor Mitternacht, als Chris zu ihrer Baracke ging. Es hatte ihr gutgetan, diesen Weihnachtsabend nicht allein verbringen zu müssen. Weil sie noch nicht schlafen gehen wollte, setzte sie sich auf das Schafsfell, das auf dem Boden vor ihrer Pritsche lag. Hier saß sie immer, wenn sie mit ihren beiden Ziegen kuschelte. Claire hatte sie kommen hören; sie kam sofort aus ihrem Behelfsstall und ließ sich ausgiebig von ihrem Frauchen streicheln. Nach kurzer Zeit folgte ihr Fina und holte sich ebenfalls ihre Streicheleinheiten ab. Während Chris alle Hände voll zu tun hatte, den beiden Tieren ihre Zuwendung zu geben, überlegte sie, wie sie die beiden mit nach Deutschland nehmen konnte. Je länger sie mit ihnen hier zusammenlebte, umso weniger konnte sie sich eine dauerhafte Trennung von ihnen vorstellen; auch erschien ihr inzwischen die ganze Situation in diesem Land und im Nationalpark so ungewiss, dass sie ihren beiden Tieren dieses Risiko nicht zumuten wollte. Sie nahm sich deshalb vor, im Januar mit ihren Eltern den weiteren Verbleib von Claire und Fina abzuklären.

Die nächsten Tage war Chris damit beschäftigt, ihren Rückflug nach Deutschland zu organisieren und bei der Versorgung der Tiere in der Aufzuchtstation zu helfen, da die meisten Mitarbeiter erst nach Neujahr auf die Station zurückkommen wollten. Den Silvesterabend beabsichtigte das Ehepaar Crow auf einer größeren Feier zu verbringen, die das Touristenzentrum vorbereitet hatte. Sie hätten Chris gerne dort mit hingenommen, aber sie hatte dankend abgelehnt. Bevor sie mit dem Stationshelfer Zarif losfuhren, brachte Mrs Crow ihr noch eine Flasche kanadischen, mit Zimt gewürzten Fireball-Likör. Sie sagte hierzu erklärend: »Damit der Kummer heute Nacht nicht zu groß wird.«

Chris hatte zwar nicht vor, sich an diesem Abend zu betrinken, war aber dankbar für diesen Seelentröster. Nach dem Abendessen von Sana hatte sie sich mit einem Buch und einem Glas Likör auf die Pritsche gelegt. Nach dem zweiten Glas wollte sie eigentlich schlafen, hörte dann aber, wie ein Wagen aufs Gelände fuhr und es kurz darauf an ihrer Tür klopfte. Ihr Herz schlug spürbar, als sie aufstand und durch die geschlossene Tür fragte: »Was ist?« Es war Thoolen, der sie bat, die Tür zu öffnen. Chris hatte bereits ihre Schlafsachen an und schlug deshalb vor, er solle schon zum Haupthaus gehen; sie würde gleich nachkommen. Da sie die Situation nicht einschätzen konnte, zog sie sich schnell an, um ihm dann zu folgen.

Sana und ihr Mann Aasir waren erstaunt, als Chris mit Thoolen das Haus betrat. Sie waren in dieser Nacht die einzigen Mitarbeiter der Station, die noch vor Ort waren. Erst wollte Chris ihren ungebetenen Gast ins Büro bitten, aber als dieser ihr ankündigte, dass er ihr noch ein Geschenk aus Dankbarkeit für ihre Hilfe überreichen wolle, entschied sie sich, mit ihm nach oben in die privaten Räume von ihr und Benno zu gehen, wo schon die gepackten Koffer standen. Dort angekommen, musterte Thoolen sie einen Moment und stellte dann fest: »Ihnen geht es heute wohl nicht so gut? Mrs Crow hatte so etwas angedeutet, als ich auf der Silvesterfeier nach Ihnen gefragt habe.« Chris, die noch nie viel Alkohol vertragen und sich auch sonst immer ganz gut an ihr persönliches Limit gehalten hatte, merkte, dass sie sich nicht mehr ganz sicher auf den Beinen halten konnte. Sie bat ihn deshalb, auf dem Sessel Platz zu nehmen, während sie sich ihm gegenüber auf das Sofa setzte. »Ja, ich möchte heute lieber allein sein«, antwortete sie.

Thoolen fragte interessiert nach: »Ist es wegen Ihrem Mann?« – »Nein, es ist nicht mein Mann. Die Sache ist durch. Mein Kind ist tot.« Während sie das sagte, begann sie plötzlich hemmungslos zu weinen. Thoolen stand auf und setzte sich zu ihr aufs Sofa. Dort legte er seinen Arm um ihre Schultern und versuchte sie zu trösten. Es dauerte einige Minuten, bis sie sich wieder etwas beruhigt hatte. Thoolen war inzwischen aufgestanden und hatte aus dem Badezimmer ein feuchtes Handtuch geholt, mit dem sie sich ihr verweintes Gesicht abwaschen konnte. Er nahm sie wieder in seinen Arm und begann sie zu streicheln und am Hals zu küssen. Chris wollte dies nicht und drehte sich von ihm weg, worauf Thoolen sie aufforderte: »Komm, mach dich mal locker. Ich bring dich schon auf andere Gedanken und alles wird wieder gut.«

Er bedrängte sie erneut, indem er sich über sie beugte und begann ihr Gesicht zu küssen, während er in ihre langen Haare griff. Als sie deutlich seine Barthaare auf ihrer Haut spürte und er mit einer Hand an ihre Brust griff, stieß sie ihn von sich fort und versuchte aufzustehen. Doch stattdessen stürzte sie auf den Fußboden. Thoolen griff nach ihrem Arm, um ihr wieder auf die Beine zu helfen, worauf sie ihn mit lauter Stimme aufforderte: »Gehen Sie! Gehen Sie sofort!« Vom Poltern und ihrer lauten Stimme aufmerksam geworden, kam Sana mit ihrem Mann nach oben. »Ist alles in Ordnung, Mrs Chris?« Chris hatte sich derweil am Sofa hochgezogen. »Können Sie Mr Thoolen zur Tür bringen?« Aasir zögerte nicht lange und öffnete ihre Zimmertür. Er war stämmig und forderte Thoolen selbstbewusst auf, das Haus zu verlassen. Dieser stand langsam auf und ging dann an Aasir vorbei. Bevor er das Zimmer verließ, drohte er Aasir noch mit den Worten: »So gehst du nicht mit mir um. Du hörst noch von mir, du schwarzer Bastard.«

Sana war inzwischen zu Chris gegangen und half ihr, ins Badezimmer zu gehen, wo sich Chris übergeben musste. Als sie ihr Spiegelbild sah, wurde ihr schlagartig klar, dass ihre panikartige Trauer ihr größter Stolperstein in ihrem Leben war. Sie wusch sich ihr Gesicht mit kaltem Wasser und griff nach dem Handtuch, um sich abzutrocknen. Dabei fiel ihr Blick auf die kleine schwarze Toy Box von Benno, die er so nannte und in der er immer seine Kondome aufbewahrte. Sie stand geöffnet auf der Ablage des Waschtisches. Als sie am Vortag Bennos Koffer gepackt hatte, hatte sie vergessen, sie einzupacken. Chris wusste nicht, wie viele Kondome in der Box waren, sie wusste aber ganz sicher, dass sie immer geschlossen auf der Ablage stand. Sie zeigte Sana ihren Fund und ging zurück in den Wohnraum, wo Sana auf ein kleines Plastikpäckchen zeigte, das auf dem Sofa lag, genau dort, wo Thoolen gesessen hatte.

Während die beiden Frauen noch schockiert von der Offensichtlichkeit seines Vorhabens überlegten, was nun zu tun sei, kam Aasir zurück ins Zimmer. Er hatte zuvor die Haustür verriegelt. Nach einigen Minuten hörten sie, wie Thoolen mit seinem Jeep vom Grundstück fuhr. Weil ihnen die Situation insgesamt bedrohlich vorkam, beratschlagten sie, wie sie sich bis zur Rückkehr des Ehepaars Crow verhalten sollten, zumal sie nicht ausschließen konnten, dass Thoolen schon in dieser Nacht seiner Wut Taten folgen lassen würde. Hierbei beunruhigte sie besonders, dass er sich auf der Station bestens auskannte. Immerhin konnte er auch davon ausgehen, dass bis spät nach Mitternacht keiner weiter auf der Station sein würde. Sana machte erst den Vorschlag, dass sie über Funk mit dem Touristenzentrum Kontakt aufnehmen sollten, um das Ehepaar Crow zu bitten, früher zurückzukommen. Chris und auch Aasir wollten den Crows aber nicht den unbeschwerten Abend verderben und so entschlossen sie sich, im Haupthaus die Rückkehr der Crows abzuwarten, wobei Aasir hierfür sein Jagdgewehr lud und es im Eingangsbereich abstellte.

Chris hatte Angst um ihre Ziegen und wollte daher nach ihnen sehen. Nachdem sie das Haupthaus verschlossen hatten, gingen sie zu dritt, mit Taschenlampen in der Hand, zu ihrer Baracke. Schon nach einigen Metern hörten sie das ängstliche Meckern der Tiere. Aasir leuchtete die Baracke ab und konnte erkennen, dass zwei Fenster eingeschlagen waren. Das eine Fenster gehörte zum Behelfsstall der Ziegen, das andere zum Wohn- und Schlafraum. Chris war inzwischen wieder so nüchtern und vor Panik hellwach, dass sie mit zittrigen Händen die Barackentür öffnete und Claire und Fina aus dem Stallbereich holte. Gemeinsam brachten sie die

Tiere in einen Abstellraum des Haupthauses und holten dann noch einige persönliche Gegenstände von Chris aus der Baracke. Während Chris ihre beiden verstörten Ziegen versorgte, schalteten Sana und ihr Mann in allen Zimmern in der untersten Etage jeweils eine Beleuchtung an und zogen die Vorhänge der Fenster zu. Dann setzte sich Aasir mit dem Jagdgewehr auf die Treppe des Eingangsraumes und lauschte, ob er draußen verdächtige Geräusche hörte. Immer wieder stand er auf und blickte durch den Gardinenspalt hinaus. Die Nacht tauchte das Gelände der Station in tiefschwarze Dunkelheit.

Nachdem sie fast eine Stunde zusammen das Haus bewacht hatten, ging Sana in die Küche, um einen Kaffee zu kochen. Es war noch vor Mitternacht und die aufsteigende Müdigkeit ließ Chris frieren, sodass sie sich von oben eine Decke geholt und sich um ihre Schultern gelegt hatte. Plötzlich gab es in der Küche einen lauten Knall, worauf Sana heftig zu schreien begann. Aasir war mit dem Gewehr zu ihr in die Küche gelaufen und entdeckte die zersplitterte Fensterscheibe. Ein großer Stein lag mitten in der Küche auf dem Boden. Er nahm sein Gewehr und schoss dreimal ziellos in die Dunkelheit, bis ihn Chris, die inzwischen auch in die Küche geeilt kam, von weiteren Schüssen abhielt. Wie zu befürchten war, reagierten die Tiere in der Aufzuchtstation völlig panisch auf die Schüsse und sprangen gegen ihre Käfigwände. Sana weinte immer noch und hatte sich auf die Erde in eine Ecke des Flurs gekauert. Während Aasir hinter dem Vorhang vom Küchenfenster stand und nach draußen schaute, ging Chris zum Funkgerät und versuchte Zarif zu erreichen, der an diesem Abend auf der Feier mit Servieren aushelfen wollte, um sich so noch etwas Geld dazuzuverdienen.

Sie konnte ihn jedoch nicht erreichen und funkte deshalb die Zentrale der Touristenstation an. Dort bat sie, Dr. Crow ausrufen zu lassen, damit er sich dringend bei ihr melde. Die nächsten Minuten kamen ihnen wie eine Ewigkeit vor, bis Dr. Crow sich endlich über Funk bei ihnen meldete. Chris bat ihn mit sehr knappen Worten, die Polizei einzuschalten und zurück zur Station zu kommen. Bevor er noch etwas nachfragen konnte, beendete sie das Gespräch, weil sie befürchtete, dass Thoolen den Funkspruch abhören könnte. Während Aasir weiterhin mit dem Gewehr in den Händen von Fenster zu Fenster ging und in die Dunkelheit spähte, kümmerte sich Chris um Sana, die immer noch zusammengekauert in der Ecke saß und am ganzen Leib zitterte. Als sich diese wieder etwas beruhigt hatte, ging sie zu Claire und Fina, die auf den Knall und die anschließenden Schüsse ängstlich reagiert hatten.

In der Aufzuchtstation wollte auch Minuten später keine Ruhe einkehren. Es schien, als wäre es nun die Panik der Tiere, die durch angstvolle Laute und aggressives Verhalten immer wieder eine neue Welle von Angst und Schrecken auslöste. Chris taten die Tiere leid und sie befürchtete, dass sie sich in ihren Käfigen verletzen könnten, wusste aber nicht, was sie in dieser Situation Sinnvolles tun konnte. Diese wilden Tiere ließen sich nicht einfach so beruhigen, wie es ihr nach einiger Zeit bei Fina und Claire gelang, und so blieb ihr nichts anderes übrig, als abzuwarten und erst recht keine Situation zu schaffen, die deren Panik noch verstärken könnte.

Es war schon kurz nach Mitternacht, als zwei Fahrzeuge auf das Stationsgelände fuhren. Chris ermahnte Aasir noch, nicht einfach zu schießen, und schaute durch den Vorhangschlitz im Flurbereich. Im Licht der Scheinwerfer konnte sie erkennen, dass das Ehepaar Crow zusammen mit Zarif aus dem Jeep ausstieg und aus dem zweiten Fahrzeug zwei Polizisten. Sie öffnete ihnen die Eingangstür, während Aasir mit dem Gewehr im Arm hinter ihr stand. »Was ist denn hier los?«, fragte Dr. Crow beunruhigt. Inzwischen hatten alle das Haupthaus betreten und Chris berichtete, was vorgefallen war, worauf Mrs Crow völlig außer sich geriet: »Mein Gott, das ist ja alles furchtbar. Ich hatte heute gleich so ein komisches Gefühl und jetzt das!«

Die Polizisten gingen zusammen mit Dr. Crow und ihren Taschenlampen noch einmal die Gebäude ab. Sie konnten am Lagerhaus für Futtermittel einen Zigarettenstummel finden. Von dieser Stelle aus konnte man gut das Küchenfenster des Haupthauses beobachten und vermutlich wurde auch von hier aus der Stein geworfen. Da es verboten war, im Bereich der Aufzuchtstation und der Lagerräume zu rauchen, ging Dr. Crow davon aus, dass diese halb aufgerauchte Zigarette nur vom Täter stammen konnte. Während ein Polizist die Zigarettenkippe als Beweismittel sicherstellte und sie sich näher betrachtete, vermutete Dr. Crow: »Das ist doch das Zeugs, das die Wildhüter immer rauchen.«

Bis auf drei Fensterscheiben und zahlreiche verstörte Lebewesen schien kein weiterer Schaden entstanden zu sein, sodass sich die Polizisten entschlossen, zur Ranch von Thoolen aufzubrechen, um ihn zu dem Vorfall zu befragen. Als weiteres Beweismittel nahmen sie noch das Kondompäckchen vom Sofa mit. Drinnen im Haus hatte Sana inzwischen ihre Schlafkammer aufgesucht. Sie hatte als Kind einmal mitbekommen, wie eine plündernde Bande ihr Dorf überfiel. Zwei Dorfbewohner wurden damals erschlagen, die sich ihnen in den Weg stellen wollten. Der Vorfall heute Nacht weckte alte Erinnerungen und Ängste in ihr.

Während Mr Crow zusammen mit Aasir und Zarif einen Plan entwickelte, wie man die Station bewachen könnte, saßen Chris und Mrs Crow zusammen am Esszimmertisch und versuchten zu verstehen, was geschehen war. Mrs Crow machte sich Vorwürfe, dass sie Chris und die Station zurückgelassen hatte und berichtete auch, wie Thoolen sie auf dem Fest angesprochen und nach ihr gefragt hatte. Sie habe ihm nur kurz gesagt, dass es Chris nicht gut ginge, aber niemals damit gerechnet, dass er zur Station fahren würde. Im Laufe des Abends sei es ihr auch gar nicht aufgefallen, dass er nicht mehr auf dem Fest war. Chris dagegen machte sich Vorwürfe, ihn überhaupt ins Haus und dann in den Wohnraum der oberen Etage gebeten zu haben, worauf Mrs Crow nur sagte: »Der Kerl hat doch schamlos ausgenutzt, dass es Ihnen nicht gut ging. Vor einigen Monaten gab es eine Safaritouristin, die früher abgereist war, weil sie sich von Mr Thoolen belästigt fühlte. Das wurde zumindest hinter vorgehaltener Hand erzählt, aber mit dem Vorfall von heute Abend kommt dem doch gleich eine ganz andere Bedeutung zu.«

Nachdem er die drei Männer für die Bewachung der Station bis zum Eintreffen weiterer Stationshelfer eingeteilt und auch den Tank vom dieselbetriebenen Stromaggregat überprüft hatte, forderte Dr. Crow seine Ehefrau und Chris auf, sich schlafen zu legen. Er betonte sehr selbstsicher: »Das kriegen wir hier alles schon hin.« Chris sah noch einmal nach Claire und Fina und ging dann in ihre Wohnräume in der oberen Etage. Dort legte sie sich komplett angezogen aufs Bett und löschte das Licht. Einen Moment lang lauschte sie noch den Geräuschen, konnte aber nur noch die Schritte der Männer auf ihren Kontrollgängen wahrnehmen. Völlig übermüdet fiel sie in einen unruhigen Schlaf.

Es war schon zehn Uhr, als sie mit Kopfschmerzen aufwachte. Nachdem sie sich gewaschen und frisiert hatte, ging sie in die untere Etage und sah nach ihren Ziegen, die sie neugierig begrüßten. Es roch schon nach Kaffee und frischem Brot, das Sana zubereitet hatte. Beim Frühstück erklärte ihr Dr. Crow dann seinen weiteren Plan. Da gegen Mittag vier weitere Stationshelfer zurück sein wollten, würde er mit ihnen erst einmal die Tiere in der Aufzuchtstation versorgen und auf Verletzungen hin kontrollieren, worauf Chris ihm ihre Unterstützung anbot. Danach hatte er vor, mit Pakka zur Touristenstation zu fahren, um von dort aus mit der Polizei telefonieren zu können. Chris sollte inzwischen ihre Baracke räumen. Als sie auf ihre Ziegen verwies, wurde ihr von den Crows zugesichert, dass sie die Tiere im Abstellraum des Haupthauses lassen dürfe. Während ihrer zehntägigen Reise nach Deutschland wollte sich Sana, die inzwischen gut mit den Ziegen zurechtkam, um sie kümmern. Nach Nairobi sollte Chris bereits am nächsten Morgen aufbrechen, wobei Dr. Crow inzwischen auch recht froh darüber war, seine Mitarbeiterin für eine gewisse Zeit in Sicherheit zu wissen.

Aasir wurde vorerst untersagt, die Vorräte von der Touristenstation abzuholen. Als Chris nachfragte, ob es denn Anzeichen dafür gebe, dass Mr Thoolen sich an Aasir für den Rauswurf rächen könnte, wusste Zafir zu berichten, dass vor zwei Jahren ein einheimischer Wildhüter mit schweren Misshandlungen nahe der Wasserfälle tot aufgefunden worden war und Mr Thoolen damals wenig Interesse gezeigt hatte, dieses Verbrechen aufzuklären. Auch hatte er mitbekommen, dass Kito und Aban von Mr Thoolen getreten und geschubst worden waren und stellte dann frustriert fest: »Für den sind wir keine Menschen.«

Nach Eintreffen der anderen Stationsmitarbeiter herrschte anfangs Verunsicherung, als sie hörten, was in der Nacht geschehen war. Pakka nahm Chris sofort beiseite und wollte besorgt von ihr wissen, ob alles in Ordnung sei. Er wirkte erleichtert, als sie das bestätigte und erklärte sich sofort bereit, während ihrer Abwesenheit gemeinsam mit Sana und Tido ihre beiden Ziegen zu versorgen, zumal es Chris schwerfiel, sie in dieser angespannten Situation zurückzulassen. Gemeinsam gingen sie dann mit Dr. Crow und den übrigen Helfern in die Aufzuchtstation und versorgten die Tiere. Ein Bongo, eine afrikanische Antilopenart, hatte sich in der letzten Nacht verletzt, als es in Panik geraten war und sich mit seinen langen Hörnern im Zaun seines Geheges verkantet hat. Es sollte eigentlich in den nächsten Tagen ausgewildert werden, was nun aber so lange verschoben werden sollte, bis die Wunden am Vorderlauf wieder verheilt waren. Pakka war inzwischen zu den Vogelvolieren gegangen. Es dauerte nicht lange, bis er mit einem verendeten Augur-Bussard zurückkam. Die übrigen Tiere wirkten verängstigter und teilweise auch aggressiver als sonst, waren aber zumeist unversehrt.

Während Dr. Crow mit Kobe zu den Touristenunterkünften fuhr, um sich bei der Polizei zu erkundigen, was sie bei Thoolen in der Nacht noch erreichen konnten, packte Chris ihre letzten Sachen für die Reise zusammen. Danach konnte sie noch einmal in aller Ruhe mit Mrs Crow sprechen. Chris hatte die ganze Zeit gespürt, dass Dr. Crow über ihre bevorstehende Abreise erleichtert schien. Nun wollte sie von seiner Ehefrau wissen: »Haben Sie den Eindruck, dass es Ihr Mann lieber sehen würde, wenn ich in Deutschland bliebe?« Mrs Crow sah sie erstaunt an. »Wie kommen Sie denn darauf?«, fragte sie. – »Er wirkt so, als könnte er meine Abreise kaum erwarten.« Mrs Crow schüttelte den Kopf und antwortete: »Nein, er macht sich große Sorgen und will das alles gut geregelt haben, bis Sie wieder zurück sind.« Als Chris sie zweifelnd ansah, fuhr sie fort: »Mein Mann lässt nicht zu, dass so einer wie der Thoolen hier Angst und Schrecken verbreitet. Glauben Sie mir.«

Beim gemeinsamen Abendessen berichtete Dr. Crow vom langen Telefonat mit der Polizei. »Als die Polizisten Mr Thoolen in der Nacht aufgesucht haben, war er völlig betrunken und hat auf seiner Ranch randaliert. Zur Sicherheit haben sie ihn dann mitgenommen und er hat die restliche Nacht in einer Zelle verbracht.« Erstaunt wollte Chris wissen: »Und zur Sache selbst hat er nichts gesagt?«, worauf Dr. Crow fortfuhr: »Der war erst am nächsten Vormittag wieder ansprechbar.« Zum Inhalt der anschließenden Vernehmung konnte Dr. Crow in Erfahrung bringen, dass Mr Thoolen zugegeben habe, Chris zu nahe gekommen zu sein und aus Wut nach dem Rauswurf Scheiben auf der Station zerstört zu haben. Er habe aber immer wieder betont, dass er von der Feier schon ziemlich angetrunken gewesen war, ihm alles sehr leidtun würde und er natürlich für den Schaden aufkommen wolle.

Chris hatte unruhig den Ausführungen von Dr. Crow zugehört und musste immer wieder ihren Kopf schütteln, bis sie schließlich feststellte: »Der Mann kennt sich mit so etwas aus. Der weiß doch genau, was er tun muss, damit er nicht belangt werden kann.« Dr. Crow gab ihr recht und fügte noch hinzu, dass er sogar vorhätte, sich bei ihr und Aasir zu entschuldigen, worauf Chris gleich vorschlug: »Das kann er schriftlich machen und ich will nicht, dass er mir zu nahe kommt.« Dr. Crow versprach ihr, in den nächsten Tagen Kontakt zum Vorgesetzten von Mr Thoolen aufnehmen und ihn von diesem Vorfall in Kenntnis zu setzen. Er befürchtete: »Der Vater von Mr Thoolen war ein Schläger und Säufer. Nicht, dass er jetzt auch so wird und wir darunter leiden müssen.«

XI

Gleich nach dem Frühstück am nächsten Tag wollte Chris mit Pakka zur Touristenstation fahren. Der Abschied von den Stationsmitarbeitern fiel ihr schwer und auch Fina und Claire waren unruhiger als sonst. Während der Fahrt erzählte Pakka ihr noch weitere Grausamkeiten von Thoolen: »Vor drei Jahren hat er einen Fährtenhund gehabt. Aus Wut hat er ihn so geschlagen und getreten, bis sich der Hund vor Angst im Gebüsch versteckt hat. Das hat ihm aber nichts genützt, weil Mr Thoolen dann auf den Busch gezielt und sein ganzes Magazin leergeschossen hat.« Entsetzt wollte Chris wissen: »Und was ist dann geschehen?« – »Mr Thoolen ist in seinen Jeep eingestiegen und weggefahren. Die anderen Wildhüter hatten dann nachgesehen. Der Hund lag schwer verletzt im Gebüsch und wurde von einem der Wildhüter dann getötet.«

Während Chris bemerkte, wie sich auf ihren Armen eine Gänsehaut bildete, fuhr Pakka fort und erzählte von einem einheimischen Hausmädchen, das nach dem Tod von Thoolens Eltern auf der Ranch den Haushalt erledigen sollte und nicht nur das. Nach einem Jahr bekam sie ein Kind, ein kleines Mädchen. Thoolen schlug sie, sodass sie mit ihrem Baby zurück in ihr Dorf floh. »Und ist sie jetzt vor ihm sicher?«, erkundigte sich Chris. – »Nein, er hat sie gefunden und sie darf mit ihrer Tochter nur im Dorf bleiben, wenn er sie zu sich holen kann, wenn ihm danach ist.« – »Aber das ist doch wie Sklaverei, in eurem eigenen Land!«, empörte sich Chris. Pakka hatte inzwischen den Jeep nahe der Bushaltestelle geparkt und sah sie dann sehr ernst an: »Wo weiße Menschen sind, gibt es oft auch Sklaven, egal in welchem Land man ist.«

Chris brauchte einen Moment, bis sie sich so gesammelt hatte, dass sie aussteigen konnte. Gemeinsam mit Pakka brachte sie ihre beiden Koffer zum Bus und nahm ihn zum Abschied fest in den Arm. Pakka hatte Tränen in den Augen, als sie danach in den Bus einstieg und er zurück zum Jeep ging.

In Nairobi fuhr Chris mit dem Taxi zu einem Hotel, das nahe am Flughafen lag. Sie buchte dort ein Doppelzimmer und fuhr anschließend ins Krankenhaus zu Benno. Ihr Bruder war gut gelaunt und voller Tatendrang, als seine Schwester das Krankenzimmer betrat. Er berichtete ihr, dass alle Abschlussuntersuchungen am Vormittag in Ordnung waren und der Arzt jeden Augenblick mit seinen Papieren käme. Erstaunt darüber, dass seine Schwester eher wortkarg reagierte, wollte er wissen: »Ist was mit dir?« Chris hatte allerdings kein Interesse an größeren Erklärungen hier im Krankenzimmer und reagierte deshalb ausweichend: »Der Jahreswechsel ist nicht so meine Sache.«

Sie hatte gerade alle persönlichen Gegenstände ihres Bruders in dessen Reisetasche verstaut, als der Arzt zu ihnen kam und Benno seine Papiere aushändigte. Zum Schluss ermahnte er seinen Patienten noch einmal, sich die nächsten Wochen zu schonen und wünschte ihnen eine gute Rückreise, bevor er wieder aus dem Krankenzimmer verschwand. Nachdem sich Benno von seinen Zimmernachbarn verabschiedet hatte, humpelte er langsam auf zwei Krücken gestützt, hinter seiner Schwester her, die die Reisetasche trug. Am Eingang des Krankenhauses war zum Glück gerade ein Taxi frei geworden, mit dem sie zu ihrem Hotel gebracht werden konnten.

Dort legte sich Benno sofort erschöpft aufs Bett: »Irgendwie dachte ich, es geht mir schon besser. Das ist ja alles voll krass. Wie soll ich denn so nach Deutschland kommen?« Chris hatte auch gehofft, dass ihr Bruder schon mehr hinbekommt, als ein bisschen Humpeln an zwei Krücken, wollte ihm aber nicht gleich den Mut nehmen. »Im Flugzeug kannst du die ganze Zeit sitzen und schlafen. Und in Frankfurt holen uns Mom und Paps dann direkt vom Flieger ab.« Benno schüttelte ziemlich frustriert den Kopf und wand dann ein: »Das geht aber nur, wenn ich völlig zugedröhnt mit Schmerzmitteln bin.«

Chris hatte ihm etwas zum Trinken eingeschenkt und sich dann neben ihn aufs Doppelbett gelegt. Als er das Glas ausgetrunken hatte, erkundigte er sich: »War Silvester schlimm für dich?« Seine Schwester schwieg erst einen Moment und erzählte ihm dann alles, was geschehen war, und auch das, was sie inzwischen über Thoolen gehört hatte. Benno war zunächst sprachlos und reagierte dann wütend. »Sag mal, spinnt der? Erst klaut er mir Kondome und will dann meine Schwester platt machen?« Als Chris schwieg, wollte er von ihr wissen: »Du hast doch gleich etwas gegen den gehabt. Hast du gespürt, dass er so ein gewalttätiger Psychopath ist?« Chris dachte kurz nach und sagte dann: »Nein, für mich war er einfach nur ein zynischer Macho, und das gefiel mir nicht.«

Benno war sehr besorgt. Er machte sich Vorwürfe, dass er nicht doch früher das Krankenhaus verlassen hatte, so wie seine Schwester es anfangs arrangieren wollte, und sorgte sich auch, was sie nach ihrer Rückkehr aus Deutschland hier erwarten würde. Ziemlich frustriert von seiner körperlichen Hilflosigkeit, stellte er fest: »Chris, wenn du wieder zurückfliegst, kann ich nicht mitkommen.« Er zeigte auf seine Krücken, die an der Wand neben dem Bett lehnten, und fuhr dann fort: »Ron wird auch bestimmt darüber lachen, wenn ich auf solchen Dingern gestützt, meine Schwester verteidigen will.« Chris gab ihm recht, wollte aber auf jeden Fall wieder zurück, weil sie sich vom Ehepaar Crow und den übrigen Stationsmitarbeitern gut umsorgt und beschützt fühlte. Außerdem wollte sie ihre beiden Ziegen nicht zurücklassen.

Ihr Bruder schwieg für einen Moment und erkundigte sich dann: »Weiß man denn schon, wer nach den Crows kommt?« – »Ein Zoologe aus Amerika. Er ist für seinen Cousin kurzfristig in das Projekt eingestiegen, weil dieser aus familiären Gründen nicht mehr zur Verfügung steht«, wusste Chris zu berichten. »Und wenn der ganz anders ist und sich nicht so um dich kümmert, brichst du dann die ganze Sache ab?« Benno wirkte wieder etwas beruhigter, als seine Schwester dies spontan zusicherte.

In der Nacht hatte Benno starke Schmerzen und war deshalb auch froh, dass sie schon sehr früh am Flughafen sein mussten. Sie waren beide erleichtert, als sie schließlich im Flieger saßen und dieser endlich abhob. Benno hatte trotz seiner Medikamente immer noch Schmerzen. Er saß auf einem Sitzplatz am Mittelgang, damit er so besser seine Beine ausstrecken und die Toilette erreichen konnte. Genervt von seiner Situation, setzte er sich gleich seine Kopfhörer auf und verfolgte den Film auf dem Bildschirm. Mit etwas Verspätung kam das Flugzeug am Abend in Frankfurt an. Unterstützt durch ihre Eltern nahmen sie ihre Gepäckstücke in Empfang und fuhren von dort aus in ein nahegelegenes Hotel. Benno ging es inzwischen so schlecht, dass an eine sofortige Weiterfahrt nach Bremervörde gar nicht mehr zu denken war. Er wollte sich gleich mit seinen Schmerzmitteln ins Bett legen.

Ihre Eltern hatten noch etwas zu Essen besorgt und saßen nun gemeinsam mit ihren Kindern im Doppelzimmer von Benno und Chris und hörten sich an, was in den letzten Wochen alles geschehen war. Die Mienen ihrer Eltern wirkten besorgt und ihre Mutter zeigte auch sofort Unverständnis, als Benno entrüstet erzählte, dass Thoolen sich zuerst an seiner Kondombox und dann an seiner Schwester vergriffen habe, indem sie ihn fragte: »Warum musst du denn sowas auch dort mit hinnehmen? Du kannst da Aids oder sonst was bekommen«, worauf ihr Sohn nur konterte: »Deshalb habe ich ja genug Kondome mitgenommen.« Der Vater wollte das ganze Problem nicht auf das Liebesleben seines Sohnes reduzieren und stellte nüchtern fest: »Benno konnte sich ja auch gar nicht mehr anstecken. Er lag doch die meiste Zeit im Krankenhaus.« – »Obwohl da verdammt heiße Frauen waren«, fing sein Sohn sofort, in seiner draufgängerischen Art, an zu schwärmen, worauf ihm Chris kräftig gegen den Arm buffte, damit er endlich still sei.

Herr Evers wandte sich nun an seine Tochter, für die seine Frage keineswegs unverhofft kam, als er von ihr wissen wollte: »Dahin gehst du jetzt aber nicht mehr zurück, oder?« Chris hatte große Mühe, ihren Eltern klarzumachen, dass sie in zehn Tagen wieder zurück in Kenia sein wollte und dann abwarten würde, wie sie mit dem neuen Mitarbeiter zurechtkäme. Ihre Mutter konnte ihre Argumente nicht verstehen. »Warum? Chris, was hast du davon?« Chris erzählte ihren Eltern von dem Projekt ihres ehemaligen Professors Stallmeyer, das im Herbst im Umland von Göttingen entsteht, und, dass sie sich darauf bewerben wolle. Begeistert sagte sie: »Dafür kann ich meine Erfahrungen aus Kenia gut gebrauchen.«

Ihre Mutter hatte wenig Verständnis für ihren beruflichen Ehrgeiz. »Und was hast du davon, wenn dich bis dahin dieser Verrückte umbringt?« Chris sah ihre Mutter eine Weile lang an und sagte dann kaum hörbar: »Ich wäre dann bei Jannic.« Es war erst der ungläubige Blick ihrer Mutter und dann deren Tränen, die Chris dazu brachten, ihre Mutter in den Arm zu nehmen und ihr zu versichern: »Nein, Mom, ich werde nicht leichtsinnig sein. Ich verspreche, dass ich sofort zurückkomme, wenn es sich dort zuspitzt. Benno kann dir bestätigen, wie gut sie dort auf mich aufpassen.« Nun mischte sich auch ihr Vater ein und fragte mit zynischem Unterton: »Und warum läuft jetzt dein Bruder an Krücken, wenn dort alle so gut auf euch aufpassen? Vielleicht ist die Situation dort einfach viel zu gefährlich und aufpassen allein reicht nicht. Chris, wir haben auch als Großeltern sehr darunter gelitten, dass Jannic den Unfall nicht überlebt hat, mache uns jetzt nicht noch zu verwaisten Eltern.«

Chris hatte ihre Mutter wieder losgelassen und setzte sich aufrecht hin, als sie ihrem Vater entgegnete: »Paps, vor einem Jahr dachte ich auch, hier ist alles sicher. Ich bin immer schön zur Vorsorge gegangen, habe gesund gelebt und unser Fahrzeug hatte keine Mängel. Und was ist passiert? Ich habe mein Kind verloren und war wochenlang verletzt. Wenn du jetzt einmal abwägst, so sind Benno und ich doch durch die Fürsorge vieler Menschen dort in Kenia recht gut dabei weggekommen.« Es war wieder der aushandelnde Jurist, der bei ihrem Vater nun durchkam, als dieser feststellte: »Chris, ich nehme dich beim Wort, dass du sofort zurückkommst, sobald du den Schutz dort nicht mehr hast.« Er reichte ihr die Hand zum Handschlag und Chris nahm sie ohne Zögern an.

Am nächsten Morgen ging es Benno schon geringfügig besser. Er war weniger angespannt, was sich positiv auf seine Schmerzen auswirkte und auch guter Dinge, die letzte Strecke der Reise auch noch zu überstehen. Gleich nach dem Frühstück fuhren sie mit ihren Eltern los. Während der stundenlangen Fahrt musste Benno auf dem Beifahrersitz jedoch immer häufiger die Liegeposition einstellen, weil er das Sitzen nicht mehr aushielt. Abends in Bremervörde legte er sich sofort ins Bett und wollte nur noch seine Ruhe haben.

Um sich auf den Scheidungstermin am darauffolgenden Tag in Hamburg vorzubereiten, telefonierte Chris am nächsten Vormittag mit ihrer Rechtsanwältin in Göttingen. Obwohl sie genau wusste, was sie wollte, war sie aber dennoch sehr aufgeregt und froh darüber, dass ihre Mutter ihr zusagte, sie zum Gericht zu fahren. Gegen Abend klingelte das Telefon bei ihren Eltern. Chris und ihre Mutter bereiteten gerade das Abendessen vor, das als Ausgleich für die versäumten gemeinsamen Feiertage etwas ganz Besonderes sein sollte. Chris nahm aus der Küche wahr, dass ihre Mutter etwas wortkarg klang und schließlich sagte: »Ich frage sie mal.« Dann kam sie mit dem schnurlosen Telefon in die Küche. »Jens ist am Telefon, er möchte dich dringend sprechen.«

Chris reinigte sich ihre Hände und griff dann nach dem Telefon. Sie meldete sich: »Hier ist Chris. Was möchtest du?« Der harte Klang ihrer Stimme erschreckte sie selbst und auch Jens hielt erst einen Moment inne, bevor er vorschlug: »Ich wollte mich heute Abend noch einmal mit dir treffen. Morgen ist ja unser Termin und ich möchte nicht im Streit mit dir auseinandergehen.« Chris war mit dem Telefon ins Wohnzimmer ihrer Eltern gegangen. Sie hatte sich dort vor das Fenster gestellt, mit Blick in den trostlosen Garten an diesem finsteren Januarabend. Sehr bestimmt entgegnete sie: »Jens, ich möchte mich nicht mit dir treffen und zu deiner Beruhigung werden wir auch nicht im Streit auseinandergehen, sondern weil es nichts mehr zwischen uns gibt, was man für eine Ehe braucht.«

Jens wollte noch nicht aufgeben und erinnerte sie an die guten Zeiten ihrer Ehe und dass dieser tragische Unfall doch nicht alles zerstören könne. Seine Worte taten Chris weh und so reagierte sie sehr deutlich als sie erwiderte: »Jens, es war kein tragischer Unfall, sondern deine Alkoholfahrt und dein Leichtsinn, der unseren Sohn getötet hat. Wann siehst du das endlich ein und übernimmst die Verantwortung dafür?« Er schwieg einen Moment und fragte dann: »Hat nicht jeder Mensch eine zweite Chance verdient? Warum kannst du mir diesen Fehler nicht verzeihen?« Chris wollte dieses ganze Gespräch nicht und sagte deshalb mit harscher Stimme: »Jens, selbst wenn ich dir dies verzeihen würde, war unsere Ehe eine Farce. Du hattest dein erfolgreiches Berufsleben bis tief in die Nacht und ich durfte daneben mein Leben haben. Wenn Jannic noch am Leben wäre, hätte er andere Personen mit Sicherheit viel öfter gesehen als seinen eigenen erfolgreichen Vater.« Sie hörte Jens am Telefon schwer atmen, bevor er ihr gestand: »Ich bin nicht mehr so erfolgreich. Ich habe große Probleme, aber das interessiert dich wohl kaum«, und legte dann auf.

Chris hörte das Freizeichen im Telefon und blieb noch einen Moment im Wohnzimmer, weil sie diesen Anruf und das zuletzt Gesagte nicht ganz einordnen konnte. Dann ging sie zu ihrer Mutter in die Küche und berichtete ihr von dem Gespräch. »Hast du jetzt Angst, dass er sich etwas antun könnte?«, fragte ihre Mutter nach einer Weile. Als Chris dies nicht ausschließen wollte, schlug ihre Mutter vor: »Vielleicht kann Papa noch einmal bei ihm anrufen.« Ihr Vater war noch in der Kanzlei und rief Jens nach seinem letzten Klientengespräch an. Jens war tatsächlich depressiv und vermutlich auch schon wieder leicht angetrunken.

Sein Noch-Schwiegervater riet ihm deshalb eindringlich, mit dem Trinken aufzuhören und auch dazu, morgen einen Schlussstrich unter diese Ehe zu ziehen, weil sein Leben mit dem von Chris schon lange nicht mehr zusammenpassen würde, auch wenn es eine Zeitlang noch so ausgesehen habe.

Später am festlich gedeckten Tisch wollte keine rechte Feierlaune aufkommen. Benno hatte wieder Schmerzen und stellte fest, dass ihm sein Alltag große Probleme bereitete und er deshalb auch noch eine Weile in Bremervörde bei seinen Eltern bleiben müsse. Seine Schwester wurde immer nervöser wegen ihrer bevorstehenden Scheidung, was das Telefonat mit Jens noch verstärkt hatte. Sie wollte direkt nach dem Gerichtstermin mit ihrer Rechtsanwältin nach Göttingen weiterfahren. Auch ihre Eltern wirkten wegen der ganzen Situation bedrückt.

Am nächsten Morgen stand Chris früh auf und nahm sich viel Zeit für die Morgentoilette, das Ankleiden und ihre Frisur. Ihre Haut war von der Zeit in Kenia gebräunt, sodass sie kaum Make-up benötigte. Beim gemeinsamen Frühstück mit ihren Eltern bemerkte ihr Vater gleich: »Du siehst gut aus. Wen willst du denn beeindrucken?« – »Den Familienrichter«, hoffte seine Tochter.

Im Gericht wartete Jens bereits mit seinem Rechtsanwalt vor der Tür des Sitzungssaals. Er sah blass aus und schien abgenommen zu haben. Chris und ihre Mutter grüßten kurz mit einem Kopfnicken und stellten sich dann einige Meter weiter ans Flurfenster, um auf ihre Anwältin zu warten. Diese hetzte kurz vor dem Termin im Laufschritt den Gang entlang und erklärte gleich nach der knappen Begrüßung noch außer Atem: »Der Verkehr hier in Hamburg ist ja furchtbar; dabei bin ich so zeitig losgefahren.«

Während ihre Mutter auf dem Flur wartete, fragte im Gerichtssaal der Richter beide Parteien, ob es keine Versöhnung mehr geben wird. Als Chris dies gleich energisch verneinte, antwortete Jens mit versteinerter Miene: »Ich bin auch mit der Scheidung einverstanden. An meine Frau ist nach dem Tod unseres Sohnes kein Herankommen mehr.« Chris holte tief Luft, wurde aber sofort von ihrer Anwältin mit einer knappen Handbewegung zurückgehalten. Nachdem die Standpunkte klar waren, wurde die Ehe geschieden und das eheliche Hab und Gut so aufgeteilt, wie es die Anwälte beider Parteien zuvor ausgehandelt hatten. Unterhalt erhielt Chris nicht, die Kosten für die Grabpflege ihres Sohnes hatte Jens zu tragen.

Fast fluchtartig verließ Chris den Gerichtssaal und wartete dann bei ihrer Mutter, bis ihre Rechtsanwältin nach ein paar Minuten ebenfalls herauskam. Jens und sein Anwalt folgten ihr. Bevor Jens an ihnen vorbeiging, sagte er noch: »Alles Gute für dich, Chris«, und verließ dann mit gesenktem Kopf das Gerichtsgebäude.

Bevor die Fahrt nach Göttingen losgehen sollte, lud Frau Evers ihre Tochter und deren Anwältin, die sichtbar zufrieden über den Ausgang des Verfahrens war, noch zu einem gemeinsamen Essen beim nahegelegenen Italiener ein. Chris spürte weder Erleichterung noch Trauer über das Ende ihrer Ehe, sondern fühlte sich einfach nur gehetzt. Sie aß hastig ihren Nudelteller leer und konnte es kaum erwarten, dass sie aufbrachen.

Als Chris nachmittags in Göttingen vor dem Haus ihrer Großeltern eintraf, klopfte ihr Herz deutlich spürbar. Sie verabschiedete sich schnell von ihrer Rechtsanwältin und hob dann ihre Reisetasche aus deren Kofferraum. Während sie über den Kiesweg zum Haus ging, wurde ihr mit einem Male bewusst, wie sie dieses Knirschen in Afrika vermisst hatte. Sie schloss die schwere hölzerne Haustür auf und hörte die Musik des Küchenradios und das Klappern von Geschirr. In der Küche waren Steffi und ihr französischer Freund Jean gerade dabei, den Tisch zu decken.

Chris nahm beide zur Begrüßung in den Arm und informierte sie gleich darüber, dass Benno vielleicht erst in drei Wochen kommen könne. Als Chris dann in ihr Zimmer nach oben ging, trafen sie mit geballter Wucht die Erinnerungen an die Zeit vor einem Jahr und den damit verbundenen Schmerz. Sie spürte, wie ihr das Atmen schwerfiel, und sie vernahm ein unangenehmes Stechen im Kopf. Während sie das Fenster öffnete, um Luft zu bekommen, schaute sie hinüber zur Kirche mit dem Friedhof dahinter, auf dem Jannic lag. Wegen der beginnenden Dämmerung wollte sie erst am nächsten Tag zu seinem Grab gehen und hoffte heute ihren inneren Frieden in diesem Haus finden zu können.

Während des gemeinsamen Essens mit Steffi, Jean und Dirk, dem neuen Mitbewohner, der für Lisa eingezogen war, sprachen sie darüber, was zwischenzeitlich alles geschehen war, über den neusten Tratsch von gemeinsamen Bekannten. Chris erzählte ihnen auch ausführlich von ihrer Arbeit in Kenia. Sie hätten noch bis nach Mitternacht reden können, wenn Chris nicht immer stärker den Wunsch verspürt hätte, oben in ihrem Zimmer allein zu sein. Sie kam sich in diesem lebhaften WG-Gespräch immer mehr abgelenkt von dem vor, was sie hier eigentlich finden wollte. Später, in ihrem Bett, spürte sie langsam ein Gefühl der Ruhe und Geborgenheit in sich, etwas, das sie schon seit Monaten nicht mehr bewusst erlebt hatte. Es gab natürlich auch in Kenia die schönen Zeiten mit Benno, Fina und Claire; auch gab es vertraute Momente mit den Crows oder anderen Stationsmitarbeitern. Aber hier war mehr, hier war ein Ort, den sie ihr Zuhause nannte.

Am nächsten Vormittag war sie um elf Uhr mit Prof. Stallmeyer in dessen Institut verabredet. Sie kannte sich hier noch sehr gut aus, immerhin hatte sie jahrelang in diesen Räumlichkeiten studiert. Ihr Professor freute sich, seine ehemalige Studentin wiederzusehen, die er noch als ehrgeizig und engagiert in Erinnerung hatte. Er stand gleich von seinem Schreibtisch auf, als Chris von der Sekretärin in sein Arbeitszimmer geführt wurde. »In Kenia ist das Wetter wohl deutlich besser als hier, stimmt's?«, fragte er zu Beginn ihres Gesprächs. »Na ja, wir hatten gerade die kleine Regenzeit, da war es abends schon häufig ungemütlich. Aber ansonsten gibt es dort auch Nebel und eher gemäßigte Temperaturen. Da ich nicht die große Sonnenanbeterin bin, ist mir das sehr angenehm«, gab ihm Chris Auskunft.

Bei einer Tasse Kaffee und ein paar Keksen aus der Dose erklärte er ihr seine Projektpläne. Er fragte sie dann, ob sie es sich vorstellen könne, hieran für vorerst zwei Jahre, für die die Förderung bereits zugesagt worden war, mitzuarbeiten. Danach würde es sich selbst finanzieren müssen. Geplant war, in einem gepachteten Waldstück mehrere Erlebnis- und Lehrpfade zu errichten sowie in einem kleinen Hüttendorf mitten im Wald Übernachtungsmöglichkeiten für Schulklassen und Ferienkinder zu schaffen. Chris gefiel das Projekt und sie hatte auch spontan ein paar Ideen, welche Seminare sie anbieten könnte, wie z.B. die Ausbildung zum Pfadfinder oder ein Seminar zum Fährtenlesen. Prof. Stallmeyer hörte ihr aufmerksam zu und bemerkte dann leicht amüsiert: »Ich sehe schon, dass Sie dort in Kenia lernen, dass man Natur und Wildnis nur richtig vermarkten muss.« Vom Zeitplan her erwartete er die endgültigen Zusagen für die Fördergelder im Juni und wollte dann auch schon die Arbeitsverträge mit den Projektmitarbeitern unter Dach und Fach bringen. Offizieller Projektbeginn sollte der erste August sein. Um rechtzeitig zurück zu sein, wollte Chris ihren restlichen Jahresurlaub in Kenia so legen, dass sie von dort Ende Juli abreisen könne.

Nach diesem Termin besuchte sie Jannic. Vom Blumenladen hatte sie ein Grabgesteck in Herzform gekauft und ging damit zum Familiengrab. Es war kalt, weshalb nur wenige Friedhofsbesucher an den Gräbern ihrer Lieben anzutreffen waren. Es schmerzte sie, den Namen ihres Sohnes auf dem Grabstein zu lesen und fast hilflos versuchte sie noch einige Pflanzen auf dem Grab zu richten, auch wenn es von ihren Eltern in ihrer Abwesenheit gut versorgt worden war. Sie hatte ihr Gesteck auf eine Stelle gelegt, wo der Efeu als Bodendecker wuchs und hielt noch einen Moment zum stillen Gebet inne.

Als sie danach noch in den Supermarkt zum Einkaufen ging, weil sie heute kenianisch in der WG kochen wollte, konnte sie den Anblick einer Mutter mit ihrem Baby an der Kasse kaum ertragen. Ihr wurde immer mehr bewusst, dass sie ihre Trauer in den letzten Monaten mehr durch andere Eindrücke oder Aktivitäten verdrängt, aber keineswegs aufgearbeitet hatte. Am Abend in der

WG kamen noch zwei alte Bekannte zum Essen, die nach dem Studium in Göttingen geblieben waren. Obwohl es ein schöner Abend wurde, verspürte Chris nach drei Stunden Beisammensein wieder den Wunsch nach Rückzug. Mehr aus Höflichkeit verweilte sie noch eine weitere Stunde am großen Esstisch in der WG-Küche und entschuldigte sich dann, da sie am nächsten Morgen früh nach Bremervörde aufbrechen wollte.

Als sie gegen Mittag am nächsten Tag in ihrem Elternhaus eintraf, freute sich Benno zwar, dass seine Schwester ihm noch seine Lieblings-CDs und warme Kleidung mitgebracht hatte, aber dieser Moment währte nur kurz, bevor wieder seine gereizte Stimmung durchkam. Seine Eltern ahnten schon, was auf sie die nächsten Wochen zukommen würde und versuchten sich deshalb so gelassen wie möglich zu geben; auch wollten sie noch die Tage mit ihrer Tochter genießen. In dieser Zeit hatte Chris einfach nur den Wunsch, lange zu schlafen, die übrige Verwandtschaft vor Ort zu besuchen und ansonsten ihrer Mutter im Haushalt zu helfen oder Benno bei guter Laune zu halten.

Der letzte Abend vor ihrer Abreise war noch angespannter als ihre erste Abreise vor Monaten. Während ihre Eltern sehr schweigsam waren, drehte Benno regelrecht auf, indem er seine Schwester alle Gefahren noch einmal in Erinnerung bringen wollte. »Denk daran, dass du dem Thoolen aus dem Weg gehst und geh nicht wieder so dicht an die Käfige, wo die Raubkatzen drin sind, oder versperr ihnen nicht den Fluchtweg«, ermahnte er Chris. Es war ihre Mutter, die es schließlich nicht mehr aushielt: »Benno, entweder hörst du jetzt sofort auf damit oder Chris erklärt sich bereit, nicht mehr zurückzufliegen.« Natürlich konnte keins ihrer Kinder ihr diesen Wunsch erfüllen und so zog sie sich schließlich in ihr Schlafzimmer zurück.

Am Abreisetag wurde Chris von ihrer Mutter zum Flughafen nach Hamburg gefahren. Der Abschied fiel den beiden Frauen sichtbar schwer und Frau Evers bat ihre Tochter noch einmal eindringlich, vorsichtig zu sein, was Chris ihr versprach. Sie empfand auf dem Flug nach Nairobi dieses Mal nicht die große Vorfreude wie vor fast vier Monaten, sondern eher das Gefühl einer Pflichterfüllung. Chris wollte ihren Job nur noch gut zu Ende bringen und zurück zu Fina und Claire.

Übermüdet von den Strapazen der Reise fuhr sie mit dem Taxi wieder in das Hotel nahe der Bushaltestelle des Fernbusses. Nachdem sie ihren Eltern von dort aus mailte, dass sie gut angekommen ist, legte sie sich auf das Bett und schlief sofort ein. Sie hatte Albträume, weil sie zwischen ihren beiden Welten die Orientierung verlor und wachte schließlich mit starken Kopfschmerzen auf.

Gleich der erste Fernbus brachte sie zurück zu den Touristenunterkünften, wo sie von Dr. Crow in Empfang genommen wurde. Unmittelbar nach der Begrüßung wollte er von ihr wissen: »Wie heißen Sie denn jetzt?« – »Weiterhin Christine Hansen, weil auf dem Grabstein meines Sohnes auch dieser Familienname steht«, erklärte sie ihm. Auf der Fahrt zur Station berichtete ihr Dr. Crow von seinem Gespräch, das er in der Zwischenzeit mit dem Vorgesetzten von Mr Thoolen geführt hatte. Mr Danger waren schon einige übergriffige Vorkommnisse seines Wildhüters zu Ohren gekommen, die er ebenfalls nicht gutheißen konnte, sodass er diesen neuen Vorfall nun zum Anlass nehmen wollte, Mr Thoolen eindringlich zu ermahnen. Chris reagierte eher skeptisch: »Und, glauben Sie, dies zeigt Wirkung?« – »Erst einmal abwarten«, riet Dr. Crow.

Zurück auf der Station kamen gleich Tido, Sana und Mrs Crow an den Jeep und bevor Chris überhaupt aussteigen konnte, wurde ihr beteuert, wie schön es wäre, dass sie nun wieder zurück sei. Stolz führte sie Dr. Crow zum Kücheneingang und zeigte ihr, was er inzwischen veranlasst hatte. Neben der Küchentür war eine kleine Einzäunung entstanden, in der Claire und Fina nun ihren Auslauf hatten, aber trotzdem nachts wieder in die Abstellkammer vom Haupthaus kommen konnten, in der sie weiterhin untergebracht waren. Chris ging gleich aufgeregt zu ihren beiden Ziegen, die zur Begrüßung sofort an den Zaun kamen und sich von ihr streicheln ließen. Mrs Crow und Tido waren ihr gefolgt und versicherten, dass es beiden Tieren gut gehe. »Ja, sie sehen munter aus; danke für die gute Pflege«, strahlte Chris erleichtert und wollte dann wissen: »Sind meine Barackenfenster schon repariert?« Mrs Crow blickte sie verständnislos an und sagte dann mit einem strengen Unterton in der Stimme: »Chris, Sie können da nicht mehr zurück. Das ist zu gefährlich. Sie bleiben jetzt mit den Ziegen im Haupthaus.«

Während Chris noch etwas sprachlos von den Ziegen zu Mrs Crow sah, erzählte ihr Tido: »Wir bekommen noch zwei Männer aus Pakkas Dorf. Die sollen uns jetzt unterstützen und wohnen dann in der Baracke.« Chris bemerkte nur: »Oh schön. Dann hat ja jeder seinen Platz.« Während Tido schon ihr Gepäck aus dem Jeep nach oben trug, blieb Chris noch eine Weile bei ihren Ziegen. Sie war traurig darüber, mit ihnen nicht mehr in der Baracke wohnen zu können und nahm sich vor, jeden Tag mit den beiden auf dem Grundstück spazieren zu gehen.

Beim gemeinsamen Essen mit den Crows wurde sie über ihre Zeit in Deutschland ausgefragt. Dr. Crow war vor Jahren einmal auf einem Kongress in Hamburg gewesen und interessierte sich natürlich sehr für Neuigkeiten aus dieser Stadt. Chris berichtete ihnen aber auch über ihre Gefühle, die sie während ihres Heimaturlaubs im Hinblick auf alte Gewohnheiten empfunden hatte. »Der Besuch bei meiner Familie und in der WG hat mir schon deutlich gemacht, dass ich wieder zurück möchte. Es gibt so viele Dinge, die ich hier vermisse und die mir verdammt wichtig sind«, gestand sie, was die Crows sehr gut nachvollziehen konnten, zumal sie mit ihren Gedanken auch schon häufig bei der Organisation ihres Rückfluges waren.

Die Crows hatten sich in den letzten Monaten kaum freie Tage gegönnt und waren auch nicht zwischendurch in ihre Heimat geflogen, sodass ihnen noch ein Monat Urlaub zustand. Diesen wollten sie gerne dafür nutzen, um sich noch einige Orte in Kenia anzusehen, bevor sie dann, nach der Geburtstagsfeier von Dr.

Crow im Mitarbeiterkreis, endgültig nach Kanada aufbrechen wollten. Sie planten diese Keniarundreise für März. Chris konnte dies zwar alles verstehen, aber ihr wurde bei dem Gedanken, dass sie in sechs Wochen allein die Leitung der Station übernehmen sollte, ausgesprochen unwohl. Ihren ungläubigen Blick und auch ihr Schweigen deutete das Ehepaar Crow durchaus richtig, sodass Dr. Crow ihr erklärte: »Es läuft zwar diesmal alles etwas anders als sonst, aber trotzdem nicht völlig verkehrt. Erst sollte uns ja ein junges Forscherehepaar ablösen, aber nun ist die Frau schwanger geworden. Dafür kommt jetzt der Cousin des Mannes, und der kann schon in der letzten Februarwoche kommen, sodass wir ihm gemeinsam alles zeigen können.«

Chris hatte den Eindruck, als sei sie eine Ewigkeit weg gewesen, zumindest gaben ihr die vielen Veränderungen Anlass zu diesem Gefühl. Nach dem Essen ging sie mit den beiden Ziegen zwischen den Baracken spazieren und begegnete dort Pakka. Dieser freute sich, sie zu sehen. Nach einer herzlichen Begrüßung fragte Chris, ob er sie ein paar Schritte begleiten wolle. Als er einwilligte, erkundigte sie sich: »Wie geht es denn Ihrer Familie?« Da Pakka seine Antworten eher allgemein fasste, fragte sie speziell nach Sarah. Er schwieg erst einen Moment, bevor er schließlich antwortete: »Ich habe Sarah gesagt, dass sie nicht ins Ausland darf. Sie darf hier Sprachen studieren und bekommt danach einen guten Job, wie meine Schwester auch. Sie muss nicht weg, damit es ihr gut geht.«

Erstaunt fragte Chris: »Denkt Sarah auch so darüber?« Die beiden waren stehengeblieben und sahen sich einen Moment an, bevor Pakka feststellte: »Warum soll ich meine Tochter in ein Land schicken, wo sie wegen ihrer Hautfarbe schlecht behandelt wird? Sie muss nicht dorthin, um überleben zu können. Hier ist kein Krieg und sie hat keinen Hunger. Sie hat hier ihre Familie und wird einen guten Job bekommen und irgendwann auch einen guten Mann.« – »Pakka, ich verstehe Sie und keiner wird Sarah Hoffnungen machen, dass es für sie im Ausland ein besseres Leben geben wird. Hier wird ihr keiner ihren Stolz nehmen und es ist gut, dass Sie so als Vater denken«, versuchte Chris ihm seinen Argwohn zu nehmen. Pakka nickte und fragte dann: »Wie geht es Ihrem Bruder? Hat er alles gut überstanden?«

Chris erzählte ihm von den Strapazen der Heimreise und dass Benno nun noch eine Zeitlang von ihren Eltern umsorgt werden müsse, bevor er wieder allein zurechtkommt. »Wird Ihr Bruder wieder zurückkommen?«, fragte er dann. Nach einem Moment des Überlegens spekulierte Chris: »Ich weiß es nicht. Vielleicht, aber wir haben noch nicht darüber gesprochen.« Am Haupthaus angekommen bemerkte Chris: »Es ist schade, dass ich meine Baracke aufgeben muss. Aber vielleicht ist es besser so; zumindest werden meine Eltern nun beruhigter schlafen.« Pakka schmunzelte, als er bestätigte: »Eltern sind so, Mrs Chris, und das ist nicht schlecht.«

Die nächsten Tage arbeitete Chris viel auf der Station und an ihrem Projekt und vermied es, bei den Besprechungen mit den Wildhütern anwesend zu sein. Sie wollte Thoolen, der nach dem Vorfall in der Silvesternacht offenbar mit keinen Sanktionen mehr zu rechnen hatte, nach Möglichkeit aus dem Weg gehen, was auch im Sinne von Dr. Crow war. Thoolen erkundigte sich auch nicht nach ihr und so schien auch er mit diesem Arrangement ganz zufrieden zu sein.

Es waren nun schon zwei Wochen seit ihrer Rückkehr vergangen, als sie Kobe mit zu den Touristenstationen begleitete, um Vorräte abzuholen und ihre Mails zu beantworten. Sie saß gerade an dem PC und schrieb eine Mail an ihre Eltern, als sie direkt hinter sich eine ihr sehr bekannte Stimme vernahm. Es war Thoolen, der sich zu ihr heruntergebeugt hatte, um ihr über die Schulter zu schauen und dabei zu fragen: »Na, wen haben wir denn da? Ich dachte schon, wir würden uns gar nicht mehr treffen.« Chris war von seiner Stimme und seiner körperlichen Nähe zusammengezuckt und drehte sich abrupt zu ihm um. Schon aus ihrem Unbehagen heraus reagierte sie sehr scharf: »Können Sie mich bitte in Ruhe lassen?« Ihre Reaktion und auch der Umstand, dass sich noch andere Personen im Internetraum aufhielten, brachten Thoolen dazu, einen Schritt zurückzutreten. »Entschuldigen Sie bitte, ich wollte Sie nicht stören«, entgegnete er. Ohne noch eine Reaktion von ihm abzuwarten, wandte sich Chris wieder ihrem PC zu und versuchte sich auf den Text zu konzentrieren, während ihr Herz deutlich pochte. Thoolen starrte noch kurz auf ihren Rücken und verließ dann den Raum.

Später, als sie die restlichen Kartons mit Kobe auf den Jeep hob, sah sie, wie Thoolen in seinem Fahrzeug saß, etwa zwanzig Meter von ihnen entfernt, und sie beobachtete. Chris machte Kobe hierauf aufmerksam, worauf dieser fragte: »Wollen Sie lieber hierbleiben und ich hole Verstärkung?« Chris entgegnete nur: »Ich kann nicht immer weglaufen. Er wird es schon nicht wagen. Ich denke, er will nur herausfinden, ob ich Angst vor ihm habe.« Nachdem Kobe zur Sicherheit sein Jagdgewehr direkt hinter den Sitz gelegt hatte, fuhren sie los. Wie zu erwarten war, folgte Thoolen ihrem Jeep, was Kobe im Rückspiegel beobachten konnte. Absichtlich vermied es Chris, sich umzudrehen und schaltete stattdessen das Autoradio an, um so Gelassenheit zu präsentieren.

Kobe wirkte auf der Fahrt sehr ernst und bemerkte, als er erneut ihren Verfolger im Spiegel sehen konnte: »Wenn der Neue nicht wirklich gut ist, sollten Sie nach Hause fahren.« Chris gefiel der Gedanke nicht, dass sie sich unter den Schutz ihres neuen Kollegen stellen sollte, aber befürchtet hatte sie das auch schon. Gespielt selbstbewusst antwortete sie: »Ich habe bislang mein Leben auch ohne männlichen Schutz hinbekommen und so soll es auch in Zukunft bleiben.« Kobe stellte das Radio leiser und fragte dann: »Sind Sie sich da so sicher? Es wäre nicht in Ordnung, wenn hier Menschen Schaden nehmen, nur weil Sie die Gefahr nicht sehen wollen.« Chris sah ihn betroffen von seinen Worten von der Seite an und wollte dann von ihm wissen: »Glauben Sie, ich bringe hier Menschen in Gefahr, wenn ich hierbleibe?«

Die Antwort fiel Kobe schwer, aber nach einem kurzen Schweigen sagte er: »Mrs Chris, Sie können in Deutschland ein gutes Leben haben, aber wir müssen hierbleiben. Aasir hat Ihnen geholfen und hat nun Angst vor Thoolens Rache. Wenn der uns jetzt angreift und ich auf ihn schieße, verbringe ich mein Leben hinter Gittern.« Seine Worte taten ihr weh und sie wusste, dass sie stimmten und doch nur ein Teil der ganzen Wahrheit waren. Sie griff hinter seinen Sitz und nahm das Gewehr; dann sagte sie betont ruhig, aber entschlossen, um ihre innere Erregung zu überspielen: »Wenn er uns angreift, werde ich schießen.« Kobe sah sie entsetzt an und sagte panisch: »Passen Sie auf, es ist entsichert. Sie können mit dem Gewehr doch gar nicht umgehen.« – »Ich kann vielleicht damit nicht treffen, aber einen Schuss werde ich schon aus dem Lauf abfeuern können und für den da reicht das allemal.« Während des Gesprächs hatten sie nicht bemerkt, dass Thoolen bereits abgebogen war, um zu seiner Ranch zu fahren. Als Kobe es erst kurz vor der Station bemerkte, forderte er sie auf, das Gewehr wieder nach hinten zu legen.

Beim gemeinsamen Mittagessen mit dem Ehepaar Crow berichtete Chris: »Kobe hat Angst, ich könnte Stationsmitarbeiter in Gefahr bringen, wenn ich weiterhin auf der Station bleibe. Er glaubt, dass Mr Thoolen mich weiter belästigen wird.« Mrs Crow reagierte gleich sehr empört, indem sie feststellte: »Das ist doch völliger Quatsch. Mr Thoolen schüchtert hier Menschen ein und diese Menschen sollen dann verschwinden, damit hier wieder Ruhe einkehrt? Der Kerl sucht sich doch danach neue Opfer.« Ihr Ehemann sah das genauso und so beschloss er, mit allen Stationsmitarbeitern die Situation zu besprechen. Als sich alle im Besprechungsraum versammelt hatten, erklärte Dr. Crow sein Anliegen: »Meine Ehefrau und ich werden diese Station bald verlassen und wir möchten sie in einem guten Zustand an unseren Nachfolger Dr. Jeffrey Harper übergeben. Leider ist uns dies bislang nicht ganz gelungen, weil Mr Thoolen, der sich schon immer neue Opfer für seinen Sadismus gesucht hat, es nun auf unsere sehr geschätzte Mrs Hansen abgesehen hat. Falls es nun Mr Thoolen gelingen sollte, hier auf der Station seine Aggressionen auszuleben, wird er immer weiter machen und wir alle wissen, wozu er fähig ist. Mrs Hansen ist mutig genug, ihm die Stirn zu bieten und ich hoffe, Sie sind es ebenfalls.« Nach diesem Appell herrschte einen Moment lang betretenes Schweigen. Dann ergriff Pakka das Wort: »Ja es stimmt, dass Mr Thoolen immer weiter machen wird, wenn wir nicht bereit sind, ihm Grenzen zu setzen.« Dr. Crow ergänzte noch: »Und es muss für Mr Thoolen auch deutlich sichtbar werden, dass Mrs Hansen bald die Leitung der Station übernimmt und alle Mitarbeiter hinter ihr stehen.«

XII

Die Tage vor der nächsten Dienstbesprechung mit den Wildhütern nutzte Pakka, um Chris das Fahren mit den Jeeps beizubringen und auch den Umgang mit einem Jagdgewehr. Pakka war zwar ein sehr geduldiger, aber auch ein sehr hartnäckiger Lehrer, der sie genau dabei beobachtete. So stellte er gleich fest, dass ihr Umgang mit dem Gewehr im Training eher distanziert war und betonte deshalb: »Mrs Chris, das Gewehr soll Sie beschützen.« Chris sah das anders: »Ich mag nun einmal keine Waffen. Sie töten und das lehne ich ab. Einen Warnschuss abzugeben, reicht doch zur Abschreckung völlig aus.« Pakka wollte ihre Antwort so nicht stehen lassen und stellte deshalb klar: »Nicht Gewehre töten, sondern die Menschen benutzen sie dafür. Wenn Sie mit einem Gewehr nicht töten wollen, müssen Sie es nicht. Sie haben es in der Hand. Dieses Gewehr soll sie nur ein bisschen mächtiger machen, so wie ein großes Geweih.«

Eher halbherzig machte Chris weiter ihre Schießübungen. In einer kurzen Pause fragte sie Pakka: »Wäre es Ihnen auch lieber, wenn ich zurückginge?« Er sah sie einen Moment an und sagte dann: »Es ist sehr mutig von Ihnen, Mrs Chris, dass Sie dem Kerl nicht ausweichen wollen. So mutig sind viele hier nicht. Vielleicht können diese ängstlichen Menschen von Ihnen lernen.« Chris reichte diese Antwort nicht und so hakte sie nach: »Und was denken Sie?« – »Dass ich mit Ihnen den Kampf gewinnen möchte«, erwiderte Pakka und hatte dabei wieder dieses väterlich gütige Gesicht, das Chris so an ihm schätzte.

Am Tag der Dienstbesprechung fuhr Chris den Jeep mit Dr. Crow, Kobe und Pakka zur Ranch von Thoolen. Dieser stand bereits mit seinen Wildhütern auf der Veranda und rauchte. Er beobachtete genau, wie Chris den Jeep neben dem Haus parkte, ausstieg und dann von der Ladefläche die Gewehre nahm. Erst als sie mit ihren Kollegen auf die Veranda zuging, fragte er: »Oh, heute wieder mit weiblicher Verstärkung?« Als niemand auf seine Frage reagierte, betraten alle den Mitarbeiterraum der Ranch und Chris setzte sich Thoolen gegenüber an den Tisch.

Anfangs wurde besprochen, welche neuen Fälle von Wilderei es gab. Da insgesamt die Zahl der Vorfälle deutlich zurückgegangen war, wollte Thoolen dies gerne als eigenen Erfolg verbuchen. Dann ergriff Chris das Wort und informierte über geplante Auswilderungen. Als Thoolen hierfür seine Unterstützung anbot, lehnte sie dies entschieden ab: »Wir haben die Station personell verstärken können und brauchen hierfür nicht mehr die Unterstützung der Wildhüter.«

Zum Schluss der Besprechung wies Dr. Crow darauf hin, dass in einem Monat sein Nachfolger kommen werde, worauf Thoolen nur geringschätzend fragte: »Na, ist das wieder so ein verträumter Schmetterlingssucher, der gleich einen Riesenschreck bekommt, wenn er einen Elefanten aus der Entfernung sieht?« Dr. Crow wirkte sehr ernst, als er erwiderte: »Nein, ich muss Sie hier enttäuschen. Der neue Mann ist ein Leben in der Wildnis gewohnt und wird Mrs Hansen perfekt ergänzen.« Thoolen zog die Augenbraue hoch und wiederholte dann: »Er wird Mrs Hansen perfekt ergänzen. Na, da bin ich ja einmal gespannt.«

In den nächsten Wochen zeigte sich, dass die Strategie, Thoolen gegenüber selbstbewusst aufzutreten, aufging. Er hielt sich bis auf die wöchentlichen Dienstbesprechungen von den Stationsmitarbeitern fern und ließ ansonsten verletzte oder verwaiste Tiere von seinen Mitarbeitern zur Aufzuchtstation bringen. Neben dieser positiven Erfahrung wurde aber auf der Station auch langsam die Unruhe darüber spürbar, dass die Abreise vom Ehepaar Crow immer näher rückte. Während Dr. Crow noch etliche Dinge auf der Station geregelt und auch noch verbessert haben wollte, war seine

Ehefrau damit beschäftigt, Erinnerungsstücke zu sammeln und zu fotografieren. Chris, die jetzt schon wusste, dass sie die beiden sehr vermissen würde, hielt sich deutlich zurück und versuchte sich ansonsten in Leitungsaufgaben einzuarbeiten, die bislang von Dr. Crow erledigt wurden.

Wie vereinbart traf der Nachfolger in der letzten Februarwoche auf der Station ein. Jeffrey Harper war ein Mann, der aussah wie ein typisch kalifornischer Beachboy. Braungebrannt, blonde, leicht zerzauste Haare und eine sportliche Figur, die in einer Jeans und einem T-Shirt steckte. Er kam in Begleitung seines Hundes Jerry, einem tollpatschigen schwarzen Labradorrüden, dem die Strapazen der langen Reise deutlich anzusehen waren. Harpers unbekümmerte optimistische Art passte zu seinem Äußeren und ließ ihn etwas jünger als Anfang dreißig wirken. Chris war erstaunt, weil sie eher mit einem etwas wortkargen Naturburschen gerechnet hatte und nicht mit einem wortgewandten und energiegeladenen jungen Mann, der sie vom ersten Augenblick an auch etwas an ihren Bruder erinnerte, nur dass er eben doch schon etwas reifer wirkte.

Chris begrüßte ihn zwar höflich, aber auch deutlich reserviert und überließ es ansonsten Dr. Crow, dem neuen Kollegen die Station zu zeigen. Sympathisch empfand sie an dem Neuen, dass er bereits bei der Vorstellung großen Wert darauf legte, dass man ihn nicht mit Doktor Harper anredete und er offensichtlich ein gutes Verhältnis zu seinem Hund hatte. Harper zog bis zur Abreise vom Ehepaar Crow in eines der Besucherzimmer im ersten Stock ein und beanspruchte auch bis zu diesem Zeitpunkt keinen Schreibtisch im Büro. Beim gemeinsamen Mittagessen wurde abgesprochen, dass Mr Harper am Nachmittag mit Dr. Crow zu der Affenfamilie hinausfahren würde. Insgeheim hoffte Dr. Crow, dass sich sein Nachfolger nach seiner Abreise etwas darum kümmern würde, denn die Tiere waren ihm doch sehr ans Herz gewachsen.

Chris wollte sich derweil zusammen mit Pakka von Mrs Crow

in die Finanzplanung und Buchhaltung der Station einarbeiten lassen. Sie hatten sich hierfür bereits ins Büro zurückgezogen, als Harper an die halb geöffnete Tür klopfte und dann fragte: »Könnte ich Jerry hierlassen. Er ist müde und wird wohl die meiste Zeit schlafen.« Chris sah auf den Hund und suchte dann eine Ecke im Büro, wo er sich hinlegen könnte. Schließlich schlug sie vor: »Haben Sie seine Decke dabei? Er kann sich hier neben den Bücherschrank legen.« Wie von seinem Herrchen erwartet, hielt die Unruhe von Jerry nach der Abfahrt von Harper nur kurz an und er schlief dann sehr schnell auf seiner Decke ein. Während der Hund mit seinen lebhaften Träumen beschäftigt war, die seine Vorderpfoten unruhig in Bewegung hielten, einigte sich Chris mit Pakka darauf, dass dieser nun wieder seine alten Aufgaben als Stationsvorsteher übernehmen und sich auch um die Finanzen der Station kümmern sollte. Pakka war die Erleichterung deutlich anzumerken, weil er hierin auch einen Vertrauensbeweis sah.

Nach drei Stunden kam Dr. Crow mit seinem Nachfolger wieder zurück und Chris übergab den Hund seinem Herrchen. Sie wollte sich nun um ihre beiden Ziegen kümmern. Nach dem Melken von Claire öffnete sie das Gatter der Umzäunung und ging mit ihnen zwischen den Baracken spazieren. Sie befanden sich gerade auf dem Rückweg, als ihnen Harper mit Jerry entgegenkam, der gleich neugierig auf die Ziegen zulief. Claire geriet in Panik, als sie sich mit dem großen Hund konfrontiert sah und rannte hinter die eine Baracke, gefolgt von der ahnungslosen Fina, die es ihr einfach gleichtat. In einem strengen Ton forderte Chris ihren neuen Kollegen auf: »Halten Sie Ihren Hund fest! So geht das hier nicht!« Dann lief sie in Richtung der geflohenen Tiere. Zusammen mit Tido konnte sie Claire und Fina schließlich hinter einer Buschgruppe finden, wobei Claire immer noch einen verstörten Eindruck machte. An einem Strick führte sie die Ziege wieder zurück in ihr Gehege, gefolgt von der kleinen Fina. Als sich die Tiere etwas beruhigt hatten, ging sie ins Haus. Sie wollte gerade nach oben gehen, als Harper aus dem Büro trat. »Es tut mir leid, dass Jerry die Ziegen erschreckt hat. Konnten Sie die Tiere wieder beruhigen?« – »Ja, aber Claire ist durch einen Angriff vom Wildhund traumatisiert. Jerry macht ihr Angst.«

Beim gemeinsamen Abendessen mit den Crows und Harper hatte Chris den Eindruck, als seien diese ganz zufrieden mit dem Neuen und zogen nun sogar in Erwägung, am nächsten Tag mit Kobe noch für einen Tag nach Nairobi zu fahren. Chris ging die Übergabe der Station fast ein wenig zu schnell, sie sagte aber nichts zu diesen Plänen und zog sich nach dem Essen in ihre Räume zurück.

Am nächsten Morgen war Chris noch dabei, ihre beiden Ziegen zu versorgen, als es an der Tür des Behelfsstalles klopfte. Es war Harper, der schon mit seinem Hund draußen gewesen war. Als sie die Tür einen Spalt öffnete, fragte er mit seinem unbekümmerten Lächeln: »Kann ich ein bisschen Milch von Ihnen haben?« Chris war von seiner Art zu fragen etwas irritiert, versuchte sich aber nichts anmerken zu lassen. »Wie viel brauchen Sie denn?« Harper erklärte ihr, dass er es bislang immer gewohnt sei, seinen Kaffee mit Milch zu trinken, es aber nirgends Dosenmilch gäbe. Zusammen mit Jerry und Harper ging Chris zu Sana in die Küche. Dort füllte sie etwas von der Ziegenmilch, die sie gestern Abend bereits gemolken hatte, in einen Becher um. Dann reichte sie ihm das Gefäß mit den mahnenden Worten: »Vorsicht, Ziegenmilch schmeckt strenger als Kuhmilch. Wenn sie verdünnt wird, schmeckt sie aber auch im Kaffee.«

Harper nahm den Becher und trank einen Schluck daraus. Seinem Gesichtsausdruck war zu entnehmen, dass er mit diesem Geschmack nicht gerechnet hatte. Etwas ratlos fragte er: »Und wie stark soll ich die verdünnen, damit man sie überhaupt trinken kann?« Chris riet ihm zu einem Mischungsverhältnis von einem Drittel Milch zu zwei Drittel Wasser, was Harper dann auch so umsetzte und sie in seinen Kaffee goss. Vorsichtig trank er einen Schluck und stellte dann fest: »Na ja. Milchkaffee mit viel Fantasie, trotzdem vielen Dank.«

Nach dem gemeinsamen Frühstück mit den Crows fuhren diese mit Kobe los. Sie hatten vor, schon einen Großteil ihrer persönlichen Sachen im Flughafen aufzugeben und ansonsten noch einige Geschenke zu besorgen. Chris drängte nun Harper und Pakka zum Aufbruch, um nicht zu spät zur Dienstbesprechung zu kommen. Harper holte sein Gewehr und seinen breitkrempigen Hut aus seinem Zimmer, den er sich tags zuvor auf der Touristenstation gekauft hatte und erkundigte sich dann bei Chris und Pakka, die schon am Jeep auf ihn gewartet hatten, ob er Jerry mitnehmen könne. Da die beiden anderen hiermit einverstanden waren, setzte er sich mit dem Hund auf die Rückbank des Jeeps.

Während Chris den Wagen lenkte, erzählte sie Harper von dem ehemaligen Fährtenhund des Wildhüters, worauf dieser bemerkte: »Der Mann scheint ja ziemlich speziell zu sein. Es hat doch auf der Station auch schon einigen Stress mit diesem großen Boss gegeben, oder?« Seine Worte ließen Chris hellhörig werden: »Was wissen Sie denn darüber?«, fragte Chris. Harper, der gestern von Dr. Crow schon gut über die Vorkommnisse mit Thoolen informiert worden war, fasste sein Wissen knapp zusammen, worauf Chris nur feststellte: »Ja, so war es und nun versuchen wir diesen Boss sehr klein zu halten.«

Thoolen stand auf der Veranda seiner Ranch und rauchte, als Chris mit dem Jeep vorfuhr. Gemeinsam mit ihren Begleitern stieg sie aus und übernahm ihr Gewehr, was ihr Harper reichte. Dieser ging sogleich sehr selbstbewusst auf Thoolen und dessen Männer zu und stellte sich ihnen vor. Thoolen war sofort anzumerken, dass er den Neuen nicht mochte und widmete sich deshalb gleich Jerry, der neugierig die Veranda beschnupperte, indem er spöttisch nachfragte: »Ist die Forschungsstation jetzt schon auf den Hund gekommen?« Nachdem er auf seine Bemerkung keine Antwort bekam, musterte er Jerry und bemerkte dann grimmig: »Wenn der hier noch hinpinkelt, knallt es«, worauf Harper gleich seinen Rüden am Halsband griff und ihn zum Fahrzeug zurückbrachte. Dort bat er Pakka, bei dem Hund zu bleiben.

Als Harper wieder zurückkam, wechselte er mit Chris einen kurzen Blick und schlug dann vor: »Wir haben nicht viel Zeit. Können wir uns kurzfassen?« Thoolen zerdrückte seine Kippe auf dem Geländer der Veranda und richtete sich in seiner ganzen Größe auf, sodass er noch wuchtiger als sonst aussah. Dann stellte er fest: »Wir haben hier alle nicht viel Zeit. Und diese Veranstaltung hier mache ich nur für die Forschungsstation; nicht umgekehrt.« Chris spürte, wie die Wut langsam in ihr hochkroch. Gereizt wollte sie wissen: »Um es kurz zu machen: Gibt es Veränderungen zu letzter Woche, die zu besprechen wären?« Mit seinem überlegenen Grinsen sagte Thoolen: »Veränderungen gibt es viele, aber nur ganz wenige, womit Sie auch etwas anfangen könnten.« Nach einem Blick zu ihrem Begleiter schlug Chris vor: »Gut, dann sollten wir uns heute die Dienstbesprechung ersparen.«

Als Thoolen hierzu keinen Kommentar abgab, gingen Chris und Harper zurück zum Jeep und fuhren los. Nach einer Weile stellte Harper nachdenklich fest: »Wer hat den denn so scharf gestellt? Der Aufenthalt hier wird mit Sicherheit kein Urlaub werden.« Pakka wusste zu berichten, dass Thoolen einen gewalttätigen Alkoholiker als Vater gehabt und dieser sowohl seinen Sohn als auch die Ehefrau regelmäßig verprügelt hatte. Nach einem betretenen Schweigen seiner Zuhörer mahnte er: »Sie sollten gut auf Jerry aufpassen. Für einen toten Hund hat Thoolen keine Strafe zu erwarten und das weiß er genau.« Chris wusste, dass Pakkas Befürchtungen nicht übertrieben waren und fügte noch hinzu: »Für zwei tote Ziegen gilt das auch.«

Wieder zurück auf der Station setzten sie sich im Büro zusammen und überlegten, wie sie sich besser vor Übergriffen durch Thoolen schützen könnten. So sollte Jerry nicht mehr mit ins Gelände fahren und nur noch den Wohnraum seines Herrchens verlassen, wenn sich dieser auf dem Stationsgelände aufhält. Für Claire und Fina gab es diese Sicherheitsmaßnahme ebenfalls, mit dem Unterschied, dass sie in ihrem Behelfsstall bleiben sollten. Ansonsten würde nun immer ein Mitarbeiter für jeweils vier

Stunden dafür eingeteilt werden, Kontrollgänge auf dem Gelände durchzuführen und es zu bewachen.

Um Thoolen und seinen Männern wenig Möglichkeiten zu geben, auf das Stationsgelände zu kommen, vereinbarte sie, zukünftig keine gemeinsamen Dienstbesprechungen hier mehr stattfinden zu lassen. Außerdem sollte das Anliefern von Findel- und kranken Tieren zuvor per Funk von den Wildhütern angekündigt werden, damit die Tiere bei deren Ankunft sofort von den Stationsmitarbeitern übernommen werden könnten. Entsprechend dieser neuen Regelung wollte Harper die Wildhüter am nächsten Tag per Funk hierüber informieren und als zukünftigen Ort für Dienstbesprechungen im vierzehntägigen Rhythmus einen der Tagungsräume im Touristenzentrum vorschlagen.

Beim Mittagessen versuchte Harper Chris davon zu überzeugen, die beiden Ziegen an gemeinsame Spaziergänge mit Jerry zu gewöhnen. Als diese noch skeptisch reagierte, wurde er konkreter: »Wir nehmen zuerst einmal Fina mit, die hat aus eigenen Erfahrungen ja gar keine Angst vor Hunden, sondern macht es nur Claire nach und heute Abend versuchen wir Claire an der Leine mitzunehmen.« Sein Plan ging tatsächlich auf. Fina ließ sich von Chris locken und zeigte bald auch keine Scheu mehr, wenn Jerry an ihr schnuppern wollte. Claire dagegen reagierte panisch. Nicht nur, dass Fina ohne sie den Stall verlassen hatte, sondern auch, dass da wieder dieser Hund war, der sie am Vortag so in Angst versetzt hatte.

Harper gab seinem Hund den Befehl, sich vor die Tür des Ziegenstalls zu legen und brachte Fina dann zusammen mit Chris wieder zurück. Claire hatte sich verschreckt in die hinterste Ecke vom Stall gedrückt und ließ sich erst allmählich wieder beruhigen, als Chris sie streichelte und Fina begann, bei ihr zu saugen. Während Harper die beiden Tiere beobachtete, fragte er: »Darf ich heute Claire melken?« Erstaunt wandte Chris ein: »Ist das hier nicht schon alles Aufregung genug für das Tier?« – »Claire vertraut Ihnen, das merkt man. Aufregend wäre allerdings, dass ich gar nicht melken kann«, gestand Harper mit seinem jungenhaften Grinsen. »Dann machen wir das lieber morgen. Gleich kommen die Crows und wollen bestimmt noch ihren letzten Abend mit uns verbringen«, schlug Chris vor.

Gut gelaunt und mit vielen Geschenken traf das Ehepaar Crow mit Kobe am späten Nachmittag ein. Chris hatte zuvor schon mit Sana das Esszimmer festlich gedeckt, in dem am Abend ein letztes gemeinsames Beisammensein mit allen Mitarbeitern stattfinden sollte. Während Mrs Crow noch in ihren Privaträumen die letzten Koffer und Reisetaschen packte, hatte sich Harper mit Dr. Crow ins Büro zurückgezogen, um mit ihm über das unangenehme Zusammentreffen mit den Wildhütern zu sprechen. Es hatte wohl in all den Jahren immer einmal Phasen gegeben, in denen die Zusammenarbeit nicht so optimal verlaufen sei, dies hatte Harper aus den Jahresberichten der Station entnommen, aber im Moment schien auch das Konzept des Nationalparks im Wandel zu sein, was ebenfalls zu Irritationen führte. So ging es keineswegs mehr hauptsächlich um einen gesicherten Schonraum für wildlebende Tiere, sondern auch um eine optimale Nutzung für Safaritourismus, weil sich hiermit viel Geld verdienen ließ, das wiederum dem Schutz der Tiere zugutekommen sollte.

Die Stimmung beim gemeinsamen Essen war etwas gedämpft. Mrs Crow wurde im Laufe des Abends immer nervöser, weil sie noch viele Dinge zu erledigen hatte und ihr Ehemann hätte die Station lieber in ruhigeren Zeiten an seinen Nachfolger übergeben. Dieser wurde von allen Stationsmitarbeitern zwar gut aufgenommen, hatte sich seinen Aufenthalt aber keineswegs so dramatisch vorgestellt und Chris spürte, dass sie in dieser Nacht aus ihrer bislang geschützten Rolle einer Juniorchefin herauswachsen musste.

Der Abschied von der Station am nächsten Morgen verlief hektisch; bei Mrs Crow lagen die Nerven blank. Sie hatte vor Aufregung kaum geschlafen und nun Kopfschmerzen. Ihr Ehemann versuchte sie zwar noch zu beruhigen, war aber nicht der geübte

Organisator für private Dinge, sodass sich Chris schließlich bereit erklärte, die Wohnräume der Crows durchzusehen, ob sie nicht doch noch etwas liegengelassen hatten. Da Dr. Crow am Vortag beim gemeinsamen Abendessen noch angekündigt hatte, seinen Geburtstag drei Tage vor dem Abflug nach Kanada mit allen Stationsmitarbeitern und deren Ehepartnern in dem Touristenzentrum groß feiern zu wollen, versuchte Chris Mrs Crow zu beruhigen, indem sie sagte: »Wenn hier doch noch etwas liegen geblieben ist, bringen wir es zur Geburtstagsfeier mit.«

Mrs Crow hatte Tränen in den Augen, als sie schließlich im Jeep saß und ihr Ehemann Kobe fast barsch anwies: »Nun fahren Sie schon los, sonst kommen wir hier gar nicht mehr weg.« Nachdem alle winkend hinter dem Fahrzeug her geblickt hatten, bis es nach der ersten Biegung nicht mehr zu sehen war, schlug Harper vor: »Kommt Leute, wir treffen uns jetzt im Besprechungsraum.« Harper hatte sehr genaue Vorstellungen davon, was sich alles auf der Station verändern sollte, und versuchte seine Mitarbeiter hiervon zu überzeugen. So sollte zukünftig täglich ein gemeinsames Essen mit allen Mitarbeitern stattfinden und Pakkas Position als Vorsteher der Station gestärkt werden, indem er die Mitarbeiter einteilte. Auch sollte er nun wieder offiziell für den Finanzhaushalt der Station zuständig sein und Kobe sein Stellvertreter werden. Da er diese Neuerungen zuvor mit Chris abgestimmt hatte, hielt sich diese zurück und konnte beobachten, wie eine gewisse Unsicherheit in der Belegschaft spürbar war. Manche hatten offenbar auch Angst vor der neuen Situation und auch vor den Konflikten mit Thoolen und seinen Männern. Um die Sicherheitslage für alle zu verbessern, teilte Pakka die beiden neuen Mitarbeiter Tolu und Horas auch gleich ein, in den nächsten Stunden die Kontrollgänge und Bewachung der Station zu übernehmen.

Nach dieser Dienstbesprechung wirkte Harper recht zufrieden und fragte Chris: »Gehen wir jetzt Ziegen melken?« Diese wollte ihn nicht wieder vertrösten und holte aus der Küche eine Schale, die sie Harper mit den Worten in die Hand drückte: »Na, dann wollen wir einmal sehen, ob Sie hierfür genug Fingerspitzengefühl haben.« Im Stall gab Chris ihrer Ziege frisches Futter, um sie abzulenken. Dann kniete sie sich neben das Tier und versuchte Harper die Handbewegungen des Melkvorganges zu erklären, wobei sie ihn noch einmal ermahnte: »Nicht einfach daran ziehen oder zudrücken, sonst wird das nichts.« Es war das erste Mal seit seiner Ankunft auf der Station, dass er sich ausgesprochen unbeholfen anstellte. Am Anfang versuchte er noch ein paar Witze zu machen, stellte dann aber nach mehreren Versuchen fest: »Okay Chris, Sie haben gewonnen; ich kriege das nicht hin.« Um die Geduld von Claire nicht noch weiter zu strapazieren, molk Chris sie und reichte Harper dann die Schale mit Milch. Dieser zeigte sich beeindruckt und wollte von ihr wissen: »Lernt man das an der Uni in Germany?« Chris musste lachen und meinte: »Bislang noch nicht, aber vielleicht sollte man das als neues Prüfungsfach aufnehmen.«

Für den anschließenden Spaziergang mit Jerry band Chris Claire ein Halstuch um und befestigte daran eine Leine. Fina sprang schon ganz selbstverständlich hinter Jerry her, während Claire noch etwas gezogen werden musste, aber immerhin reagierte sie nicht mehr panisch. Harper beobachtete die Tiere mit einem zufriedenen Gesichtsausdruck und fragte dann Chris: »Was passiert eigentlich mit den Ziegen, wenn Ihre Zeit hier vorbei ist?« – »Ich nehme sie mit«, war ihre prompte Antwort. Harper war erstaunt stehen geblieben und erkundigte sich: »Leben Sie denn auf dem Land?« – »Nein, ich lebe in der Stadt Göttingen in einer Wohngemeinschaft«, klärte Chris ihn auf. »Und wo passen da die Ziegen hin?«, hakte er nach. Sie waren nun weitergegangen und Chris erzählte ihm, dass sie anfangs noch glaubte, für die Tiere hier im Land eine Patenschaft übernehmen zu können, nun aber kein gutes Gefühl mehr habe. Jetzt versuche sie eine Lösung in Deutschland zu finden.

Er schwieg einen Moment, bevor er ihr mitteilte: »Dr. Crow hat mir gesagt, warum Sie hier sind.« – »Was hat er gesagt?«, wollte

Chris genauer wissen und fühlte sich ein Stück bloßgestellt. »Er sagte, dass Sie Ihr Kind bei einem Autounfall verloren haben und gerade Ihre Scheidung lief.« Gereizt fragte Chris: »Sind diese Infos wirklich so wichtig für unsere Zusammenarbeit?« – »Offenbar schon, weil es Ihr wunder Punkt ist, den Thoolen ausgenutzt hat«, war Harper überzeugt. »Und was ist Ihr wunder Punkt, den Thoolen ausnutzen könnte?«, fragte sie provozierend. Er hatte wieder sein jungenhaftes Lachen, als er antwortete: »Dass Jerry und ich Sie hier beschützen werden.« Nach dem Spaziergang meldete Harper über Funk den Wildhütern die neuen Absprachen und den Vorschlag zur Dienstbesprechung, den Thoolen nur mit den Worten »Alles klar, Cowboy« beantwortete.

Sana hatte in der Zwischenzeit schon die Wohnräume der Crows hergerichtet, sodass Harper sie mit Jerry beziehen konnte. Vorher hatte er Chris noch angeboten, dort einzuziehen, weil es die schöneren Räume waren. »Nein danke, zusammen mit meinem Bruder bewohne ich die anderen Räume und so möchte ich es auch belassen.« Erstaunt wollte Harper wissen: »Kommt denn Ihr Bruder wieder zurück?« – »Wir haben noch nicht darüber gesprochen, aber wenn es ihm wieder besser geht, bestimmt.« An diesem Abend zog sich Chris sehr früh in ihre Räume zurück, während Harper noch damit beschäftigt war, sich einzurichten. Sie wusste noch nicht, wie es auf der Station weitergehen würde und wie sie sich sinnvoll einbringen könne, aber ihr kam es so vor, als habe man ihr den Schonraum genommen, und das machte ihr Angst.

Nach dem Frühstück am nächsten Morgen wollte Harper im Büro mit ihr die Projektarbeit abstimmen. Er erklärte ihr, dass er keine große Lust verspürte, dass Primatenprojekt von Dr. Crow fortzuführen. Er war der Auffassung, dass diese Thematik bereits erforscht sei und er der Affenfamilie mehr helfen könne, indem er sie endlich einmal in Ruhe lassen würde. Obwohl seine Ansicht nicht ganz von der Hand zu weisen war, fragte ihn Chris provozierend: »Und was wollen Sie jetzt das ganze Jahr über machen? Primatenschutz durch Nichtstun betreiben?« Harper klang gelassen, als er ihr erklärte: »Ich werde mir in aller Ruhe eine Beschäftigung suchen, die für die Tiere hier keinen Stress bedeutet.«

Chris war es relativ egal, womit er sich befassen wollte, sie wollte sich aber auf keinen Fall von ihm in ihrer Arbeit behindern lassen. Als sie ihm dies klarmachte, versuchte er sie zu beruhigen: »Ich habe nicht vor, Ihre wissenschaftlichen Studien zu behindern. Solche Unarten wie Wissensklau oder Forschungsboykott sind nicht mein Stil. Ich möchte aber erst einmal sehen, wofür es hier einen Bedarf gibt und nicht mit welcher wissenschaftlichen Arbeit ich glänzen kann.« Um das herauszufinden, fuhr er mit Kobe und Tido ins Gelände, nachdem er Jerry zuvor Chris in Obhut gegeben hatte. Diese hatte sich an den Schreibtisch in ihrem Wohnraum gesetzt und damit begonnen, an ihrem Projekt weiter zu arbeiten. Jerry hatte sie mitsamt seiner Decke zuvor in ihren Wohnbereich geholt, wo er sich nach intensivem Beschnuppern ihrer Räume schließlich hinlegte und schlummerte.

Nach einer Stunde wurde Jerry plötzlich von Funksignalen aufgeschreckt. Da zuvor mit Harper abgesprochen worden war, dass nur im Notfall gefunkt werden sollte, damit die Wildhüter nicht mithören könnten, ging Chris beunruhigt ans Gerät. Es war Thoolen, der ihr knapp durchgab, dass sie auf dem Weg zur Station seien, um einen Wurf verwaister Serval-Katzen vorbeizubringen. Chris ließ Jerry in ihrem Wohnraum zurück und ging nach unten. Dort fragte sie Sana nach Pakka, der im Büro die Einsatzpläne für die Mitarbeiter fertigte und Vorratsbestellungen zusammenstellte. Chris informierte ihn über den Funkspruch und sie beschlossen, gemeinsam im Büro auf die Ankunft der Wildhüter mit den Wildkatzen zu warten, nachdem sie zuvor Claire und Fina in den Stall gebracht hatten.

Diese ließen nicht lange auf sich warten und fuhren mit zwei Jeeps direkt vor das Stationshaus. Chris ging mit Pakka nach draußen und zog die schwere Haustür ins Schloss. Sie grüßte knapp, bevor sie fragte: »Wie viel Jungtiere sind es denn?« Thoolen ging um sein Fahrzeug herum und öffnete die Luke zur Ladefläche. Dann fragte er: »Ist der Cowboy heute nicht da?« Ohne ihm zu antworten, hob Chris zusammen mit Pakka den Käfig vom Fahrzeug und öffnete ihn. Dann legte sie die drei Jungtiere in eine Transportkiste, die ihr Pakka gereicht hatte und sagte zu den Wildhütern: »Den Rest schaffen wir schon allein. Schönen Tag noch.« Ohne deren Reaktion abzuwarten, brachte sie die völlig verängstigten Tiere in die Aufzuchtstation, wo sich Horas zusammen mit Pakka um sie kümmern wollten.

Chris war noch einen Moment bei ihnen geblieben, weil sie die kleinen Wildkatzen sehr niedlich fand und von dort auch gut beobachten konnte, wie die Wildhüter das Grundstück wieder verließen. Dann ging sie zurück zum Haus, um Jerry nicht zu lange alleinzulassen. Dieser hatte ungeduldig jaulend auf sie gewartet. Er sprang sie zur Begrüßung an, sodass sein Temperament sie für einen kurzen Moment ins Wanken brachte. Abwehrend forderte sie ihn auf: »Komm Jerry, mach Platz, sonst falle ich hier noch um.« Während sich der Rüde wieder auf seine Decke neben ihren Schreibtisch legte, blickte Chris vom Fenster aus auf die Käfige der Aufzuchtstation, die wie immer fast alle mit Tieren belegt waren. Es waren auch einige darunter, die dringend ausgewildert werden mussten. Sie arbeitete schon eine ganze Weile wieder in ihren Unterlagen, als der Jeep von Harper und seinen Begleitern vorfuhr. Jerry hob sofort seinen Kopf und wollte hinaus, als er die Stimme seines Herrchens vernahm. Gemeinsam mit dem stürmischen Hund ging sie nach unten, wo Harper den Rüden ausgiebig kraulte. »Alles in Ordnung hier?«, erkundigte er sich bei Chris. Wie sich herausstellte, hatten sie den Funkspruch der Wildhüter ebenfalls gehört und waren deshalb früher als beabsichtigt zur Station zurückgekehrt.

Während Sana das Essen zubereitete, besprach Harper mit Chris im Büro, welche Tiere in den nächsten Tagen ausgewildert werden sollten, wobei Chris das keineswegs nur ihm und den übrigen Mitarbeitern überlassen wollte. Sie unterbrach deshalb seine Umsetzungsplanung dadurch, indem sie betonte: »Ich bin hier nicht nur der Hundesitter für Jerry. Bei den Auswilderungen möchte ich auch dabei sein.« Harper sah sie für einen kurzen Moment erstaunt an und wollte dann wissen: »Bin ich Ihnen hier zu forsch oder wo ist das Problem?« Chris hatte sich an ihren Schreibtisch gesetzt und stellte fest: »Es ist schön, wenn Sie eigene Ideen für Ihre Arbeit hier haben, aber ich habe auch welche und irgendwie scheint das keine Rolle mehr zu spielen.« Als er schwieg, fuhr sie fort: »Ich bin hier keine Claire, an der man einmal ausprobiert, ob sie zusammen mit einem Hund ausgehen will.« Harper hatte sich ihr gegenübergesetzt und schüttelte den Kopf, bevor er fragte: »Ist es meine Art, die Ihnen nicht gefällt oder sind es tatsächlich die dienstlichen Belange? Wobei ich immer bemüht war, mich mit Ihnen abzustimmen.« Chris war selbst über ihre aufkeimende Wut erstaunt, als sie erklärte: »Beides. Sie kommen hierher und meinen gleich mit Ihrer sehr lebhaften Art, alle für Ihre Ideen begeistern zu können. Stellen Sie sich doch erst einmal auf die Menschen und Tiere hier ein. Es gab auch ein Leben vor Ihrer Ankunft und das hat recht gut funktioniert.«

Diese Worte hatten ihre Wirkung bei ihm nicht verfehlt. Er wirkte nachdenklich, als er klarstellte: »Vielleicht wirkt meine Art auf Sie egoistisch oder auch oberflächlich, aber ich versuche nur ohne Vorbehalte auf mein soziales Umfeld zuzugehen. Wie es bei mir feste Regeln und Grenzen gibt, so akzeptiere ich sie auch bei meinem Gegenüber.« Sana steckte den Kopf zur Tür herein und wollte wissen: »Das Essen ist fertig. Soll ich die anderen rufen?«, worauf Chris antwortete: »Ja, wir kommen gleich.« Dann wandte sie sich wieder an Harper: »Wir sollten zukünftig alles etwas besonnener angehen. Jerry meint es auch nicht so und bringt einen trotzdem leicht zu Fall.«

Das gemeinsame Essen im Team war heute sehr viel entspannter als sonst. Fast alle erzählten etwas von sich, ihren Familien und der Arbeit. Es wurde auch viel gelacht. Tido, der zuvor von dem Unfall seines Bruders berichtet hatte, fragte plötzlich: »Kommt der Benno wieder zurück?« – »Ich weiß es nicht«, antwortete

Chris, »aber nachher fahre ich mit Pakka Vorräte holen, dann schreibe ich ihm eine Mail.« Benno hatte selbst schon eine Mail gesandt und darin angekündigt, nach Ostern wieder nach Kenia kommen zu wollen. Er hatte vor, in zwei Wochen wieder zurück nach Göttingen zu fahren, um dort seine Artikel fertigzustellen und die Filmaufnahmen zu überarbeiten. Erleichtert war er auch darüber, dass sein Unfall inzwischen als Arbeitsunfall anerkannt wurde und er deshalb auch keine finanziellen Nachteile für seine verletzungsbedingten Ausfallzeiten zu erwarten habe.

Wieder zurück auf der Station, halfen Sana und ihr Mann beim Abladen der Vorräte vom Jeep, als Harper mit Jerry aus dem Haus kam. Der Rüde rannte wie immer stürmisch auf Chris zu und sprang an ihr hoch, worauf sie ihre Gemüsekiste nicht mehr halten konnte. Mit einem lauten Krachen fiel sie auf die Erde und die Kürbisse rollten unter den Jeep. Chris sah streng von Jerry zu seinem Herrchen und forderte die beiden dann auf: »Die holt ihr aber selbst wieder.« Dann nahm sie eine andere Kiste von der Ladefläche und trug sie in die Küche. Harper war tatsächlich mit einem Besenstil damit beschäftigt, die Kürbisse unter dem Fahrzeug hervorzurollen, begleitet von dem Gekicher von Tido und Sana. Chris stellte sich amüsiert zu ihnen und stellte beim sechsten Kürbis fest: »Es fehlt jetzt noch einer.« Als Harper auch diesen wieder eingefangen hatte, überreichte er ihn Chris mit den Worten: »Bitte sehr, Lady. Gehen wir noch zusammen spazieren?«

Chris war hiermit einverstanden, wollte vorher aber noch Claire melken. Während sie es tat, schaute ihr Harper von der Stalltür aus zu und gestand: »Ich habe vorhin noch einmal melken geübt.« Verwundert fragte sie: »Wie denn das?«, woraufhin er erzählte, dass er die Handbewegungen an einem Socken geübt habe. Chris war sehr beeindruckt und wollte dann wissen: »Und, was hat es gebracht?« Harper musste lachen und sagte: »Na, Milch nicht, aber immerhin die Melkbewegungen kriege ich schon besser hin.« Auf dem gemeinsamen Spaziergang mit den drei Tieren fragte Harper sie, ob sie sich nicht bei den Vornamen nennen wollten, weil er die förmliche Anrede etwas steif fand. Chris verstand nicht ganz und fragte deshalb, ob sich nun alle duzen sollen, worauf Harper aber gleich klarstellte: »Nein, sonst soll alles so bleiben wie bisher. Es geht nur darum, dass ich dich Chris nenne und du mich Jeff.« – »Jeff und Jerry, die beiden Draufgänger«, philosophierte Chris, was Harper aber keineswegs so stehen lassen wollte: »Wir sind keine oberflächlichen Draufgänger. Wir sind nur manchmal etwas stürmisch.« Chris war stehen geblieben und blickte ihn an. »Wir können es ja einmal so versuchen. Wenn es aber zu Gerüchten kommen sollte, möchte ich es nicht«, machte sie zur Bedingung.

Am nächsten Tag fuhren sie mit zwei Jeeps gemeinsam raus, um zwei Hyänen auszuwildern. Jerry sollte derweil bei Sana bleiben, die er bereits in sein Hundeherz geschlossen hatte, weil er von ihr öfter Leckerbissen aus der Küche bekam. Während der Fahrt erzählte Harper, dass er sich als eigenes Projekt überlegt hatte, die Probleme zwischen den Wildtieren und den Farmern lösen zu wollen. Pakka und auch Chris, die mit ihm in einem Jeep fuhren, hatten Bedenken, weil sie der Auffassung waren, dass er dann zu sehr in Thoolens Revier geraten und sich die Spannungen dadurch verschärfen könnten. Inzwischen waren sie dort angekommen, wo sie die beiden Tiere aussetzen wollten. Nach dem Öffnen der Käfige wirkten die Hyänen zwar noch verängstigter als während der Fahrt, blieben aber zusammen, bis sie im Dickicht nicht mehr zu erkennen waren. Pakka informierte über Funk die Wildhüter, dass die beiden Tiere von ihnen ausgesetzt worden seien, worauf Thoolen nur barsch nachfragte: »Kommt diese Info zukünftig auch einmal etwas früher?« Mit den Ferngläsern beobachteten sie noch eine Zeitlang die Umgebung und wollten dann zu der Affenfamilie fahren, die Dr. Crow bislang betreut hatte. Obwohl die Tiere Chris und ihre Begleiter sofort erkannten, reagierten sie nervös, sodass Chris die Stationsmitarbeiter bat, bei den beiden Fahrzeugen zu warten.

Zusammen mit Harper ging sie zurück, um den Bestand der

Gruppe zu überprüfen und noch einige Notizen zu machen. Während sie die Tiere eine Weile betrachteten, erkundigte sich Harper: »Was hast du eigentlich gemacht, bevor du hier im Busch die Affen beobachtet hast?« Chris reagierte betroffen auf seine Frage, sodass ihre Worte schroff klangen: »Ich war vorher die Ehefrau eines sehr erfolgreichen Architekten und habe ansonsten an meiner Promotion gearbeitet.« Harper sah sie unbeeindruckt von der Seite an und stellte dann fest: »Das klingt aber ziemlich langweilig.« Sie wollte dieses Gespräch nicht, aber dennoch wollte sie ihm klarmachen, wie indiskret seine Fragen für sie waren. »Ich bin nicht aus Langeweile hierhergekommen. Ich habe vor einem Jahr meinen Sohn verloren und das passte nicht gerade in die Welt der Partys, des Erfolgs und der vielen kleinen Oberflächlichkeiten.« Harper hatte sofort verstanden. Betreten sagte er: »Es tut mir leid. Ich wollte keine alten Wunden aufreißen.«

Auf der Rückfahrt erzählte Chris von dem geplanten Projekt in Göttingen, für das sie sich beworben habe, woraufhin Harper gleich eine Idee für sein eigenes Projekt vor Ort entwickelte. Er wollte untersuchen, in welchem Maße Tourismus durchgeführt werden kann, ohne dass die Naturschutzgebiete hierdurch Schaden nehmen würden. Chris fand die Idee gut und schlug deshalb vor: »Wenn etwas Gutes dabei herauskommt, kannst du danach gleich in mein neues Projekt einsteigen. Da werden nämlich noch Mitarbeiter gesucht.« Harper sah das allerdings anders: »Nach dieser Zeit hier will ich sesshaft werden mit Frau und Kinder. Das hier ist mein letztes Abenteuer.« Pakka hatte bislang geschwiegen und wollte nun wissen: »Wartet denn schon eine Frau auf Sie?« – »Nein, nicht mehr. Deshalb ging dieses Projektjahr noch. Und so wie ich meinen Hund überall mit hinnehme, hätte ich auch meine Familie nicht zurückgelassen«, gab Harper zur Antwort.

Auf der Station konnte Jerry die Ankunft seines Herrchens gar nicht erwarten. Er war immer wieder in den Hausflur gelaufen und hatte aus dem Fenster gesehen. Kaum sah er die Jeeps vorfahren, fing er laut an zu kläffen, sodass Sana ihm gleich die schwere

Eingangstür öffnete, damit er hinauslaufen konnte. Nun konnte Jerry nichts mehr davon abhalten, in den Jeep zu springen, um sein Herrchen freudig zu begrüßen und ihn abzuschlecken. Chris war derweil schon ins Haus gegangen, um Claire und Fina in ihren Auslauf zu lassen. Die beiden Ziegen wirkten ruhig und verließen dann unaufgeregt ihren Stall, um ins Freie zu kommen.

Jerry hatte inzwischen seine Begrüßungszeremonie beendet und lief ums Haus, wo er Chris und die beiden Ziegen entdeckte. Ungestüm wie immer lief er auf sie zu und bremste vor der Umzäunung ab, um dann freudig zu bellen. Panisch liefen beide Ziegen in ihren Stall zurück und Chris schimpfte mit dem Hund. Harper war Jerry gefolgt und hielt ihn nun am Halsband fest, während er sagte: »Komm, Jerry, wir haben hier inzwischen beide den Ruf, dass wir etwas unsensibel sind. Wir müssen uns jetzt etwas vorsehen, sonst kriegen wir noch richtig Ärger.« Chris sah ihn angriffslustig an und wollte dann von ihm wissen: »Fandest du das eben okay?« – »Nein, aber so ist das nun einmal, wenn verschiedene Tiere sich unterschiedlich ausdrücken, da gibt es auch Missverständnisse«, versuchte er zu beschwichtigen. »Ach und wie erklärst du dir die vielen Missverständnisse zwischen dir und mir?«, hakte sie nach. Da hatte er wieder sein spezielles Grinsen, als er scheinbar nachdenklich zugab: »Das weiß ich noch nicht so genau. Aber ich denke, das werden wir beide noch herausfinden.«

Beim Essen kündigte Kobe an, dass die geplante Montage der Solaranlage auf dem Dach des Haupthauses in den nächsten Tagen in Angriff genommen wird. Am Vormittag sei schon ein Mitarbeiter der Firma vor Ort gewesen und hätte die letzten Einzelheiten hierfür abgesprochen. Harper, der die Energiesparmaßnahmen auf der Station etwas befremdlich fand, fragte: »Kann man dann wenigstens zukünftig jeden Tag duschen?« – »Nein, auf keinen Fall. Wenn nicht gerade Regenzeit ist, vielleicht jeden dritten Tag«, erwiderte Pakka sehr bestimmt. »Und in der Regenzeit direkt draußen«, fügte Chris hinzu. Harper schüttelte nur seinen Kopf und murmelte: »Wo bin ich hier nur reingeraten?«

Den Nachmittag verbrachte Chris in ihrem Wohnraum am Schreibtisch. Sie wollte ihre Forschungsreihe um die Serval-Katzen erweitern und suchte nun nach Informationen zu den Lebensbedingungen dieser Tiere in den Büchern aus der Stationsbibliothek. Nach zwei Stunden klopfte es an ihre Zimmertür. Als sie »Herein« sagte, stürmte zuerst Jerry in den Raum, dann folgte ihm Harper. »Darf ich stören?«, erkundigte er sich. Chris bot ihm einen Platz auf dem Sofa an und setzte sich ihm gegenüber auf den Sessel, nachdem sie Jerry noch einmal ermahnt hatte, nicht aufs Sofa zu springen. Erwartungsvoll sah sie Harper an, der seinen Besuch damit begründete, dass er sich einmal mit ihr aussprechen wolle. Chris hatte nichts dagegen und hörte ihm aufmerksam zu, als er ihr erklärte: »Ich habe diesen Job hier nur angenommen, um meinem Cousin Mac zu helfen. Mac hatte ja bereits den Vertrag unterschrieben, wollte dann aber nicht mehr fahren, weil seine Frau schwanger geworden ist.« Harper gab auch offen zu, dass dieser Keniaaufenthalt nicht gerade sein Wunschtraum gewesen sei und er viel lieber seinen Großvater als Ranger, nahe der kanadischen Grenze, abgelöst hätte, weil dieser sich zur Ruhe setzen wollte.

»Und wer unterstützt jetzt deinen Großvater?«, wollte Chris von ihm wissen. »Mac hat den Job übernommen. Da draußen in der Natur mit Holzhäuschen und Familie stellt er sich sein Leben ideal vor.« Chris schwieg einen Moment, bevor sie feststellte: »Aber Mac lebt doch nun das Leben, das du eigentlich wolltest.« – »Irgendwie ja. Und ich bin hier die Aushilfe auf der Station«, stelle Harper fest und Chris nahm zum ersten Mal Frustration in seiner Stimme wahr. Betroffen wollte sie von ihm wissen, wie sich dies für ihn anfühlt, worauf er gestand: »So wie immer. Als meine Mutter an einer Lungenembolie im Wochenbett starb, brachte mich mein Vater zu seiner Schwester. Ich bin dort mit ihren eigenen beiden Kindern als Pflegekind aufgewachsen. Wenn ich dann manchmal bei meinem Vater war, fühlte sich das nicht sehr vertraut an und in der Familie meiner Tante hatte ich schon den Eindruck, dass es mit meinen Cousins anders lief.«

Chris verspürte eine leichte Gänsehaut auf ihren Unterarmen, als sie nachfragte: »Hattest du denn schon einmal den Eindruck, dass sich etwas in deinem Leben wirklich echt anfühlt? Eben nicht nur behelfsmäßig?« Er überlegte einen Moment und meinte dann: »Ja, mit Jerry das ist echt oder damals mit meinen Freunden beim Basketball. Auch bei meinen Großeltern oder während meiner langjährigen Beziehung mit Maureen, die ersten Jahre zumindest.« Von seinen Worten nachdenklich geworden, vertraute Chris ihm an: »Du, dieses Leben hier kann ganz schön hart sein. Ich habe hier schon etliche Male geheult und mich gefragt, was ich hier eigentlich mache.« – »Und, was hast du dir dann geantwortet?«, wollte er von ihr wissen: »Dass ich mein Leben in Deutschland noch nicht wieder hinbekomme. Wenn ich im Supermarkt wegschauen muss, nur weil vor mir in der Schlange eine Frau mit Kind steht, das so alt sein könnte wie mein Sohn heute wäre, bin ich einfach noch nicht so weit«, versuchte sie ihm zu erklären. Sein Gesichtsausdruck wirkte ungewohnt ernst, als er ihr anbot: »Chris, lass uns hier das Beste aus diesem Job machen und hab ein bisschen Geduld mit Jerry und mir. Wir können uns bestimmt prima ergänzen.« Beim anschließenden gemeinsamen Spaziergang mit den Ziegen klappte es zumindest schon ganz gut. Fina wagte es sogar, Jerry mit ihrem Kopf mehrmals anzustoßen, worauf dieser ihr sofort mit seiner sehr feuchten Zunge den Hals ableckte.

In den nächsten fünf Tagen quartierten sich drei Mitarbeiter der Installationsfirma in den Gästezimmern der Station ein, die dann damit beschäftigt waren, einen Wassertank neben den großen Vorratsschuppen zu bauen und die Solarkollektoren auf das Dach des Haupthauses zu befestigen. Den Ausnahmezustand mit Handwerkern im Haus wollten sie dadurch meistern, dass Harper mit vier weiteren Stationsmitarbeitern zweimal am Tag ins Gelände fuhr, um Tiere aus der Aufzuchtstation auszuwildern, während Chris mit dem Stationstierarzt Mojo und Jerry zurückblieb, um Ansprechpartnerin für die Solaranlagenbauer zu sein.

Die Wildhüter kamen in dieser Zeit mit zwei Pavianen vorbei. Nach der Ankündigung per Funk erwartete sie Chris mit Tido vor dem Haupthaus, ausgestattet mit einem Transportkäfig. Als Thoolen ausstieg und neugierig die beiden Firmenfahrzeuge der Handwerker betrachtete, wollte er gleich wissen: »Was ist denn hier los?« – »Wir wollen uns zukünftig öfter duschen«, war die knappe Antwort von Chris. »So, sind Sie Ihrem Cowboy etwa zu schmutzig?«, stichelte dieser gleich. Chris hob mit Tido den Transportkäfig von der Ladefläche des Jeeps, in dem sich ein Muttertier mit ihrem Jungen an die Käfigwand drückte, und fragte: »Was fehlt den Tieren?« – »Das Weibchen ist in eine Fußfalle geraten und hat sich dabei verletzt.« Um ihr nicht unnötig Schmerzen zuzufügen, schickte Chris Tido gleich los, um Mojo zu holen, der sich die Verletzungen des Muttertieres ansehen sollte.

Während Chris mit den Wildhütern am Jeep stand und wartete, trat Thoolen näher an sie heran und erkundigte sich: »Hält Ihr Cowboy Sie hier gefangen oder warum dürfen Sie nicht mehr mit?« – »Mich hält hier keiner gefangen. Ich arbeite an meinem Projekt, was schließlich fertig werden soll«, beantwortete Chris gereizt seine Frage. Der Wildhüter begann nun laut nachzurechnen, wann ihre Zeit auf der Station vorbei sei, worauf Chris aber nicht mehr reagierte. Mojo war inzwischen an den Jeep getreten und hatte das Pavianweibchen untersucht. Dann brachte er den Transportkäfig zusammen mit Tido zur Aufzuchtstation und öffnete ihn. Es gelang ihm, das Junge zuerst zu greifen und aus dem Transportkäfig zu ziehen, woraufhin dessen Mutter ihm in die neue Behausung folgte. Als Chris dann zusammen mit Tido den Transportkäfig zurück zum Jeep der Wildhüter brachte, erinnerte sie. »Na dann bis nächste Woche, da haben wir ja unsere Dienstbesprechung.« – »Auf die bin ich ja richtig gespannt und auf Ihre letzten Tage hier auch«, erwiderte Thoolen und fuhr mit seinen Helfern davon.

Beim abendlichen Spaziergang zeigte sich Claire gereizt. Sie blieb oft stehen und machte dann mehrere Sprünge, wenn Chris sie anschob, weiterzugehen. Harper amüsierte sich darüber: »Die ist wohl etwas zickig heute?« – »Bei dem Baulärm den ganzen Tag ist das kein Wunder. Du kannst dir gar nicht vorstellen, wie es war. Du warst ja die meiste Zeit im Gelände«, versuchte Chris ihm die Situation klarzumachen. Harper sah sie einen Moment lang an und stellte dann fest: »Chris, weißt du, warum ich dich so liebe? Bei dir hatte ich von Anfang an den Eindruck, als wären wir schon ein sehr vertrautes Ehepaar.« Sie blickte ihn erstaunt an. »Wie meinst du das bitte?«, wollte sie von ihm wissen. Er musste lachen, als er aufzählte: »Man kann sich auf dich verlassen, du teilst gleich aus, wenn dich etwas stört, und du nimmst dir Zeit, wenn man Probleme hat. So läuft doch eine gute Ehe, oder nicht?« – »Das hört sich aber eher nach großer Schwester an«, wandte Chris ein. Harper gestand, dass er in diesem Punkt über keinerlei Erfahrungen verfüge und erkundigte sich scherzhaft: »Was gehört denn für dich zu einer guten Ehe?« Chris, der dies nun doch zu weit ging, sagte nur: »Komm, hör auf damit.«

Am nächsten Morgen fragte Chris ihn, ob er Lust hätte, mit ihr und Jerry die Vorräte von dem Touristenzentrum zu holen. Sie wollte dort auch wieder ihre Mails checken und ihm zeigen, an wen er sich wegen seines Projektthemas wenden könnte. Auf der Fahrt erzählte sie Harper, dass Thoolen gestern seine Befürchtungen geäußert habe, er würde sie auf der Station einsperren, worauf Harper nur kopfschüttelnd feststellte: »Der Kerl hat ja wohl echte Probleme.« Nachdem Chris ihn mit dem Safarimanager bekannt gemacht hatte, ging sie in den Internetraum. Neben einer Mail von ihren Eltern und einer weiteren von Benno hatte Prof. Stallmeyer ihr mitgeteilt, dass es gut für das Projekt aussehen würde und er ihr im kommenden Monat den Arbeitsvertrag zusenden werde. Da ihm noch zwei weitere Mitarbeiter fehlen würden, fragte er nach, ob sie jemanden kenne, der sich hierfür eignen würde. Chris dachte hier sofort an ihren Bruder und mailte ihm deshalb, dass er einmal Kontakt zu Prof. Stallmeyer aufnehmen solle.

Weil es bei Harper noch länger dauerte, hatte sie schon Jerry zu sich geholt und damit begonnen, den Jeep mit Vorräten vollzuladen. Ein Mitarbeiter des Touristenzentrums half ihr bei den größeren Kisten und erkundigte sich dabei, ob die Crows nun schon endgültig abgefahren seien. »Nein, die schauen sich noch einige Sehenswürdigkeiten in Kenia an und dann feiert Dr. Crow noch seinen Geburtstag, bevor sie endgültig zurückfliegen«, gab ihm Chris Auskunft. Es gab nicht mehr viel aufzuladen, als Harper endlich zum Jeep kam und gleich zerknirscht feststellte: »Schon wieder keine Pluspunkte gesammelt. Sorry, aber ich werde mich bessern.« Chris sah das gelassen und erinnerte ihn: »Wir sind ja schließlich nicht miteinander verheiratet.« Auf der Rückfahrt griff Harper ihre Bemerkung auf und fragte: »Du hast genaue Vorstellungen von einer guten Beziehung, stimmt's?« Sie sah ihn von der Seite an und antwortete dann mit einer gewissen Verbitterung: »Ja, wenn man gerade die Scheidung für eine Ehe durchgefochten hat, in der man finanziell gut versorgt und gesellschaftlich top aufgestellt war, lege ich wohl auf andere Dinge mehr Wert.« Harper blickte konzentriert auf die Fahrbahn, um den Jeep um die vielen Schlaglöcher herum zu lenken und sagte hierbei mehr zu sich: »Und jetzt darf man nicht mehr weiter fragen.« Chris musste lachen: »Ja, da liegst du richtig.«

Während des gemeinsamen Abendspaziergangs mit den Tieren erzählte sie ihm von ihren Plänen für das Projekt in Göttingen und dass sie ihren Bruder dafür gewinnen will. Harper hatte ihr aufmerksam zugehört und stellte dann fest: »Das klingt alles gut, auch dass du es mit deinem Bruder machen willst. Tido schwärmt ja immer von euch als Geschwisterpaar.« Nach einer kurzen Pause schlug er vor: »Wenn ich es hier nicht mehr aushalte, könnte ich mich ja auch dort bewerben, obwohl ich mich in Germany gar nicht auskenne.« Chris versprach ihm, bei den gemeinsamen Spaziergängen, viel über ihr Heimatland zu erzählen und fügte dann hinzu: »Damit du diesmal genau weißt, worauf du dich einlässt.«

Die Handwerkerarbeiten dauerten länger als geplant. Für den Wassertank passten die Anschlüsse nicht und neue mussten erst nachgeliefert werden. Als die Installationsfirma dann endlich nach sieben Tagen mit ihren Leuten die Station verließ, waren alle nur froh, endlich wieder ihren üblichen Alltag zu haben. Sana war eine der ersten, die beim gemeinsamen Mittagessen von dem warmen Wasser schwärmte, das nun direkt aus dem Wasserhahn in der Küche kam. Trotz aller Euphorie über die neue Technik war Pakka sehr streng, was den Wasserverbrauch betraf. »Jeden Tag dürfen drei Personen duschen. Aber nur kurz.« Harper musste lachen und ergänzte die Mahnung: »Oder in der Regenzeit draußen. Dafür aber länger«, worauf Tido anfing zu kichern.

Die Dienstbesprechung zwei Tage später mit den Wildhütern fand wie vereinbart in dem kleinen Konferenzraum der Touristenstation statt. Mitgefahren waren diesmal neben Chris und Harper Mojo, Pakka und Kobe. Dem resoluten Ermahnen von Pakka, rechtzeitig aufzubrechen, war es zu verdanken, dass sie vor den Wildhütern ankamen. Harper nutzte die gewonnene Zeit, um Chris einen der breitkrempigen Safarihüte schmackhaft zu machen, den es im Ausrüstungsshop der Eingangshalle zu kaufen gab. Er hatte vor, ihr den Hut zu schenken, als Dankeschön für die Ziegenmilch, die er von ihr für seinen Kaffee abbekam. Sie waren gerade am Verkaufsstand und probierten miteinander scherzend einige Exemplare aus, als sie hinter sich Thoolen vernahmen. »Machen wir heute Modeschau oder wird auch gearbeitet?«, fragte dieser harsch. Harper drehte sich zu ihm um und erwiderte gelassen: »Wir suchen Arbeitsbekleidung aus und sind sofort für Sie da.«

Nachdem er den von Chris ausgewählten Hut bezahlt hatte, ging er mit ihr in den Konferenzraum, wo die anderen bereits auf sie warteten. Von einem Gastronomiemitarbeiter wurden gerade die Getränkewünsche abgefragt. Harper bestellte als Letzter einen großen Milchkaffee und fragte hierbei: »Ist die Mich auch von einer Kuh?« Kobe lachte laut los, während Harper bestätigt wurde, dass in diesem Hause nur Kuhmilch serviert werde. »Werden Sie hier langsam alle kindisch, oder was läuft hier gerade ab?«, bemerkte Thoolen gereizt. Harpers eben noch entspannte Gesichts-

173

züge wirkten mit einem Male streng: »Wir haben hier schon zusammengestellt, was wir alles mit Ihnen heute besprechen wollen«, sagte er und reichte dann Ausdrucke einer Tagesordnung herum, die er gestern mit Chris und Pakka erarbeitet hatte.

Während Thoolen die Tagesordnungspunkte lesen konnte, hatten seine drei Mitarbeiter Schwierigkeiten damit, sodass Harper sie schließlich vorlas. Dann sagte er: »Pakka wird heute auch ein Protokoll fertigen, damit in diese Besprechungen eine gewisse Verbindlichkeit kommt.« Als Thoolen grimmig schwieg, gab er bekannt, welche Auswilderungen in welchen Gebieten in den nächsten Tagen geplant waren, ohne sich genau auf bestimmte Tage festzulegen und erfragte die genauen Fundorte der Tiere, die in letzter Zeit angeliefert worden waren. Zum Schluss wollte er von den Wildhütern noch den aktuellen Stand der Wildereibekämpfung erfahren, wobei sich Thoolen auffallend bedeckt hielt und lieber über die Safaritouren sprechen wollte.

Harper hatte inzwischen mit großem Genuss seinen Milchkaffee getrunken und erklärte dann: »Das von der Wilderei betroffene Gebiet wollte ich mir demnächst einmal ansehen. Vielleicht fahre ich auch noch einmal bei Mr Danger vorbei, so heißt doch Ihr Boss, oder?« Dieser Satz verfehlte seine Wirkung bei Thoolen nicht. Mit eisigem Gesichtsausdruck wollte er wissen: »Sind wir jetzt fertig oder kommt noch was?«, worauf Harper nur erwiderte: »Für heute sind wir fertig.« Während Thoolen noch seine Sachen zusammenpackte, war Harper schon aufgestanden und hatte Chris aus Spaß ihren neuen Hut aufgesetzt. Gut gelaunt fragte er in die Runde: »Unsere Chefin sieht gut aus, oder?«, was aber keiner in dieser frostigen Stimmung zu bestätigen wagte. Harper hatte inzwischen die Getränke der Stationsmitarbeiter bezahlt und fragte danach die Bedienung, ob sie auch Kuhmilch außer Haus verkaufen würden, worauf diese ihm gleich drei Dosen Milch aus der Küche besorgte. Chris neckte ihn, als sie von ihm wissen wollte: »Deine Vorliebe für Ziegen ist also nur eine Notlösung?« Harper sah sie grinsend an und erwiderte: »Dich mag ich doch auch und …« Chris boxte ihn in die Rippen und raunte ihm zu: »Sei jetzt ja still.«

Als sie zu den Jeeps kamen, um sie mit Vorräten zu beladen, sahen sie den platten Vorderreifen. Deutlich konnte man an der Seite erkennen, dass er geschlitzt worden war. Während Kobe und Pakka den Reifenwechsel vornahmen, beluden Chris und Harper den zweiten Jeep. Mojo hörte sich derweil im Zentrum noch einmal um und konnte hierbei tatsächlich einen Mitarbeiter ausfindig machen, der gesehen haben wollte, dass Thoolen zwischen den beiden Jeeps durchgegangen sei und sich hierbei kurz gebückt habe.

Später, auf dem gemeinsamen Spaziergang mit den Tieren, stellte Harper besorgt fest: »Chris, das wird hier alles nichts. Thoolen dreht immer mehr durch.« – »Und, was schlägst du vor?«, wollte Chris nach einem kurzen Schweigen von ihm wissen. »Ich bin mir noch nicht sicher, aber lass uns heute Abend in Ruhe darüber reden«, war seine Bitte. Als Harper abends an ihre Tür klopfte, fragte er: »Kann ich Jerry mitbringen? So als Anstandshund?« Mit einem Blick auf den Rüden stellte Chris gleich klar: »Ich glaube nicht, dass Jerry geeignet ist, auf dich aufzupassen.« – »Dann tu du es doch«, forderte er sie auf, während er sich ihr gegenüber auf das Sofa setzte.«

An diesem Abend sprachen sie über die anhaltenden Aggressionen von Thoolen, die Chris von Anfang an wahrgenommen hatte, obwohl sie da noch nicht so offensichtlich waren. Auch war beiden bewusst, dass sie zwar im Moment in seinem Visier waren, er sich aber auch andere Opfer suchen würde, um sich an ihnen abzureagieren. Harper hatte bemerkt, wie Chris ihre Decke, die sie sich um ihre Schultern gelegt hatte, enger zuzog. »Chris, hältst du das wirklich durch oder versuchst du gerade ein Trauma durch ein neues zu verdrängen?« Sie sah ihn lange nachdenklich an, bevor sie ratlos antwortete: »Ich habe mir das doch nicht ausgesucht oder es provoziert, indem ich ihm Hoffnung gemacht habe. Ist es wirklich die Lösung, wenn ich gehe? Dich hat er doch auch im Visier.«

»Und wie war das mit Benno? Zwischen denen lief es doch gut«, hakte Harper nach. »Ja, weil mein Bruder ihn anfangs bewundert hat und sie auch einmal ein Bier zusammen getrunken haben. Benno hat hart für diese Schwärmerei bezahlen müssen und ist mit Thoolen inzwischen durch.« Sie fanden an diesem Abend keine Lösung für ihr Problem und wollten es deshalb vertagen. Bevor Harper ging, fragte er noch: »Wenn es hier für uns keinen Sinn mehr bringt, hättest du Lust mit mir zusammen dein Projekt in Göt… wie heißt das noch einmal, zu starten?« Chris sah ihn erstaunt an. »Ich dachte, du wolltest zurück zu deinen Großeltern.« – »Mac ist jetzt da und ich brauche auch einmal so etwas wie ein Zuhause.« Sie schwieg einen Moment und wollte dann von ihm wissen: »Und was ist, wenn es nicht klappt? Du es dir alles ganz anders vorgestellt hast?« – »Dann kann ich immer noch in einen Flieger steigen und mir eine Holzhütte neben der von meinen Großeltern bauen.« Sie brachte ihn und Jerry bis an ihre Zimmertür, wo sie dem Hund noch einmal über den Kopf strich und sich dann von Harper zum Abschied für einen kurzen Moment umarmen ließ. »Schlaft gut ihr beiden«, sagte sie und schloss die Tür.

XIII

Die nächsten Tage bis zur Geburtstagsfeier von Dr. Crow waren die Mitarbeiter neben den üblichen Tätigkeiten auf der Station damit beschäftigt, ihm einen ganz persönlichen Stationsbericht zu fertigen, mit Bildern aus dem Gelände und humorvollen Texten. Chris hatte noch ein paar Fotos auf ihrer Kamera und wollte diese gerade aus ihrem Zimmer holen, um sie auf den Computer zu übertragen. Nach einiger Zeit des Suchens kam sie ratlos zurück ins Büro, wo Harper zusammen mit Pakka, Tido und Mojo schon passendes Material zusammenstellte und fragte: »Hat jemand meine Kamera gesehen? Ich finde sie nicht.« Mojo erinnerte sich noch genau daran, dass sie ihre Umhängetasche und die Kamera vor der letzten Dienstbesprechung auf die Fensterbank des Konferenzraumes gelegt hatte. Es konnte sich aber keiner daran erinnern, dass sie diese auch wieder mitgenommen hatte. Eine Nachfrage per Funk in der Touristenstation brachte auch kein Ergebnis. Harper wollte von ihr wissen: »Was war denn auf der Kamera?«, worauf Chris nur ziemlich frustriert antwortete: »Das war eine ziemlich gute Kamera, die meine Eltern mir zu meinem letzten Geburtstag für diese Zeit hier geschenkt haben. Auf der Speicherkarte sind keine spektakulären Bilder. Nur ein paar Fotos von der Arbeit hier und von Benno und meinen Eltern.«

Zwei Tage vor der Geburtstagsfeier ließen sich die Stationsmitarbeiter im Friseursalon des Touristenzentrums noch die Haare schneiden und Harper hatte sich kurzfristig entschieden, bei Prof. Stallmeyer seine Bewerbung für das Projekt per Mail einzureichen. Damit fast alle Mitarbeiter mitkommen konnten, wollte nur Mojo an diesem Abend auf der Station bleiben und hatte zur

Verstärkung seinen Bruder und seine beiden Söhne gebeten, ihn zu unterstützen. Nachdem sich der Andrang vor dem Duschraum wieder etwas gelegt hatte, machte sich jeder der Gäste für die Feier schick. Chris fiel die Wahl nicht schwer, denn sie hatte nur ein Kleid für festliche Anlässe mitgenommen. Es war ein leichtes Sommerkleid mit pastellfarbenem Blumenmuster, einem blauen Schultertuch und passende Pumps.

Als sie damit zum Jeep kam, an dem bereits Harper und drei Stationsmitarbeiter auf sie warteten, erhielt sie sofort von Tido Komplimente, auch für ihre schulterlangen blonden Haare, die sie an diesem Abend das erste Mal offen trug und Harper bemerkte noch: »Man gut, dass Thoolen dich heute nicht so sieht.« Das Ehepaar Crow war schon anwesend und freute sich sehr darüber, wie viele von der Station tatsächlich gekommen waren und über das gemeinsame Geschenk. Als weitere Gäste waren noch Mr Danger, der Einsatzleiter der Wildhüter geladen, einige Mitarbeiter vom Touristenzentrum, mit denen Dr. Crow gut zusammengearbeitet hatte, und der Arzt der Krankenstation.

Dr. Crow war an diesem Abend bestens gelaunt und hatte sich offensichtlich die letzten drei Wochen mit seiner Ehefrau auch gut auf seiner Keniareise erholt. Mrs Crow wirkte liebenswürdig und geduldig und beide fast ein wenig wie neu verliebt. Sie freuten sich auf ihre bevorstehende Heimreise in zwei Tagen. Gegen neun Uhr erschien Thoolen auf der Feier. Er ging mit einem Präsent in der Hand direkt auf Dr. Crow zu und gratulierte ihm. Als dieser noch etwas verdutzt das Geschenk entgegennahm, erklärte sein ungebetener Gast: »Mein Boss hatte mich gebeten, auch vorbeizukommen, um noch einmal auf die gute Zusammenarbeit anzustoßen.« Es war hauptsächlich die gute Erziehung, die Dr. Crow dazu brachte, gute Miene zu diesem Spiel zu machen. Er sagte deshalb: »Na, dann wollen wir das nachher auch tun. Ich wollte mich heute von jedem verabschieden.«

Chris saß gerade mit Mrs Crow am Tisch und ließ sich von ihr über die Erlebnisse der letzten Tage berichten, als Pakka sie über den neuen Gast informierte. Etwas verstört fragte Chris: »Wo ist denn Mr Harper?« – »Der kümmert sich gerade um die Musik«, war Pakkas knappe Antwort. Mit mulmigem Gefühl blieb Chris neben Mrs Crow sitzen, die ihr noch zuflüsterte: »Hier wird er Ihnen nichts tun, nicht vor all den Leuten«, und beobachtete aus den Augenwinkeln, wie Thoolen sich mit einem Bier an die Theke stellte und von dort aus Richtung DJ-Pult blickte, wo auch Harper stand. Während die Lautstärke der Musik bislang eher dezent war, sodass man sich noch gut unterhalten konnte, kündigte nun der Discjockey über das Mikrofon an: »Und nun spiele ich ein paar Songs auf besonderen Wunsch eines Gastes. Ich kenne sie nicht. Vielleicht kann man dazu tanzen oder singen. Wir werden es einmal sehen.«

Harper war inzwischen an den Tisch von Chris gekommen und streckte ihr die Hand entgegen: »Kommst du?« Chris stand zögernd auf und ging mit ihm zur Tanzfläche. Was sie aus den Lautsprechern der Musikanlage hörte, war New Orleans Jazz, auf den die anderen Gäste zunächst mit ungläubigen Gesichtern reagierten. Es fanden sich dann aber sehr schnell einige Pärchen auf der Tanzfläche ein, die sich auch an diesem ziemlich schrägen Schwoof versuchen wollten. Zwischen dem ersten und dem zweiten Song raunte Chris Harper zu: »Du weißt, dass Thoolen an der Theke steht?« – »Ach wirklich? Dann sollten wir den ganzen Abend miteinander tanzen. Hier sind wir sicher«, schlug er unbekümmert vor.

Thoolen hielt es nicht sehr lange an der Theke aus. Nach einigen Flaschen Bier war er verschwunden, sodass Chris es wagte, in einer Tanzpause die Damentoiletten in der Eingangshalle aufzusuchen. Sie trat gerade wieder aus dem Waschraum heraus, als sich jemand aus dem Internetraum auf sie zubewegte; es war Thoolen. Er trat so nah an sie heran, dass sie seine Bierfahne deutlich riechen konnte und sagte: »Ich habe Ihre Kamera noch im Jeep liegen. Die haben Sie hier nach der Dienstbesprechung vergessen. Scheint ja ein richtig teures Ding zu sein.« Bevor Chris etwas antworten konnte, fuhr er fort: »Kommen Sie, ich gebe sie Ihnen gleich.« Als diese noch zögerte, ihm aber auch auf keinen Fall die Kamera mit den hierauf gespeicherten Fotos überlassen wollte, erklärte er ihr, dass er schon wegfahren wolle, weil die ganze Feier doch nicht nach seinem Geschmack sei.

Durch die Glastür der Eingangshalle sah sie seinen Jeep stehen, in deren Nähe ein paar Safaritouristen rauchend beisammenstanden und sich lebhaft unterhielten. Das gab Chris ein sicheres Gefühl. Bevor sie ihm folgte, gab sie dem Portier, den sie inzwischen recht gut kannte, Bescheid, dass sie kurz mit Mr Thoolen zum Jeep gehen würde, falls jemand nach ihr fragen sollte. Er stand bereits am Fahrzeug und hatte die Beifahrertür geöffnet. Als sie neben seinem Fahrzeug stand, zeigte er auf die Kamera im Fußraum des Jeeps und sagte nur: »Bitte, sie gehört Ihnen«, und trat einen Schritt beiseite.

Obwohl sie die Situation merkwürdig fand, bückte sich Chris und griff hastig ihre Kamera. Als sie sich wieder aufrichten wollte, verspürte sie einen so heftigen Stoß im Rücken, dass sie vorwärts auf den Sitz stürzte und dabei mit dem Kopf hart auf dem Armaturenbrett aufschlug. Sie fühlte sich einen Moment lang benommen und merkte noch, wie ihre Beine hochgehoben wurden, sodass sie nun komplett auf dem Sitz lag. Dann wurde die Wagentür zugeschlagen. Thoolen lief um das Fahrzeug herum, stieg ein und startete den Motor.

Chris lief das Blut aus der Nase und tropfte auf Kleid und Kamera. Voller Panik versuchte sie, die Beifahrertür zu öffnen, die jedoch verschlossen war. Chris schrie ihn an, anzuhalten und die Tür zu öffnen, aber er reagierte nicht. Mit ihrer ganzen Kraft drückte sie ihm die Kamera von der Seite ins Gesicht, worauf er sie mit der rechten Hand abzuwehren versuchte und brüllte: »Heute kommst du mir nicht davon, du alte Schlampe!« Sie fuhren gerade durch die beleuchtete Einfahrt der Touristenstation, als Chris auf der Rückbank sein Gewehr und sein Buschmesser liegen sah. Sie drehte sich zu ihm hin und schlug ihm noch einmal ihre Kamera gegen das Gesicht, während sie mit der linken Hand sein Messer ergriff und ihn aufforderte, sofort anzuhalten. Er wollte wieder nach ihr schlagen und schrie: »Halt's Maul!«, als sie ihm das Messer in den rechten Arm stieß und es sofort wieder aus der Wunde zog.

Thoolen schrie laut auf und verlor die Kontrolle über das Fahrzeug. Es fuhr in eine Buschgruppe und danach laut scheppernd gegen einen der dort abgestellten Anhänger. Chris forderte ihn voller Angst noch einmal auf, die Tür zu öffnen und drohte ihm damit, ein weiteres Mal zuzustechen. Um dem zu entgehen, hob er die Zentralverriegelung auf und brüllte: »Hau ab du Schlampe, sonst vergesse ich mich noch!« Voller Panik öffnete Chris die Beifahrertür, bevor sie aus dem Fahrzeug stolperte. Als sie neben dem Jeep lag, sah sie, wie andere Safarigäste auf sie aufmerksam geworden waren und herbeieilten, während Thoolen versuchte, den Jeep neu zu starten. Mit Hilfe von zwei jungen Männern, die sie schnell zur Seite zogen, bekam sie genügend Abstand zum wegfahrenden Jeep. Mit zerrissenem Kleid und blutverschmiert lag Chris auf der Erde und versuchte mit Unterstützung ihrer Helfer auf die Beine zu kommen. Durch den Aufprall und den Sturz hatte sie mehrere blutende Verletzungen. Eine junge Frau aus der Gruppe schrie aufgeregt: »Wir müssen die Polizei rufen!«, worauf ein anderer vorschlug: »Wir brauchen einen Arzt!«

Harper, der schon etwas unruhig auf ihre Rückkehr gewartet hatte, war schließlich mit Pakka besorgt in die Empfangshalle gegangen, um nach Chris Ausschau zu halten. Da sie diese aber nicht finden konnten, hatten sie beim Portier nachgefragt, der ihnen die Auskunft gab: »Die ist gerade mit dem Wildhüter zum Parkplatz gegangen.« Daraufhin war Harper sofort hinausgelaufen und sah dort ihr blaues Schultertuch auf der Erde liegen. Voller Sorge befragte er die Gäste, die aber nur gesehen haben wollen, dass ein Jeep weggefahren sei. Harper und Pakka hatten dann auch das entfernte Scheppern vernommen und waren sofort in diese Richtung gelaufen.

Schon von Weitem sahen sie die Menschengruppe, die sich aufgeregt um eine Person scharrte, die auf der Erde lag und einen Jeep, der eilig davonfuhr. Untergefasst auf beiden Seiten, versuchte Chris gerade ein paar Schritte zu gehen, als sie Pakka und Harper kommen sah. Sie blieb stehen und merkte plötzlich, wie die Kraft aus ihren Beinen wich und ihr schwarz vor den Augen wurde. Während Pakka zurück ins Haus lief, um den Arzt der Touristenstation zu verständigen, hatte Harper Chris wieder auf den Boden gelegt und sich vor sie gekniet. Ihm standen die Tränen in den Augen, als er sie so vor sich liegen sah. Ein Gast hatte das blutige Messer, die blutverschmierte Kamera sowie einen Schuh neben Chris etwas unbeholfen mit den Worten abgelegt: »Das lag neben ihr, als sie aus dem Jeep gestürzt ist.«

Der Stationsarzt Dr. Tolento und auch der Bezirkspolizist waren wenige Minuten später mit Pakka am Unfallort wie auch das Ehepaar Crow. Chris hatte inzwischen das Bewusstsein wiedererlangt und wurde nun in einer Decke zur Arztstation getragen. Während die anderen im Warteraum aufgeregt über diese versuchte Entführung sprachen, bat Dr. Tolento: »Kann mir jemand assistieren?«, worauf sich Harper sofort bereit erklärte. Während Dr. Tolento seine Patientin untersuchte, wollte er von ihr wissen, was geschehen war. Die Nase von Chris blutete zwar noch immer, war aber nicht gebrochen. Ansonsten hatte sie Prellungen im Gesicht, die bereits anschwollen, eine aufgeplatzte Lippe und zahlreiche blutende Schürfwunden an Armen und Beinen. Zur Sicherheit fertigte der Arzt noch Fotos von den Verletzungen an, um sie gegebenenfalls der Polizei zur Verfügung zu stellen. Auf Harpers Frage hin, wie es nun weitergehen solle, wollte Dr. Tolento aufgrund ihrer starken Kopfschmerzen eine Gehirnerschütterung nicht ausschließen und riet dazu, Chris sofort nach Hause zu fahren, damit sie sich dort hinlegen könne.

Als Harper noch besorgt nachfragte, ob sie denn nicht ins Krankenhaus müsse, gab ihm der Stationsarzt zur Antwort: »Ihr habt doch Mojo. Der wird sich gut um sie kümmern.« Harper war inzwischen zu den anderen in den Warteraum gegangen, um sich mit Pakka abzustimmen. Er bemerkte sofort die kippende Stimmung. Während Dr. Crow in Erwägung zog, nun doch nicht in zwei Tagen nach Kanada zurückzufliegen, begann Mrs Crow zu weinen und sagte zu ihrem Ehemann: »Aber du kannst doch hier auch nicht mehr machen als die Polizei.« Auch Harper war der Ansicht, dass sie wie geplant losfliegen sollten und machte sich dann mit Pakka auf den Weg, den Transport von Chris zur Station vorzubereiten. Gemeinsam mit dem Ehepaar Crow brachten sie Chris zum Jeep, wo sie sich auf die Rückbank legen konnte. Die Verabschiedung von den Crows war geprägt von Hilflosigkeit und Sorge, bis Pakka den Wagen schließlich startete und langsam losfuhr.

Auf der Fahrt sagte er besorgt zu Harper: »Mrs Chris ist hier nicht mehr sicher. Bringen Sie sie zu ihrer Familie zurück, bevor es zu spät ist.« Harper wollte dieses Gespräch jetzt nicht führen und antwortete deshalb nur ausweichend: »Da reden wir die nächsten Tage drüber.« Mit einem Blick auf die Rückbank sah er, dass Chris versuchte sich aufzurichten und sich dann erbrach. Harper erkundigte sich gleich: »Soll ich lieber weiterfahren, damit wir schnell zur Station kommen?« Sie war damit einverstanden, worauf er lediglich das Seitenfenster einen Spalt öffnete und zügig weiterfuhr.

Auf der Station lief Mojo erstaunt mit Jerry zum Jeep, der gerade vorfuhr. Er hatte mit seinen Söhnen gerade ein Brettspiel in der Küche gespielt und noch nicht mit Rückkehrern gerechnet. Als er Chris sah und auch den scharfen Geruch im Inneren des Fahrzeugs vernahm, stellte er fest: »Das ist eine Gehirnerschütterung, ab ins Bett mit ihr.« Gemeinsam mit Harper brachte er sie nach oben und legte sie aufs Bett. Dann stellte er sehr bestimmt fest: »Wir brauchen hier eine Frau. So geht das nicht. Wann kommt denn Sana?« Harper wirkte nervös, als er antwortete: »Sana ist noch auf der Feier. Ich weiß nicht, wann die zurückkommen. Wir sollten dort nicht noch mehr Panik verbreiten. Die Crows waren schon völlig fertig.«

Gemeinsam mit Mojo zog er Chris das verschmutzte Kleid aus und legte es ins Bad. Mojo hatte inzwischen aus der Küche ein Tuch und eine Schüssel mit Wasser besorgt, womit er Chris von ihrem Erbrochenen reinigte. Dann zogen sie ihr das Nachthemd über und deckten sie zu. Chris hatte, so gut es ging, mitgeholfen, aber ihre Kopfschmerzen und ihre anhaltende Benommenheit schränkten sie stark ein. Sie wollte nach all dem eigentlich nur noch Ruhe. Mojo hatte indes die Schüssel ins Bad gebracht und sie dort ausgeleert, als Harper ihr vorschlug: »Ich würde heute Nacht lieber bei dir auf dem Sofa schlafen. Ist das für dich in Ordnung?« Chris hatte keine Einwände und verkroch sich unter ihre Decke. Nachdem Mojo ihr noch die ausgeleerte Schüssel vor ihrem Bett abgestellt hatte, ging er nach unten. Harper folgte ihm. Zuvor hatte er Chris noch eingeschärft, mit einem Kochlöffel, den er aus der Küche geholt hatte, kräftig gegen die Metallschüssel zu schlagen, wenn sie Hilfe bräuchte und er nicht da sei.

Pakka, der derweil den Jeep gereinigt hatte, war danach zu den anderen in die Küche gekommen. Unter den Männern herrschten Betroffenheit und Ratlosigkeit. Harper war der Überzeugung, dass Thoolen nicht nur für Chris eine Gefahr darstellt, sondern für alle. Pakka stimmte ihm zwar zu, meinte aber: »Mrs Chris kann von hier fortgehen, das ist ihre Chance. Wir müssen dagegen bleiben und eine Lösung finden.« Während die anderen schwiegen, mahnte Pakka: »Mrs Chris sah so wunderschön aus in ihrem bunten Kleid und sie hat viel gelacht und getanzt. Sie hat es verdient, endlich glücklich zu werden.« Harper drückte seinen Rücken durch und holte tief Luft, bevor er Pakka recht gab: »Ja, das hat sie verdient. Ich rede morgen mit ihr.«

Als später Harper mit Jerry ums Haus ging, nahm er zur Sicherheit sein Gewehr mit. Dann schaute er noch einmal nach den beiden Ziegen, die aneinandergekuschelt im Stall lagen. Leise holte er sein Schlafzeug aus seinem Zimmer und bereitete die Couch für die Nacht vor. Beim Blick in den Badezimmerspiegel stellte er erstaunt fest, dass seine Gesichtszüge hart und angestrengt wirkten, wie er es noch nie bei sich erlebt hatte. Er hatte gerade die Zimmertür von dem Wohnraum verschlossen und sich auf die Couch gelegt, als die anderen beiden Jeeps mit den übrigen Stationsmitarbeitern vorfuhren. Harper wollte nicht mehr nach unten gehen, sondern blieb liegen und lauschte den Atemzügen von Jerry und Chris, bis er schließlich selbst einschlief.

Wach wurde er, als er hörte, wie Chris im Traum versuchte zu schreien. Er stand schlaftrunken auf und setzte sich an ihren Bettrand, um ihr über den Arm zu streicheln. Als sie wach wurde, fragte sie verstört: »Was ist passiert?« Harper versuchte sie zu beruhigen: »Du hast eben schlecht geträumt. Jerry und ich passen auf dich auf.« Ihr Atem wurde wieder gleichmäßiger, sodass er aufstand und sich wieder zurück aufs Sofa legte. Obwohl er eine tiefe Müdigkeit in sich spürte, konnte er nicht mehr einschlafen. Pakka hatte recht mit seinen Sorgen und Mahnungen. Er hatte jedoch Angst vor den Konsequenzen, wenn Chris Kenia nun verlassen würde. Es war Jerry, der ihn schließlich mit seiner feuchten Schnauze anstieß, um ihn zum Aufstehen zu bewegen. Es war die übliche Weckzeit. Leise stand er auf und ging ins Bad. Danach sah er noch einmal nach Chris und ließ dann Jerry raus, der schon ungeduldig wurde.

Vor dem Haus wartete er, bis Jerry alles erledigt hatte und ging dann mit ihm in die Küche, um sich einen starken Kaffee aufzubrühen. Sana, die Wächterin über die Küche und Vorräte, war in ihrer Schlafkammer direkt neben ihrem Reich von seinem Hantieren wach geworden. Neugierig schaute sie nach und erinnerte ihn dann empört: »Mr Harper, das ist meine Arbeit!« Harper blickte sie nur müde an und meinte: »Ach Sana, ab heute läuft alles anders.« Sana hatte sich schnell angezogen und war dann in die Küche geeilt, wo Jerry sie freudig begrüßte. Sie warf ihm ein Stück getrocknetes Fleisch hin und versorgte dann Harper mit Kaffee. Dieser war in der Zwischenzeit noch einmal nach oben gegangen, um nach Chris zu sehen, die schweißgebadet in ihrem Bett lag. Besorgt ging er wieder zu Sana und bat sie, mit nach oben zu kommen, um nach Chris zu sehen.

Sana, die bislang nur aus den Gesprächen der anderen wusste, was geschehen war, stieß einen entsetzten Schrei aus, als sie Chris so verquollen und bläulich eingefärbt dort liegen sah. Sie beschloss, sofort Mojo zu holen. Chris war hiervon wach geworden und blickte Harper an, der hilflos vor ihrem Bett stand. Kaum hörbar sagte sie: »Ich muss mal zur Toilette.« Harper half ihr, sich im Bett aufzusetzen, und gab ihr Halt beim Aufstehen. Als Chris in den Spiegel schaute, zuckte sie zusammen. Sie sah eine misshandelte Frau mit Schwellungen, einem großen Hämatom am Auge und einer geschwollenen Unterlippe. Langsam ging sie zur Tür, vor der Harper auf sie gewartet hatte. Er brachte sie gerade zurück zum Bett, als Sana mit Mojo zurückkam. Der erfahrene Tiermediziner sah sofort, dass Chris auffieberte und wies Sana an, ihr Wadenwickel zu machen. Um Medikamente zu bekommen, wollte er am Vormittag zu Dr. Tolento fahren und sich auch mit ihm besprechen.

Während Harper bei Chris geblieben war und hierfür den Sessel an ihr Bett gezogen hatte, bereitete Sana in der Küche die Wadenwickel vor. Kurze Zeit später kam sie zurück und wies Harper an, ein frisches Nachthemd herauszusuchen, während sie Chris versorgen wollte. In der Kommode hatte er einen Sommerschlafanzug gefunden und ihn Sana gereicht, die dabei war, Chris zu waschen und die Wadenwickel anzulegen. Dann holte Sana das Frühstück für beide. Harper hatte erst nur seinen Milchkaffee getrunken und wollte dann Chris überreden, auch etwas zu trinken, was ihr aber wegen der Verletzung an der Lippe sehr weh tat. Essen wollte sie gar nichts.

Nachdem Harper sie einen Moment betrachtet hatte, während Chris gerade einmal fünf Schlucke abgekühlten Milchkaffee zu sich genommen hatte, sagte er: »Pakka hält es für besser, wenn du zurück zu deiner Familie fährst. Er macht sich große Sorgen.« Sie schwieg lange, bevor sie fragte: »Und was willst du?« Es fiel ihm schwer, zuzugeben, dass er ähnlich dachte. »Dann hat er ja alles erreicht. Mich hat er einmal so richtig grün und blau geprügelt und bei uns ist Schluss, bevor es überhaupt beginnen kann«, stellte sie nach einer Weile frustriert fest. Harper musste bei ihren Worten schlucken und versuchte ihr Mut zu machen, indem er sie daran erinnerte: »Chris, ich habe mich doch gerade für das Projekt in Germany beworben.« – »Ein Mensch muss schon einen wirklich triftigen Grund haben, um sein Land und seine Lieben hinter sich zu lassen. So einfach macht man das nicht. Und ich bin noch nicht dein starkes Motiv für diesen Schritt«, sagte sie müde.

Harper war aufgestanden und ans Fenster getreten. Es tat ihm weh, was sie gerade gesagt hatte, weil es stimmte. Was wusste er schon von Chris und ihrem Leben in dem Land, das er nur aus den Nachrichten kannte. Er spürte die aufsteigende Panik in sich, als er fragte: »Und was ist, wenn mir zwar das starke Motiv für Germany noch fehlt, aber ich mich jetzt nicht einfach von dir trennen möchte?« – »Dann müssen wir da jetzt wohl durch«, war ihre knappe Einschätzung.

Unten vor dem Haus war inzwischen ein Jeep vorgefahren. Jerry, der zwar sein Trockenfleisch schon fertig bearbeitet hatte, aber trotzdem bei Sana in der Küche geblieben war, weil es dort immer nach Essbarem roch, lief nun in den Flur und bellte laut. Harper ging nach unten, um nachzusehen, wer gekommen war. Zu seiner Erleichterung stellte er fest, dass es der Polizeichef war, und bat ihn ins Büro. Dort berichtete ihm dieser, dass sie Thoolen gestern Nacht noch festgenommen hätten. Als Harper nachfragte, was nun zu erwarten sei, antwortete er: »Mr Thoolen hat in seiner Vernehmung behauptet, Mrs Hansen sei gestürzt, als sie ihre Kamera aus seinem Jeep holen wollte und dass sonst nichts geschehen sei.« Harper sah ihn ungläubig an und fragte dann: »Und warum ist er mit ihr losgefahren und hat eine Stichwunde am Arm?« – »Angeblich hat er sich auf seiner Veranda verletzt, als er in die Spieße für das Trockenfleisch gelaufen ist, und losgefahren sei er erst, als Mrs Hansen sein Fahrzeug bereits verlassen habe.« – »Das glauben Sie ihm aber nicht?«, wollte Harper von ihm wissen. »Wenn wir keine Zeugen finden, steht Aussage gegen Aussage und ich muss ihn wieder freilassen«, klärte ihn der Polizist auf.

Gemeinsam gingen sie nach oben zu Chris, die bereit war, einige Fragen zu beantworten. Zu dritt versuchten sie Beweise dafür zu finden, dass Thoolen lügt. Da gab es den Portier, der gesehen hatte, dass der Jeep direkt vor dem Eingang stand und die Gäste, die gesehen haben, dass er weggefahren ist. Auch das Messer ist ein Beweis, an dem noch das Blut von Thoolen anhaften müsste. Als der Polizist gegangen war, stellte Chris frustriert fest: »Der schafft es wieder, davonzukommen. Hier ist es doch keine Straftat, Frauen zu misshandeln oder zu verschleppen. Die ermitteln doch nur, weil ich Deutsche bin.« – »Ja genau, hier sollten wir auch ansetzen. Wir müssen die deutsche Botschaft informieren, damit die von dort aus Druck machen, dass hier für deine Sicherheit gesorgt wird«, war Harpers Idee.

Als Dr. Tolento in der Mittagszeit vorbeischaute, hatte sich Chris' Zustand deutlich verschlechtert. Das Fieber war trotz Wadenwickel angestiegen und sie hatte starke Kopfschmerzen. Nachdem Dr. Tolento sie noch einmal gründlich untersucht hatte, schloss er sie an eine Infusion an und ließ ein fiebersenkendes Medikament da. Während Harper den Arzt zur Haustür brachte, erzählte er ihm von der Einschätzung des Polizisten, dass Thoolen es für sich ausnutzen könnte, dass die Beweislage sehr dürftig sei und es nicht sehr aussagekräftige Zeugen gäbe, zumal jeder nur immer Bruchteile des Ganzen mitbekommen habe. Dr. Tolento schaute ihn fassungslos an und sagte dann mit einem Kopfschütteln: »So etwas denkt sich doch keiner aus. Da oben liegt eine junge Frau, die traumatisiert ist, eine Gehirnerschütterung hat und fiebert. Das ist doch schon Beweis genug.«

Von dem Medikament war Chris müde geworden und hatte daraufhin den Rest des Tages verschlafen. In der Nacht hatte sie heftige Albträume, in denen sie mit Jannic auf dem Arm durch den Nationalpark irrte und von Thoolen verfolgt wurde. An den Wasserfällen stand er plötzlich vor ihr, entriss ihr den Jungen und schleuderte ihn in die Fluten, wo Jannics kleiner Körper an einem Felsen zerschmetterte. Sie versuchte zu schreien, bekam aber kaum einen Ton heraus. Sie lag schweißnass im Bett, als Harper ihr immer wieder über den Arm strich und sie ansprach: »Chris, wach auf. Du hast schlecht geträumt.« Sie musste weinen, als sie ihm ihren Traum erzählte und ihn dann bat: »Bitte bleib hier und halt mich fest.«

Harper holte für sie ein frisches T-Shirt aus dem Schrank und wechselte es mit dem Oberteil ihres Schlafanzuges. Danach trug er sein Bettzeug zu ihrem Bett und legte sich zu ihr. Chris suchte in der Dunkelheit seine Hand und hielt sie dann fest umschlossen. Nachdem sie so eine Weile schweigend nebeneinander gelegen hatte, fragte Harper sie: »Wenn du dir jetzt einen Ort wünschen könntest, wo du gerne mit mir sein möchtest, wo wäre der?« Sie brauchte nicht lange zu überlegen und sagte dann: »In meinem kuscheligen Zimmer in Göttingen.« Sie erzählte ihm von ihrem Erkerzimmer unter dem Dach, wie die WG aufgeteilt war und vom schönen Garten mit all den blühenden Stauden und den alten Obstbäumen. Als er sie fragte, ob denn noch ein Zimmer in der WG frei wäre, antwortete sie: »Es kommt darauf an, was du für Ansprüche stellst. Da gibt es einmal die untere Etage mit Büro, Wintergarten, Ess- und Wohnzimmer, die wir für die WG gar nicht nutzen, und dann im ersten Stock ein Einzelzimmer, das frei sein wird.«

»In welchen Räumen würdest du mit Jerry und mir wohnen wollen?«, hakte er nach. Jetzt musste sie deutlich länger nachdenken, bevor sie vorschlug: »Für Jerry wäre natürlich der Wintergarten mit Tür zum Garten gut. Das Büro von meinem Großvater mit den alten gedrechselten Holzmöbeln würde dir bestimmt gefallen und der Kachelofen im Wohnzimmer ist im Winter auch richtig gemütlich. Aber zum Schlafen möchte ich wieder in das Erkerzimmer.« – »Und wo willst du Claire und Fina unterbringen?« – »Wir könnten den Schuppen im Garten umbauen. Platz gibt es genug. Ich weiß aber nicht, ob es erlaubt ist, denn Göttingen ist eine Stadt«, gestand sie.

Der Gedanke an ihr Zuhause hatte Chris ruhiger werden lassen und Harper stellte sich in dieser Nacht das erste Mal vor, wie sein Leben dort sein könnte, zusammen mit Chris in einem Land, dessen Sprache er nicht sprach. Es war schon nach Mitternacht, als sie ihre Zukunftspläne abbrachen, um noch etwas zu schlafen, zumal Jerry sie früh wecken würde.

Am nächsten Morgen war Harper leise aufgestanden, als Jerry ihn anstupste und versuchte, sein Gesicht zu lecken. Er machte sich in seinen Räumen fertig und ging mit dem Rüden dann um das Haus. Es war die erste Nacht, die er mit Chris in einem Bett geschlafen und Zukunftspläne geschmiedet hatte und trotzdem fühlte sich alles für ihn so unwirklich an. Er hatte Angst davor, was hier noch alles geschehen könnte, und brauchte doch die Unbeschwertheit und das Überschwängliche vom Verliebtsein, um sich mit diesen gemeinsamen Zukunftsplänen sicher zu fühlen.

Harper blieb mit Jerry, der zwischen den geparkten Jeeps schnupperte, noch einen Moment vor dem Haus stehen. Er hatte die Bilder vom Abend des Festes vor sich, wo er mit ihr getanzt und gelacht hatte. Er war verliebt in sie und hätte gegen eine gemeinsame Nacht und ein Leben in Göttingen keine Einwände gehabt, weil alles auf dieser Feier voller Zuversicht schien. Jetzt lag sie verletzt und fiebernd in ihrem Zimmer und hatte diese Albträume, die ihrem gemeinsamen Leben die Unbeschwertheit raubten. Er spürte in sich die Zweifel, ob diese Verliebtheit ausreichen würde, um daraus eine stabile Beziehung und eine gemeinsame Zukunft werden zu lassen, in der er sich gut aufgehoben fühlen könnte.

Als er zurück ins Haus ging, sah er nach Fina und Claire, die jeden Tag von Sana gemolken wurde, solange Chris dies nicht erledigen konnte. Sie blickten ihn schläfrig an und er nahm sich vor, mit ihnen heute etwas länger als den Tag zuvor spazieren zu gehen. In der Küche war Sana damit beschäftigt, das Frühstück vorzubereiten. Sie sah ihn forschend an und stellte dann fest: »Mr Harper, Sie sehen nicht gut aus. Sie müssen auch einmal schlafen.« – »Ja, das werde ich, sobald Mrs Chris wieder gesund ist«, versprach er ihr, nahm das Tablett und ging damit nach oben, während Jerry sein Trockenfleisch in Empfang nahm, um es unter dem Küchentisch genüsslich mit seinen Zähnen zu bearbeiten.

Chris wurde wach, als Harper zu ihr ins Zimmer kam. Sie hatte zwar immer noch Fieber, fühlte sich aber schon deutlich besser und bestand darauf, allein ins Bad gehen zu dürfen, obwohl sie sich dabei noch an den Wänden und Möbeln abstützen musste. Sie betrachtete sich im Spiegel und stellte erleichtert fest, dass sie heute schon etwas besser aussah. Die Schwellungen am Auge und an der Lippe waren deutlich zurückgegangen; nur das Hämatom vom Auge rutschte nun immer weiter nach unten und ließ ihre rechte Gesichtshälfte bläulich schimmern.

In der Zwischenzeit hatte Harper schon seinen ersten Milchkaffee getrunken und ihr Frühstück auf den kleinen Tisch ans Bett gestellt. Als sie sich wieder hingelegt hatte, erklärte sie ihm: »Ich muss heute mit zur Touristenstation kommen, um Benno und meinen Eltern eine Mail zu schicken, damit sie sich keine Sorgen machen.« Er sah sie ungläubig an. »Chris, du musst heute noch im Bett bleiben. Zur Not kann ich auch Benno mailen und er informiert dann deine Eltern.«

Harper wartete nach dem Frühstück noch ab, bis Mojo nach Chris gesehen und ihr den Verband am Knie gewechselt hatte, um dann mit Pakka loszufahren. Nachdem die beiden Männer erst schweigsam nebeneinandergesessen hatten, erkundigte sich schließlich Pakka: »Sie mögen Mrs Chris sehr?« – »Ja, ich liebe sie, und das macht die Sache so schwer.« Dann erzählte er Pakka von seinen Ängsten, in ein Land zu gehen, das er gar nicht kannte und wo er darauf angewiesen sei, dass man seine Sprache verstehen könne. Er hielt einen Moment inne und ergänzte dann: »Wenn ich sie nicht lieben würde, könnte ich das Leben in Germany ausprobieren und wenn es mir nicht gefällt, einfach in mein Land zurückgehen. Das geht aber nicht, wenn ich mit ihr eine Beziehung habe und später vielleicht auch Kinder.« Pakka wusste nur zu gut, was er meinte und gab ihm dann den Rat: »Mr Harper, versuchen Sie herauszubekommen, was Sie für Ihr Leben brauchen. Dann haben Sie auch Kraft für Ihre Gefühle.«

Im Internetraum checkte Harper erst seine eigenen Mails und rief dann die von Chris auf. Er war nervös, als er ihre neuen Mails öffnete, um sie auszudrucken. Dann beantwortete er die Mail von Benno, die er aber nicht verstehen konnte, weil sie in Deutsch geschrieben war, auf Englisch: »Hi, hier schreibt Jeff Harper, der neue Kollege von Chris. Deine Schwester liegt im Bett mit Fieber, es geht ihr aber schon besser. Die nächste Mail kommt dann wieder von ihr.« Er hatte zuvor mit Chris verabredet, dass er nicht schreiben werde, was geschehen war, weil sie nicht wollte, dass sich ihre Familie Sorgen macht und Benno überstürzt anreist, wo er doch seinen regulären Flug in drei Wochen gebucht hatte.

Danach ging Harper noch zu Dr. Tolento und übergab ihm eine schriftliche Einverständniserklärung von Chris, dass er der Polizei noch Beweismittel aus ihrer Krankenakte zur Verfügung stellen könne, wenn sie es für ihre Ermittlungen benötigen würde. Später an der Rezeption fragte er nach der Telefonnummer der deutschen Botschaft in Mombasa und ließ sich eine Telefonverbindung schalten. Zu seiner Erleichterung sprachen sie dort Englisch und er konnte berichten, was geschehen war. Er erhielt am Ende des Gesprächs die Zusage, dass man sich von dort aus mit der hiesigen Polizei in Verbindung setzen wolle.

Als er endlich zu Pakka an den Jeep trat, war das Fahrzeug schon mit Kisten vollgeladen. Pakka zeigte stolz auf die drei Dosen Milch, die auf der Rückbank lagen und bemerkte dann: »Die sind für den Kaffee. Ziege und Kaffee passen nicht gut zusammen.« Auf der Rückfahrt erzählte Harper ihm von dem Gespräch mit dem Botschaftsmitarbeiter und auch, dass Dr. Tolento der Polizei noch Beweise liefern könne, worauf Pakka einwandte: »Der Weg ist gut, aber ob das alles reicht, müssen wir sehen. Thoolen ist wie ein Teufel, der alles Gute zerstören will.«

Chris hatte in ihrer Abwesenheit geschlafen und wurde erst wach, als Sana ihr das Mittagessen brachte. Als diese noch das Essen für Harper holen wollte, der gerade mit Jerry ums Haus gegangen war, erklärte Chris: »Nein, Mr Harper soll auch einmal wieder mit euch zusammen essen; ab morgen komme ich dann wieder hinzu.« Harper war einen Moment erstaunt, als Sana ihm ausrichtete, was Chris gerade gesagt hatte, blieb dann aber unten bei den anderen. Es war fast wie immer; es wurde viel gelacht und von den Familien erzählt. Nur Harper und Pakka waren diesmal schweigsamer als sonst. Als Harper dann nach oben zu Chris gehen wollte, überreichte Pakka ihm noch einen Briefumschlag mit den Worten: »Das habe ich vom Portier für Mrs Chris bekommen. Können Sie es ihr bitte geben?«

Chris hatte gut gegessen und das Fieber war auch etwas gesunken. Gut gelaunt wollte sie wissen: »Na, ist unten wieder alles in Ordnung?« – »Ja, so langsam haben sich alle von dem großen Schreck erholt und Sana hat auch schon angekündigt, dass du morgen wieder dabei sein willst.« Er hatte sich zu ihr ans Bett gesetzt und ihr die Mailausdrucke und den Briefumschlag übergeben, den sie gleich neugierig öffnete. Es war ein Brief von den Crows mit einem Gutschein darin. Sie teilten ihr noch einmal mit, wie unendlich leid es ihnen tun würde, was in dieser Nacht geschehen war, und Dr. Crow bereute, Mr Thoolen nicht gleich als ungebetenen Gast weggeschickt zu haben. Als sich Chris den Gutschein betrachtete, stellte sie fest: »Du, ich kann mich zwei Tage im Hotel des Touristenzentrums verwöhnen lassen, mit Schwimmbad und Fitnesscenter.«

Harper fand das Geschenk originell und fragte ganz spontan: »Wollen wir das zusammen machen? Ich leg noch etwas drauf und wir kriegen dann ein Doppelzimmer.« Voller Ungeduld betrachtete er Chris. »Meinst du, wir können die Station allein lassen? Und was ist mit Jerry?«, fragte Chris. Harper sah das gelassener und meinte: »Wir sind immer über Funk zu erreichen und in einer halben Stunde wieder auf der Station, falls wirklich etwas sein sollte. Und Jerry nehmen wir einfach mit. Du musst es nur wollen.«

Für ihn war ihre Antwort mehr als nur die Entscheidung, ein Wochenende gemeinsam verbringen zu wollen. Ihr Zögern erschien ihm wie ein »Jein« zu einer gemeinsamen Zukunft. »Dann lass es uns übernächstes Wochenende machen. Da sehe ich sicherlich nicht mehr so misshandelt aus und Benno ist auch noch nicht hier«, schlug Chris endlich vor, worauf Harper sie erleichtert ansah und sich dann zu ihr vorbeugte, um sie sehr vorsichtig auf ihre langsam verheilende Lippe zu küssen. Als sie es gewähren ließ, stellte er fest: »Das klappt doch schon gut. Dann kannst du morgen bestimmt auch schon wieder aufstehen.« – »Mojo hat hierzu das letzte Wort, zumindest hat er mir das vorhin so gesagt«, klärte ihn Chris auf und lächelte.

Während sie ihre Mails durchsah, wollte er mit Jerry und den Ziegen noch spazieren gehen, worauf Chris ihn bat, Tido mitzunehmen, falls Claire wieder scheuen würde. Unter den Mails war auch eine von Herrn Prof. Stallmeyer, der die Bewerbung von Harper inzwischen erhalten hatte und von Chris etwas mehr über diesen neuen Bewerber erfahren wollte. Steffi hatte ihr geschrieben, dass sie in acht Wochen mit ihrem französischen Freund nach Avignon ziehen wolle und deshalb die WG verlassen werde. Und Benno berichtete wie immer, was er gerade alles in seinem Leben am Laufen habe. Er ging jetzt wieder ins Fitnesscenter, stellte die drei Afrikareportagen fertig wie auch die beiden Kurzfilme und war mit Lisa einmal wieder im Bett gewesen. Zum Schluss erwähnte er noch, dass er Sarah die Unterlagen, wie von ihm versprochen, für ein Auslandsstipendium per Mail zugesandt habe. Ihren Eltern ging es gut und sie planten, über Ostern ein paar Tage nach Göttingen zu fahren, um noch Zeit mit Benno zu verbringen, bevor er wieder nach Kenia aufbrechen würde. Sie schrieben, dass sie froh wären, wenn dieses Afrikaabenteuer endlich ein Ende habe, und Chris konnte sie nur zu gut verstehen.

Gegen Abend brachte Sana das Abendessen für sie und Harper. Als Chris feststellte, dass dieser noch gar nicht wieder aufgetaucht war, kicherte Sana und verriet ihr: »Mr Harper melkt mit Tido die Claire und die macht es ihm nicht gerade leicht. Aber er wird schon noch kommen.« Tatsächlich kam er zwanzig Minuten später und hielt ihr voller Stolz ein kleines Schälchen mit Ziegenmilch hin: »Die ist von mir; nein von Claire. Ganz frisch und handgemolken.« Chris zeigte ehrliche Anerkennung für diese Leistung und wollte dann wissen, ob es auch für Claire in Ordnung gewesen sei. »Sie ist halt eine richtige kleine Zicke, aber dann hat sie stillgehalten. Als ich ihr gutes Futter gegeben habe«, gestand Harper.

»Hast du noch Lust, nach dem Essen eine Runde Schach mit mir zu spielen? Im Büro habe ich ein altes Schachbrett gefunden.« Chris willigte ein und nachdem er das Geschirr zu Sana zurückgebracht hatte, kam er mit dem Spiel zu ihr zurück. Er setzte sich ihr gegenüber mit dem Rücken ans Fußende des Bettes. »Welche Farbe nimmst du?« Sie entschied sich für Weiß.

Das Spiel verlief anfangs normal und Chris spielte die erste Stunde recht sicher. Dann änderte sich schlagartig der Spielverlauf, als er ihre Dame bedrohte. Harper, der ihre Unruhe spürte, trieb ihre Dame mehrere Male in die Enge, ohne sie aber zu schlagen, obwohl er die Chance dazu gehabt hätte. Chris war vom Spielverlauf so irritiert, dass sie Fehler machte. Harper, dem es nicht mehr nur um das Schachspiel ging, nahm seinen König und rückte in Richtung ihrer Dame vor. Da Chris Probleme hatte, seine Strategie zu verstehen, versuchte sie ihre Dame in Sicherheit zu bringen. Als ihr Harper wieder mit seinem König folgte, fragte sie ihn gereizt: »Was spielst du hier eigentlich?« Harper sah sie ernst an und antwortete dann: »Chris, wir sollten aufhören, miteinander zu spielen, so als könnten wir uns beliebige Lebensformen ausdenken.« Er nahm die anderen Figuren vom Brett, stellte seinen König dann direkt vor ihre Dame und sah sie an. Als Chris schwieg, forderte er sie auf: »Lass uns bitte noch einmal miteinander über unsere Zukunft reden.«

Nachdem er das Schachbrett auf die Kommode gestellt hatte, setzte er sich wieder zurück an ihr Fußende und gestand ihr dann: »Chris, ich habe Angst, in Germany plötzlich ein Problem für dich zu werden. Dass du mich so mitnimmst wie Fina und Claire. Du magst sie und hast Verantwortung für sie übernommen, aber du brauchst in deiner Heimat nicht wirklich zwei Ziegen.«

Sein Vergleich machte sie einen Moment sprachlos. Sie gab ihm nur teilweise recht, als sie schließlich sagte: »Richtig, in Göttingen brauche ich wirklich keine Ziegen und muss mir auch noch genau überlegen, wie es gehen kann. Aber hier haben die Tiere eine ungewisse Zukunft und zusammen können wir uns gegenseitig unterstützen, gerade weil wir uns mögen. Warum willst du eigentlich nicht an die Liebe glauben, sondern redest nur immer von Verantwortung?«

An diesem Abend erzählte Harper das erste Mal ausführlich von seiner langjährigen Beziehung zu Maureen. Vor ihr hatte er nur eine Ferienliebe, die nach einem halben Jahr versandet war, weil das Alltagsleben nicht mit ihren unterschiedlichen Vorstellungen zusammenpasste. Maureen war ein Jahr älter als er und er hatte sie an der Uni kennengelernt. An ihr gefiel ihm, dass sie genau wusste, was sie wollte, und das dann auch umsetzte. Während des Studiums, sie studierte Biotechnologie, bewohnte jeder ein Zimmer im Wohnheim. Später zog sie nach Chicago, wo sie eine Anstellung fand und er besuchte sie dort häufig. Weniger sahen sie sich, als auch sein Studium beendet war und er in die Nähe seiner Großeltern zog und dort in einem Nationalpark arbeitete. Zwischen ihnen gab es all die Jahre vage Gespräche darüber, einmal fest zusammenzuziehen und wenn dies klappen würde, eine Familie zu gründen.

Vor zwei Jahren wurde dann alles anders, als Maureen eine Leitungsfunktion in ihrer Firma übernahm und eine Arbeitsgruppe für Genforschung führen sollte. Das passte nicht mehr in ihre gemeinsame Welt. Er hatte Probleme mit dem, woran sie forschte, und sie wollte keine beruflichen Abstriche für ein gemeinsames

Familienleben machen. Irgendwann gab es keine Gemeinsamkeiten mehr und sie trennten sich.

Chris hatte die ganze Zeit zugehört und wollte nun von ihm wissen: »Und wovor hast du Angst? Ich war bereit, für eine gemeinsame Zukunft und für ein Kind mein Leben völlig umzukrempeln.« – »Ich habe Angst davor, in Germany meine Selbstständigkeit im Alltag zu verlieren. Ich kenne das Land nicht und verstehe die Sprache nicht. Ich wäre völlig abhängig von dir, und das kann doch nicht gut sein für eine partnerschaftliche Beziehung.« – »In Göttingen hättest du vermutlich gleich einen Job und an der Uni sprechen viele Englisch. Und ein fremdes Land hast du auch hier kennenlernen müssen; Angst vor Menschen hast du auch nicht. Jeff, ich verstehe gerade nicht dein Problem.«

Harper dachte einen Moment nach und sagte dann: »Weißt du, wenn ich auch Deutscher wäre, würde ich sofort mit dir diesen Schritt gehen. Ich habe einfach Angst davor, ein Fremder zu sein und nicht dazuzugehören. Dieses miese Gefühl kenne ich zu gut.« – »Fühlst du dich in meinem Bett gerade wie ein Fremder? Oder vorhin, als du mit Fina und Claire spazieren warst?« – »Nein, ich denke, dass ihr Jerry und mir einen Platz in eurem Leben gegeben habt.« – »Und warum sollten wir dir das in Deutschland nicht geben? Deutsch zu lernen schaffst du sicherlich auch.« Harpers Bedenken waren noch nicht ausgeräumt, sodass er noch einmal nachhakte: »Und was ist, wenn ich es in Germany nicht aushalte?« – »Dann suchen wir uns einen Ort, wo wir es aushalten.«

Ihre Worte schienen ihn zu beruhigen, auch ihre Absicht, einen engen Kontakt zu seiner Familie zu halten. »Ab morgen üben wir immer eine Stunde Deutsch pro Tag«, schlug sie vor, worauf er nickte. Um wieder Normalität auf der Station einkehren zu lassen, wollten sie wieder jeder in seinen Räumen übernachten und vor den anderen erst einmal nicht als Paar auftreten. Es waren aber gemeinsame Wochenenden geplant. Bevor er ging, fragte er noch: »Was heißt ›Ich liebe dich‹ auf Deutsch?« Sie sagte es ihm und er sprach es nach, wobei er fand, dass sich dies doch sehr ähnlich zu seiner Sprache anhört.

Am nächsten Morgen gab Mojo sein Einverständnis, dass Chris schon aufstehen dürfe, aber verbot ihr, mit ins Gelände zu fahren. Es waren zwei Auswilderungen geplant, sodass Harper mit vier Stationsmitarbeitern sehr früh hinausfuhr. Chris hatte sich mit Jerry erst um ihre beiden Ziegen gekümmert und war dann mit ihm wieder nach oben gegangen, um an ihrem Schreibtisch zu arbeiten. Gegen Mittag fuhr Mr Danger vor und wollte sie dringend sprechen. Da sie ihn in ihren eigenen Räumen nicht empfangen wollte, bat sie ihn ins Büro. Nachdem er sich gesetzt hatte, kam er ziemlich schnell zur Sache, indem er sagte: »Wie ich sehe, geht es Ihnen ja schon wieder besser. Wir müssen jetzt sehen, wie wir das Problem ganz schnell lösen, damit hier die Wilderei nicht wieder ausufert.« Chris verstand nicht ganz, was er damit sagen wollte und fragte deshalb nach: »Was habe ich mit der Wilderei zu tun?«

Mr Danger klärte sie auf, dass er seinen besten Mann heute gegen Kaution aus dem Gefängnis geholt habe und er nun hoffe, dass es nicht noch zu einer Verurteilung komme. Chris bekam eine Gänsehaut, als sie dies hörte und wollte sich noch einmal vergewissern: »Was haben Sie gemacht? Thoolen, der mich vor vier Tagen noch fertig machen wollte, läuft wieder frei ´rum?« Sie war von ihrem Stuhl aufgestanden und ging nervös vom Schreibtisch zum Fenster und wieder zurück. Dann fragte sie: »Und Sie erwarten von mir jetzt, dass ich mich wieder mit Ihrem Mitarbeiter vertrage, nur weil er so erfolgreich Wilderer zur Strecke bringt?« Ihr Gesprächspartner lehnte sich entspannt in seinem Sitz zurück und versuchte sie zu beruhigen, in dem er vorschlug: »Sie müssen ja nicht mehr zusammenarbeiten. Vielleicht wäre es auch besser, wenn Sie sich aus dem Wege gehen würden. Aber denken Sie doch einmal an die Situation hier im Nationalpark und an das Wohl der Tiere. Dagegen ist doch der Vorfall zwischen Ihnen und Mr Thoolen eher belanglos.«

Tief enttäuscht von dieser Unterredung erwiderte sie: »Danke,

Mr Danger für Ihr Mitgefühl. Richten Sie Ihrem Kollegen bitte aus, dass wir die deutsche Botschaft eingeschaltet haben und dass er noch von mir hören wird. Aber ansonsten soll er sich von mir und unseren Leuten fernhalten. Guten Tag noch.« Sie ging zur Haustür und hielt sie ihm auf, während er wortlos das Haus verließ. Dann ging Chris zu Sana in die Küche und machte ihrem Ärger Luft. »Thoolen ist wieder frei.« Sana sah sie entsetzt an. »Das ist nicht wahr, Mrs Chris. Warum ist er frei?« – »Weil Mr Danger viel Geld für ihn gezahlt hat und ihn dringend braucht, um die Wilderer zu jagen.«

Kurz darauf kamen Harper und die anderen zurück. Nach der stürmischen Begrüßung durch Jerry wurde Harper von Sana gleich über die Neuigkeiten informiert. Er verstand nicht gleich und fragte deshalb ungläubig: »Wer hat denn das erzählt?« Inzwischen war Chris auch nach unten gekommen und sagte nur: »Mr Danger hat mich vorhin darüber informiert, dass er für Thoolens Freilassung gerade eine hohe Kaution gezahlt hat, weil er auf seinen guten Mann nicht verzichten möchte.« Pakka hatte die Unterhaltung mitbekommen und schlug sofort vor: »Mrs Chris, Sie brauchen jetzt einen Anwalt. Wir können morgen nach Nairobi fahren und mit meinem Schwager sprechen. Der kann uns einen guten Anwalt nennen.« Harper fand die Idee gut, bedauerte aber, nicht mitfahren zu können, weil Pakka und Chris zwei Tage für alle Termine eingeplant hatten.

Schon während des gemeinsamen Spazierganges mit den Tieren übte Chris mit Harper Deutsch. Um ihn nicht zu frustrieren, wies sie auf viele Ähnlichkeiten in den Sprachen hin und nannte ihm so Begriffe wie Milch, Bett und Haare. Später in ihrer Wohnung gab sie ihm ihr englisches Wörterbuch und schrieb ihm einfache Sätze auf. Es war nicht etwa ein fehlendes Fremdsprachenverständnis, das wie eine Blockade in ihm wirkte, sondern eher die Hemmung, diese fremde Sprache auch zu sprechen. Nachdem er sich an einigen sehr einfachen deutschen Sätzen versucht hatte, wollte er wissen: »Sag mal, kennst du einen Amerikaner, der gut

Deutsch sprechen kann?« Sie dachte nach und gestand dann: »Gut nicht wirklich. Ihr habt einen sehr starken Akzent und das wird man immer hören. Aber das ist doch auch gar nicht schlimm. Bei uns gibt es viele Menschen, die in ihrem Dialekt sprechen und die kann ich auch kaum verstehen.«

Harper schaute sie irritiert an und fragte dann nach: »Du kannst deine eigenen Leute nicht verstehen?« – »Nö, die Kölner kann ich nicht verstehen und die Bayern auch nicht, wenn sie nicht gerade Hochdeutsch sprechen. Umgekehrt verstehen die unsere Sprache von der Küste auch nicht.« Er schüttelte mit dem Kopf, als er amüsiert feststellte: »Dann fällt es ja gar nicht auf, dass ich euch nicht verstehe und umgekehrt.« Bevor er an diesem Abend in seine Räume ging, nahm er sie fest in den Arm, küsste sie und ermahnte sie auch, die nächsten zwei Tage ganz vorsichtig zu sein, wenn sie mit Pakka in Nairobi unterwegs ist. Chris versuchte ihn zu beruhigen, indem sie sagte: »Ich fahre doch mit Pakka. Der ist so streng wie ein Vater zu mir. Hoffentlich darf ich mir noch zwei neue Kleider kaufen, sonst habe ich doch nur diese Arbeitsbekleidung und noch einen Hosenanzug für den Flug.

Sie fuhren am nächsten Morgen gleich nach dem Frühstück los. Zuerst ließen sie sich von Dr. Tolento die Krankenunterlagen kopieren, um genügend Beweismaterial für den Anwalt zu haben. Während Chris noch ihre Mails beantwortete und sich bei Prof. Stallmeyer für ihren Mitbewerber Harper einsetzte, telefonierte Pakka mit seiner Schwester, um das Treffen zu vereinbaren. Nachdem auch dies geklärt war, rief Chris in der deutschen Botschaft an. Auch hier riet man ihr, dringend einen Anwalt einzuschalten und nannte ihr auch gleich eine Kanzlei, in der fließend Englisch gesprochen wurde und die auch schon für Touristen tätig geworden sei. Chris stimmte sich kurz mit Pakka ab und vereinbarte dann für den Nachmittag einen Termin in dieser Kanzlei. Gut gelaunt forderte Chris ihren Begleiter auf: »Kommen Sie Pakka, jetzt fahren wir los, kaufen mir noch zwei schicke Kleider und danach lade ich Sie zum Essen ein.« Pakka war viel zu sehr Vater, als dass man ihm etwas vormachen konnte. »Wenn junge Frauen sich schicke Kleider kaufen, geht es meistens um einen Mann«, stellte er deshalb auch gleich klar und fuhr dann fort: »Mr Harper und Sie passen gut zusammen. Sie sind aber am falschen Ort.« Chris hatte sich neben ihn in den Jeep gesetzt und stellte amüsiert fest: »Nein, nicht ganz. Mr Harper muss erst Deutsch lernen, sonst kann er sich nicht einmal etwas zu Essen kaufen. Hier stimmt wenigstens die Sprache.«

Der Straßenverkehr in Nairobi war wie immer chaotisch, auch für Pakkas Geschmack. Sie fuhren zuerst zum Einkaufszentrum, wo sich Chris unter den sehr strengen Blicken ihres Begleiters ein wadenlanges Sommerkleid, einen knöchellangen Rock, zwei dazu passende taillierte Oberteile und ein farblich hierauf abgestimmtes Schultertuch kaufte. Da die Kleidungsstücke alle einen sehr dezenten Ausschnitt hatten, suchte sich Chris noch eine farbige Keramikperlenkette aus, die gut zu den Farbtönen passte.

Danach aßen sie in einem kleinen Restaurant zu Mittag, das Pakka gut kannte. Er war hier schon einige Male mit seiner Familie zum Essen gewesen, wenn er seine Schwester besucht hatte. Es gab heimische Küche und zudem nicht sehr viel Auswahl, sodass Pakka mit dem Koch erst ein vegetarisches Essen für Chris abstimmen musste. Chris verstand nicht, was zwischen den beiden Männern gesprochen wurde, hatte aber den Eindruck, dass auch sie Thema der Unterhaltung war. Der Koch sah immer wieder zu ihr herüber und musterte sie. Als die Bestellung aufgegeben war und die Getränke serviert wurden, lehnte sich Chris entspannt in ihrem Stuhl zurück und stellte voller Optimismus fest: »Heute kann ich es sogar in dieser Stadt aushalten.«

Pakka klemmte seinen Rucksack und ihre Reisetaschen noch fester in die Nische zwischen Tisch und Wand und gab ihr die beiden Einkaufstüten, damit sie diese bei sich unter den Tisch verstauen konnte. Dann mahnte er: »Wir haben noch nicht alles geschafft. Da draußen gibt es viele Menschen, für die diese Dinge hier etwas ganz Großes wären. Etwas, das sie niemals bekommen, wenn sie es nicht stehlen. Und das passiert hier oft.« Nachdem Chris das Essen bezahlt hatte, erkundigte sich Pakka beim Lokalbesitzer noch nach dem Weg zur Anwaltskanzlei, die sich in der Nähe der Universität befand. Um nicht zu spät zu kommen, brachen sie sofort auf. Und tatsächlich brauchten sie einige Zeit, um sich durch den Mittagsverkehr zu kämpfen und dann endlich die Adresse zu finden. Pakka hatte eigentlich vor, im Jeep auf sie zu warten, ging dann aber doch mit hinein, als sie ihn darum bat. Auch hier nahmen sie wieder all ihre Gepäckstücke mit, sodass die erste Frage des Rechtsanwaltes lautete: »Wollen Sie noch verreisen?«

Das sich anschließende Gespräch war eher ernüchternd. Nachdem der Rechtsanwalt sich alles angehört hatte, was Chris und Pakka über Thoolen zu berichten wussten, erklärte er: »Für das, was dieser Wildhüter mit Ihnen gemacht hat, bekommt er höchstens eine Geldstrafe und wird bis zu seiner Verurteilung wegen der bereits gezahlten Kaution auch frei herumlaufen. Für das, was Sie befürchten, was er noch tun könnte, wird er nicht bestraft werden.« Als Chris und Pakka ihn fassungslos ansahen, fuhr er fort: »Machen Sie das Beste aus der ganzen Sache. Verlangen Sie von ihm ein schriftliches Schuldanerkenntnis, Schmerzensgeld und die Zusicherung, dass er sich von Ihnen fernhalten muss. Es sind ja nur noch fünf Monate und dann fliegen Sie zurück.« Obwohl Chris maßlos enttäuscht war, dass Thoolen wieder davonkommen könnte, ließ sie sich schließlich überzeugen, diesen Weg zu gehen und sich hierbei auch durch den Rechtsanwalt vertreten zu lassen. Später auf dem Weg zu seiner Schwester, bei der sie auch übernachten wollten, interessierte es Pakka, ob sie in Deutschland bessere Chancen hätte, solche Männer wie Thoolen verurteilen zu lassen. Chris überlegte kurz, bevor sie spekulierte: »Beziehungstaten sind häufig schwierig. Zu viel Altlasten und zu wenig glaubwürdige Zeugen.«

Seine Schwester konnte ihren Chef davon überzeugen, wegen einer dringenden Familienangelegenheit früher als sonst üblich das Büro verlassen zu dürfen. Sie war schon in der Wohnung, als sie dort eintrafen. Mit Pakkas Schwager, der in dieser Nacht wieder Dienst hatte, besprachen sie, wie sie sich wirkungsvoll gegen Thoolen zur Wehr setzen könnten. Der Schwager war ein stämmiger Polizist, Mitte fünfzig, der schon zu viel erlebt hatte, um sich noch Illusionen oder gesteigerten Moralvorstellungen hinzugeben. Nachdem er mit einem deutlichen Desinteresse sich alles angehört hatte, fasste er zusammen: »Mr Thoolen wird ein guter Wildhüter sein und hat dort seine Ranch. Ihr werdet den nicht vertreiben. Menschen, die hier gebraucht werden, indem sie ihren Job machen, müssen nicht immer gute Menschen sein.«

Chris kämpfte mit sich, weil sie das nicht weiter anhören wollte und diesen Mann mit seiner herablassenden Art obendrein unsympathisch fand. Sie sagte deshalb: »Pakka, ich wollte heute wieder im Hotel an der Fernbusstation übernachten. Holen Sie mich morgen um neun Uhr dort ab?« Ihr Begleiter spürte, dass sie sich nicht mehr wohl fühlte und erklärte sich deshalb sofort bereit, sie zum Hotel zu fahren. Er selbst wollte wie verabredet die Nacht bei seiner Schwester und bei Sarah bleiben. Während der Fahrt dorthin sprachen sie nicht viel. Erst als Pakka vor dem Hotel parkte, stellte er fest: »Mrs Chris, Sie sind enttäuscht, dass Ihnen hier keiner wirklich hilft.« Chris blickte ihn von der Seite an und sagte dann frustriert: »Ja, so sehe ich das. Es ist eine Erfahrung, die ich zum Glück noch nicht sehr oft in meinem Leben machen musste.« Entschlossen stieg sie aus und nahm ihre Reisetasche und die Einkaufstüten vom Rücksitz. Sie verabschiedete sich von Pakka, der sehr ernst aussah, mit den Worten: »Machen Sie es gut. Die letzten fünf Monate werde ich hier auch noch überstehen.«

In ihrem Hotelzimmer fühlte sie sich so einsam wie schon lange nicht mehr, sodass sie sich entschloss, an der Rezeption nach der Internetnutzung zu fragen. Sie hatte Glück und durfte tatsächlich am Abend für eine halbe Stunde ins Netz. Zuerst las sie die Mail von Benno, der von ihr wissen wollte, ob sie mit dem Jeff etwas laufen habe und ob sie wieder gesund sei, worauf sie nur mit »Ja« antwortete. Dann schrieb sie ihren Eltern. Sie wollte sie nicht beunruhigen, aber doch ehrlich zu ihnen sein. Sie teilte ihnen deshalb so sachlich wie möglich mit, was geschehen war und was sie nun schon alles in die Wege geleitet hatte, um sich und die anderen Stationsmitarbeiter besser vor Thoolen schützen zu können. Um sie am Ende ihrer Mail auf andere Gedanken zu bringen, schrieb sie noch: »Übrigens ist der neue Mitarbeiter Jeff Harper sehr nett und unterstützt mich.« Bevor ihre Zeit am PC herum war, bekam sie schon eine Antwort von Benno, der gleich nachfragte, ob alles in Ordnung mit ihr sei, worauf sie nur mailte: »Melde dich bitte bei Mom und Dad und denke daran, wenn du kommst, ist hier die große Regenzeit.«

Wieder zurück in ihrem Zimmer, hatte sie sich früh ins Bett gelegt und das Licht gelöscht. Vor dem Hotel und in der Straße gab es kaum Beleuchtung, sodass ihre Umgebung wie ein großes schwarzes Loch wirkte. Bevor sie endlich einschlief, grübelte sie noch, was sie alles für ihr Projekt tun müsste, um es doch noch erfolgreich zu einem Abschluss zu bringen. Überpünktlich holte Pakka sie am nächsten Morgen vom Hotel ab. Er wirkte deutlich optimistischer und teilte ihr gleich mit: »Ich soll Sie von Sarah grüßen.« Chris war nach dieser Nacht weniger gut gelaunt und antwortete deshalb nur: »Danke. Wenn ich als junge Frau hier immer leben müsste, hätte ich ziemlich große Angst, überfallen zu werden.« – »Ist das in Ihrem Land nicht auch so?«, erkundigte sich Pakka zweifelnd. »In meiner Stadt nicht und wo meine Eltern wohnen auch nicht«, gab sie fast trotzig zur Antwort.

Auf dem Rückweg nahmen sie noch die Vorräte für die Station mit. Sie kamen gerade noch rechtzeitig darauf zu, als Harper mit Mr Danger gerade vor dem Haus stand und sie sich sichtbar kontrovers über etwas unterhielten. Chris zögerte nicht, auszusteigen und zu ihnen zu gehen, worauf Harper sie zur Begrüßung kurz umarmte und sie dann aufklärte: »Mr Danger möchte dir einen Geldbetrag dafür anbieten, dass du das Land die nächsten Tage verlässt.« Für einen kurzen Moment traute sie ihren Ohren nicht, doch dann hatte sie plötzlich ein eisiges Lächeln um ihre Mundwinkel, als sie verkündete: »Mr Danger, einen größeren Geldbetrag müssen Sie wohl noch dafür ausgeben, damit Mr Thoolen wieder für Sie arbeiten kann.« Als dieser sie verständnislos anblickte, fuhr sie fort: »Ich war gestern bei einem Rechtsanwalt und der wird Ihnen und Mr Thoolen meine Forderungen die nächsten Tage schriftlich mitteilen.«

Dann ließ sie ihn stehen und ging mit ihrem Gepäck ins Haus, wo Jerry sie stürmisch begrüßte. Als sich der Rüde wieder etwas beruhigt hatte, öffnete sie die Tür zum Ziegenstall und kraulte Claire und Fina, die gleich Anstalten machten, spazieren gehen zu wollen. Sana war nun auch in den Flur getreten und wollte von ihr wissen: »Ist alles gut gelaufen, Mrs Chris?« – »Zum Anziehen konnte ich mir etwas Schickes kaufen, aber mein Recht oder den Schutz als Frau habe ich nicht bekommen.« Sana sah sie einen Moment lang etwas hilflos an und murmelte dann: »Oh, das tut mir leid.« Rasch ging sie wieder zurück in die Küche.

Mr Danger hatte sich inzwischen verabschiedet und Harper kam zurück ins Haus. Empfangen von zwei ungeduldigen Ziegen, einem stürmischen Hund und Chris, die dreinschaute, als wäre sie langsam mit ihrer Geduld am Ende, schlug er vor: »Wollen wir erst einmal unseren Rundgang machen? Sana hat bestimmt danach auch das Essen fertig.« Während sie zwischen den Gebäudekomplexen der Station spazieren gingen, hatte Harper auch für die anderen Stationsmitarbeiter demonstrativ ihre Hand genommen. Erst als die Tiere etwas gemäßigter liefen und sie von den Baracken ein gutes Stück entfernt waren, erkundigte er sich: »Ist es nicht so gelaufen, wie du es dir vorgestellt hast?« – »Als Juristentochter habe ich Probleme damit, dass hier offenbar alles mit Beziehungen und Geld läuft. Bald muss ich mich ja so fühlen, als sei ich das Problem, nur weil ich mein Recht und meinen Schutz haben möchte und nicht einen Geldbetrag, mit dem ich hier das Feld räume.«

Er überlegte einen Moment, bevor er gestand: »So etwas gibt

es bei uns auch. Eine mit Geld finanzierte Problemlösung, fern ab von den eigentlichen Gerichten. Was hat denn der Rechtsanwalt gesagt?« Sie erzählte es ihm und auch von dem Gespräch mit Pakkas Schwager, worauf Harper vorschlug: »Lass uns morgen zum Touristenzentrum fahren und mit Dr. Zerner telefonieren. Vielleicht kann er uns einen Rat geben.« Beim gemeinsamen Essen mit den Stationsmitarbeitern herrschte eine deutlich angespannte Stimmung, sodass Harper das Wort ergriff: »Der Rechtsanwalt von Mrs Chris wird sich mit Mr Thoolen und Mr Danger in Verbindung setzen und ihnen dann mitteilen, welche Forderungen sie stellt und da geht es auch um den Umgang für die letzten Monate hier.« Die Mitarbeiter sahen betroffen auf ihre Teller und schwiegen, worauf Harper fortfuhr: »Morgen werde ich mit Dr. Zerner telefonieren. Wenn er es für erforderlich hält, reisen Mrs Chris und ich ab.«

Diesmal war es Kobe, der als Erster aufsah und wissen wollte: »Wieso wollen Sie abfahren?« Bevor er antwortete, schaute Harper in die Runde und sagte dann sehr bestimmt: »Weil wir zusammenbleiben wollen. Als Mann und Frau.« Pakka, den diese Ansprache am wenigsten überraschte, versuchte die Stimmung zu entspannen, indem er sagte: »Der Rechtsanwalt wird Mr Thoolen bestimmt mitteilen, dass es so nicht geht. Es beginnt jetzt auch die Regenzeit und wenn Mrs Chris hier auf der Station bleibt, wird ihr auch nichts geschehen. Es sind doch nur noch wenige Monate, bis sie fährt.« Es war der Moment, in dem Chris die Gewissheit brauchte und deshalb in die Runde fragte: »Gibt es jemanden, der möchte, dass ich sofort abfahre, weil er Angst vor Thoolen hat, der möge bitte die Hand heben.« Die Stationsmitarbeiter sahen erst Chris ungläubig an und redeten dann in ihrer Landessprache hektisch durcheinander. Dann sprach Pakka für alle: »Wir möchten, dass Sie beide hierbleiben, aber dass Mrs Chris nur noch hier auf der Station bleibt.«

Chris, die sich zum Schluss nicht mehr so sicher war, wie das Votum der Mitarbeiter ausfallen würde, spürte für einen Moment Erleichterung, doch dann stellte sie klar: »Dies gilt aber nur für

Fahrten ins Gelände und für Dienstbesprechungen mit den Wildhütern. Zum Touristenzentrum muss ich einmal die Woche, sonst macht sich meine Familie große Sorgen, wenn sie keine Nachricht von mir erhält.« Harper fügte noch hinzu: »Und ab und zu werden Mrs Chris und ich ein Wochenende außerhalb der Station verbringen.« Schließlich einigten sie sich darauf, dass es nichts bringt, wenn man jetzt schon Sicherheitsvorkehrungen bis ins Detail abstimmt, zumal man gar nicht wissen würde, wie sich Thoolen zukünftig verhält.

Nach dem Essen fing es passend zur betrübten Stimmungslage der Stationsmitarbeiter heftig an zu regnen, sodass alle vor Ort bleiben mussten. Harper nutzte den Nachmittag, um Eintragungen in das Stationstagebuch vorzunehmen und bei dieser Gelegenheit auch gleich einmal nachzuforschen, ob es von den Vorgängern hierin Bemerkungen zu Konflikten mit den Wildhütern gab. Chris hatte ihre Räume aufgesucht, um dort weiter an ihrem Projektbericht zu arbeiten. Nach zwei Stunden kamen Harper und Jerry zu ihr. In dem Stationstagebuch hatte Harper vor drei Jahren Eintragungen darüber gefunden, dass Thoolen ein junges Forscherehepaar wohl ziemlich schikaniert habe, indem er ihnen strenge Auflagen für Fahrten ins Gelände erteilt hatte. Dr. Zerner konnte dann wohl über Mr Danger eine Lösung für den Konflikt finden.

Das permanente Prasseln der Regentropfen hatte Chris während ihrer Arbeit ziemlich ermüdet, sodass sie sich entschloss, für heute abzubrechen. Frustriert von der ganzen Situation fragte sie ihn: »Hättest du gedacht, dass so schnell die Stimmung kippt?« – »Nein so schnell nicht«, gab er zu und fuhr dann fort: »Durch das gemeinsame Essen und das Aufteilen von Verantwortung habe ich gehofft, dass ein festes Wir-Gefühl entsteht. Im Moment habe ich den Eindruck, dass hier jeder nur versucht, gut durchzukommen, wahrscheinlich so wie immer, zumal sie ja nicht wissen, welche Richtung unsere Nachfolger vorgeben. Die Menschen hier sind sehr anpassungsfähig. Das hilft ihnen hier wohl beim Überleben.«

Jerry, der sich langweilte, begann in ihrem Wohnraum nach etwas Interessantem zu suchen und fand hierbei ihre beiden Einkaufstüten, die so interessant rochen. Während er versuchte, seine Nase in die Öffnung zu wühlen, erkundigte sich Harper: »Warst du in Nairobi noch einkaufen?« – »Ja, etwas zum Anziehen für nächstes Wochenende«, gab sie ihm Auskunft und nahm Jerry die Tüten weg. Nun war Harper neugierig geworden. »Dürfen wir es schon sehen?« Chris überlegte erst einen kurzen Moment und legte dann die gekauften Gegenstände auf ihr Sofa. Harper war ebenfalls aufgestanden und betrachtete die neuen Kleidungsstücke, bevor er anerkennend feststellte: »Da hast du dir ja richtig schöne Sachen gekauft.« Er nahm sie in den Arm und flüsterte ihr ins Ohr: »Weißt du, dass ich mich schon unheimlich auf dieses Wochenende freue?« – »Ja, ich mich auch, aber wenn das hier so weitergeht, möchte ich mit euch nur noch ganz schnell weg.« Das war Harpers Stichwort: »Wollen wir nicht noch Deutsch üben, falls wir eher abreisen müssen?« Zum Erstaunen von Chris hatte er ihre Abwesenheit genutzt, um sich ein Lernpensum aufzustellen. Er hatte auch schon neue Vokabeln gelernt. Nur seine Aussprache war noch etwas problematisch, sodass Chris mit ihm einige Texte in Lautschrift lesen übte, damit er ein Gespür für die Sprache bekam.

XIV

Am nächsten Tag fuhren sie nach dem Frühstück mit Jerry los, weil sie wussten, dass Dr. Zerner schon immer früh in seinem Büro war. Sie erzählten ihm, was sich inzwischen ereignet hatte und waren erstaunt, dass dieser so besonnen damit umging. Als er hörte, dass Benno in zehn Tagen eintreffen würde, wollte er versuchen, seinen halbjährlichen Stationsbesuch so zu legen, dass er mit ihm zusammen anreisen könne. Ansonsten riet er ihnen, sich weiterhin mit dem Rechtsanwalt abzustimmen und ruhig zu bleiben. Er selbst wollte in der Zwischenzeit schon Kontakt zu Mr Danger aufnehmen. Nach dem Telefonat buchte Harper eine Suite für das kommende Wochenende, die teilweise mit dem Gutschein der Crows verrechnet werden konnte. Von der Mitnahme eines Hundes zeigte sich der Hotelmitarbeiter dagegen wenig begeistert. Erst als Chris sehr glaubwürdig erklärte, dass Jerry weder ins Bett noch auf die Sitzmöbel springen würde, willigte dieser schließlich ein.

Die darauffolgende Mailabfrage ergab für Harper, dass Prof. Stallmeyer ein großes Interesse an einer Zusammenarbeit mit ihm habe, er aber eine Probezeit mit ihm vereinbaren wolle und nicht gleich einen Zeitvertrag wie mit Chris. Diese hatte Mails von ihren Eltern und von Benno im Postfach. Ihre Eltern waren wie befürchtet beunruhigt von ihrer letzten Nachricht und Benno schrieb ihr: »Du hattest recht mit dem Kerl. Wahrscheinlich riechst du das. Ist der Jeff was für länger oder nur für den Busch?« Sie musste über seine Frage lachen und gab sie gleich an Harper weiter. Dieser stellte fest: »Dein Bruder ist ja ganz schön frech. Und? Was wirst du ihm antworten?« Chris war schon dabei, die Antwort in den Computer zu tippen: »Jeff lernt schon fleißig Deutsch und zieht zu uns in die WG.«

Als sie Harper diesen Satz übersetzte, meinte er: »Na, dann ist ja alles klar. Neuer Job, neue Wohnung, aber du bist meine größte Herausforderung.« Er nahm ihre Hand und küsste diese, als der Leiter des Safaribüros auf ihn zukam. »Man hat mir gesagt, dass Sie hier sind. Haben Sie noch Interesse daran, eine Safari zu begleiten?«, erkundigte er sich bei Harper. Dieser war sich nicht mehr so sicher, ob er mit diesem Thema in den nächsten Monaten ein eigenes Projekt fertigstellen konnte und zögerte deshalb noch, worauf Chris vorschlug: »Vielleicht kommt ja Benno dann auch mit und schreibt darüber eine Reportage.« Um einer Entscheidung von Benno nicht vorzugreifen, einigten sie sich darauf, ihm nächste Woche Bescheid zu geben.

Auf der Rückfahrt bemerkte Harper amüsiert: »Willst du mich jetzt mit deinem Bruder verkuppeln oder wie war das eben zu verstehen?« Chris schmunzelte bei ihrer Antwort: »Wenn du mich willst, musst du auch mit Benno klarkommen. Es ist so wie mit dir und Jerry.« – »Nur dass du noch zwei Ziegen hast, mit denen ich mich auch schon arrangiere.« Von dieser Bemerkung wurde Chris hellhörig und wollte deshalb von ihm wissen: »Möchtest du nicht, dass Claire und Fina mitkommen?« – »Doch, aber wir brauchen einen sehr guten Plan für die beiden. So wie bisher darf deren Leben nicht weitergehen.«

Wieder zurück auf der Station, erfuhren sie so ganz nebenbei von Tido, dass Pakka im nächsten Monat Urlaub nehmen wolle, damit er die Hochzeit seiner Tochter vorbereiten konnte. Chris war erstaunt, weil ihr Pakka nichts davon erzählt hatte, obwohl die gemeinsame Fahrt nach Nairobi ausreichend Gelegenheit hierfür geboten hätte. Enttäuscht über seine Heimlichtuerei sprach sie ihn bei der nächsten Gelegenheit im Büro an: »Ich habe gehört, dass Sie im nächsten Monat für etwas länger Urlaub nehmen möchten?« Pakka sah sie erstaunt an und sagte dann: »Ja, wenn dies möglich ist. Es geht hier um eine wichtige Familienangelegenheit.« Seine ausweichende Antwort verletzte sie, sodass sie fragte: »Können Sie mir sagen, was ich Sarah zu ihrer Hochzeit schenken kann?« Ihre Worte hatten ihn verunsichert; er brauchte einen Moment, bevor er ihr erklärte: »Ich habe mit Ihnen darüber nicht gesprochen, weil Sie es nicht verstehen würden.«

»Was würde ich nicht verstehen?«, hakte Chris nach. Pakkas Gesichtszüge wirkten hart, als er sagte: »Dass eine junge Frau von ihrer Familie verheiratet wird. Das ist hier so und gilt auch für Sarah.« Chris' Herz schlug heftiger, als sie sich ihm gegenüber an den zweiten Schreibtisch setzte und ihn aufforderte: »Pakka, dann erklären Sie mir bitte, was ich nicht verstehe und was hier üblich ist. Ich kann mir nicht vorstellen, dass Sie etwas planen würden, was für Sarah falsch wäre.« Von ihrem ehrlichen Interesse beruhigt, erzählte er ihr, dass ein Kollege seines Schwagers, ein dreißig Jahre alter Polizist, der zukünftige Ehemann von Sarah werden würde. Diese sollte nach der Hochzeit mit ihrem Studium aufhören und vorerst in dem Betrieb mitarbeiten, in dem seine Schwester tätig sei.

Chris hatte ihm schweigend zugehört und wollte dann wissen: »Und was sagt Sarah dazu?« Seine Antwort kam ihr zu schnell: »Sarah ist damit einverstanden. Sie kommt aus einem kleinen Dorf und kann nun in der Stadt leben und in einem Büro arbeiten. Das ist schon sehr viel für sie.« Sie sah Pakka ruhig an, als sie nachfragte: »Die Hochzeit ist aber nicht ausgerechnet jetzt, weil mein Bruder zurückkommt, oder?« – »Nein, Sarah wollte so leben wie ihre Cousins; die beiden Söhne meiner Schwester in Frankreich. Sie hoffte, Ihr Bruder könnte ihr dabei helfen. Das war aber nur ein Traum, mehr nicht.« Mit einem unguten Gefühl erkundigte sich Chris, was der Bräutigam denn für ein Mann sei und wie lange Sarah ihn schon kenne. Pakka erzählte ihr, dass Neo, der zukünftige Mann seiner Tochter, Sarah auf dem letzten Geburtstag seines Schwagers kennengelernt habe. Er sei fleißig und zuverlässig. Auf das betretene Schweigen von Chris reagierte Pakka mit den Worten: »Es wird ein gutes Leben für Sarah sein«, während er aufstand und das Büro verließ.

Beim Essen herrschte wieder eine bedrückte Stimmung und kaum jemand redete über private Dinge, sodass Harper dieses Zusammensein nutzte, um die anstehenden Arbeiten auf der Station abzustimmen. Zum Schluss informierte er sie noch über das baldige Kommen von Dr. Zerner und fuhr dann fort: »In dem Stationstagebuch standen Einträge, dass vor drei Jahren schon einmal ein junges Forscherehepaar mit Thoolen Probleme hatte. Ist dies noch jemandem hier bekannt?« Mojo konnte sich erinnern: »Die Frau war hübsch und groß. Thoolen war erst nett zu ihr, doch dann machte er nur noch Ärger.« Harper sah in die Runde und stellte dann fest: »Das kommt uns doch irgendwie bekannt vor.«

Als es am frühen Nachmittag aufgehört hatte zu regnen, wollte Harper noch mit Kobe und Mojo einen Raubvogel, der mit einem verletzten Flügel in die Aufzuchtstation gekommen war, freilassen. Chris war mit Jerry zurückgeblieben und hatte erst die Ziegen versorgt und war dann mit den drei Tieren zwischen den Baracken spazieren gegangen. Als sie an der von Pakka bewohnten Baracke vorbeikam, hörte sie, wie dieser sich mit einem Stationsmitarbeiter heftig stritt, konnte aber die fremde Sprache nicht verstehen. Zurück im Haupthaus, sperrte sie erst die beiden Ziegen wieder in den Stall und ging dann mit Jerry in die Küche zu Sana. »Wollen wir zur Hochzeit von Pakkas Tochter alle zusammen ein Geschenk vorbereiten?«, fragte Chris. Sana hielt dies für eine gute Idee und hatte auch schon ein paar Einfälle, worüber sich das junge Paar freuen könnte. Bevor Chris die Küche wieder verließ, bemerkte sie noch: »Ich sehe Sarah immer noch vor mir als junge Studentin. Jetzt muss ich mich erst daran gewöhnen, dass sie bald eine Ehefrau sein wird.« Sana sah sie amüsiert an und stellte dann fest: »Mrs Chris, hier heiraten die Mädchen früher. Das Studium war nicht gut für Sarah. Sie ist doch kein Mann.«

Im Gelände waren die Wege vom Regen matschig und teilweise unbefahrbar geworden, sodass Harper und seine Begleiter Umwege fahren mussten, um den Greifvogel dort wieder auszusetzen, wo er vor seiner Gefangenschaft gelebt hatte. Die Wildhüter hatten ähnliche Probleme und so geschah es fast zwangsläufig, dass sie dieselbe Strecke wie Harper befuhren. Thoolen nutzte dieses Zusammentreffen dafür, sich zu erkundigen, wie zukünftig die gemeinsamen Dienstbesprechungen stattfinden sollten. Harper wollte diese Unterhaltung knapp fassen und antwortete deshalb: »Dr. Zerner kommt in ein paar Tagen und wird das dann mit Mr Danger besprechen.«

Als sich Harper am Abend mit Chris zur allabendlichen Deutschstunde traf, wirkte sie bedrückt, worauf er sich erkundigte: »Hey, was ist mit dir? Morgen fahren wir in unsere Suite. Freust du dich nicht?« Chris hatte sich zu ihm aufs Sofa gesetzt. Sie ging nicht auf seine Frage ein; stattdessen wollte sie von ihm wissen: »Glaubst du, dass Sarah von ihrer Familie verheiratet wird, oder will sie es auch selbst?« Er lehnte sich zurück und dachte einen Moment nach, bevor er zu bedenken gab: »Das eine schließt das andere doch nicht unbedingt aus. Wenn er ein guter Mann ist, kann doch Sarah mit der Wahl ihrer Familie ganz zufrieden sein und sie mag ihn vielleicht auch.« – »Und wenn nicht?« – »Dann wäre es wohl eher eine Zwangshochzeit und für unsere Verhältnisse inakzeptabel. Chris, das wirst du aber nicht verhindern können, glaube es mir.«

Diesmal hatte sie Schwierigkeiten, sich auf den Deutschunterricht zu konzentrieren, sodass sie ihn nach einer halben Stunde beendeten. »Und was machen wir jetzt mit dem angebrochenen Abend?«, fragte Harper. Chris sah ihn einen Moment nachdenklich an und schlug dann vor: »Wollen wir uns aufs Bett legen und uns dann meine Lieblingssongs anhören, die ich auf dem Smartphone habe?« Harper fand die Idee gut und konnte aus seinem Zimmer noch eine Kerze von seinen Vorgängern beisteuern, um die Atmosphäre romantischer zu gestalten. Während Chris in seinem Arm lag und sie der Musik lauschten, wollte er nach dem dritten Lied wissen: »Wie wollen wir denn am Wochenende verhüten?« Chris erklärte ihm, dass sie seit Jahren die natürliche Verhütungsmethode anwende und dass die nächsten Tage nach ihrer Berechnung unkritisch seien. »Heißt das, wir müssen dann im Hotel gar nicht verhüten?«, fragte Harper sichtlich erfreut. »Ja, ich denke schon.«

Ihre Antwort beruhigte ihn, worauf er gestand: »Mein Freund Tom hat mir zwar eine Überlebenstasche gepackt und da sind auch Kondome drin, aber so häufig angewandt habe ich die in meinem Leben noch nicht. Maureen hat lieber die Pille geschluckt.« Nachdem auch dieses heikle Thema zwischen ihnen geklärt war, machten sie Pläne, wann sie morgen losfahren und dass sie auch Badesachen für den Swimmingpool mitnehmen wollten. Nur für den Fitnessraum war sich Chris etwas unschlüssig, was sie hierfür anziehen könne. Nach dem letzten Song setzte sich Chris im Bett auf und mahnte: »Ihr müsst jetzt rüber, sonst bleibt ihr noch die ganze Nacht.« Harper, der begonnen hatte sie zu streicheln, sah dies ebenso und äußerte auch gleich die Befürchtung: »Nach dem Wochenende wird das bestimmt nicht einfacher werden.«

XV

Wie geplant verließen sie am frühen Nachmittag die Station, nachdem zuvor noch etliche Dinge mit Mojo und Kobe abgestimmt worden waren; ein Funkgerät für den Notfall war mit im Gepäck. Zusammen mit Pakka, der dieses Wochenende seine Familie besuchen wollte, fuhren sie zur Touristenstation. Auf der Fahrt sprach Harper ihn noch einmal auf seine Tochter an: »Ich habe bislang immer geglaubt, dass du stolz auf ihr Sprachenstudium bist. Sie wollte doch danach Lehrerin werden.« Pakka war dieses Gespräch unangenehm und wollte es deshalb sehr schnell mit dem Hinweis beenden, dass sich halt alles so ergeben habe. Da Harper und Chris es von Tido erfahren hatten, dass der Schwager von Pakka diese Hochzeit mit seinem jungen Kollegen arrangiert hat, gab Chris zu Bedenken: »Pakka, bislang haben Sie gut auf Sarah aufgepasst und sie auch nach ihren Fähigkeiten gefördert. Überlassen Sie das Leben von Sarah jetzt bitte nicht anderen Personen, die Sie vielleicht auch gar nicht so gut kennen. Nach der Hochzeit werden Sie kaum noch Einfluss darauf haben, was mit Ihrer Tochter geschieht.«

Pakka schwieg und stieg dann auch nur nach einer knappen Verabschiedung auf dem Parkplatz des Touristenzentrums aus, um mit einem Nachbarn weiter in sein Dorf zu fahren, der hier in der Küche arbeitete. Zusammen mit ihrem Gepäck und Jerry gingen Harper und Chris zum Portier und ließen sich die Schlüssel für ihre Suite geben. Die beiden Räume waren gemütlich eingerichtet und sahen gepflegt aus. Harper ging dann ins Badezimmer und war sofort begeistert von der großen Badewanne und auch davon, dass sofort warmes Wasser aus der Leitung floss. »Hast du

Lust zu baden?« Seine Frage kam für sie etwas überraschend; nach kurzem Zögern meinte sie aber: »Okay, dann beginnen wir unser gemeinsames Wochenende halt in der Badewanne.«

Zur Ablenkung hatte er Jerry einen großen Kauknochen auf dessen Decke gelegt, mit dem sich der Rüde auch sofort beschäftigte. Dann ließ Harper das Badewasser einlaufen und verbrauchte nahezu sein ganzes Duschgel als Badezusatz. Als die Wanne halbvoll mit Wasser war und eine dichte Schaumkrone hatte, fragte er Chris, ob das Wasser für sie warm genug sei. Sie hielt ihre Hand ins Wasser und stellte begeistert fest: »Weißt du, dass ich das letzte Mal im Januar ein Schaumbad genommen habe?« Harper begann ihr die Knöpfe vom Kleid zu öffnen und zog sie aus. Sie stieg vor ihm in die Wanne. Der Schaum lag wie eine duftende weiße Decke auf dem Wasser und bedeckte ihren Körper. Harper hatte sich ebenfalls entkleidet und setzte sich hinter sie. Während er sie in den Arm nahm und sie sich an seinen Oberkörper anlehnte, merkte sie, wie sie sich langsam entspannte.

Seine Hände berührten sie. Erst die Arme, dann ihren Oberkörper und schließlich zog er sie zu sich auf den Schoss. Das Bad hatte danach seine Unschuld verloren. Chris stellte fast etwas vorwurfsvoll fest: »Mit dir kann man gar nicht einfach nur baden.« Harper wollte nicht allein der Schuldige sein und fragte deshalb: »Wäre es dir lieber gewesen, wenn ich mich wie eine harmlose Badeente aufgeführt hätte?« Nach dem Bad schaute Harper aus dem Fenster, um zu sehen, ob es noch regnete. Er wollte mit Jerry, der inzwischen mit seinem Kauknochen fertig war, noch einmal im Außengelände spazieren gehen und dann das Abendessen aufs Zimmer bestellen. Chris dagegen hatte sich auf das sehr komfortable Doppelbett gelegt. »Das ist hier so kuschelig; hier kriegst du mich nicht mehr raus«, kündigte sie an. Harper beugte sich zu ihr hinunter und küsste sie. »Ich will dich hier auch gar nicht mehr rausbekommen. Wenn ich mit Jerry wieder zurück bin, komme ich auch in dein warmes Nest«, versprach er ihr und leinte den Hund an.

Im Touristenzentrum wohnten an diesem Wochenende nicht so viele Gäste wie sonst üblich, weil Safaris in der Regenzeit nur eingeschränkt möglich waren. Harper konnte daher mit Jerry in aller Ruhe seinen Spaziergang um den Gebäudekomplex machen und derweil darüber nachdenken, wie sich sein zukünftiges Leben verändern würde. Als er nach einer halben Stunde zurückkam, fand er Chris schlafend vor. Um sie nicht zu wecken, hielt er sich mit Jerry bis zum Eintreffen des Abendessens im Wohnbereich der Suite auf, wo Jerry auch seine Hundedecke hatte. Als es dann endlich an der Tür klopfte und der Zimmerservice den Servierwagen brachte, kläffte Jerry so laut, dass Chris hochschreckte.

Noch etwas vom Schlaf benommen, hörte sie, wie Harper seinem Hund im Bad zu Fressen gab und dann den Servierwagen zu ihr ins Schlafzimmer schob. Es roch nach Gebratenem und fremdländischen Gewürzen, sodass Chris neugierig nachschaute, was es Leckeres zu Essen gäbe, während Harper sich bis aufs T-Shirt und seine Boxershorts auszog und sich zu ihr ins Bett legte. »Chris, wir müssen für unser gemeinsames Leben hier eine andere Lösung finden. Dieses Wochenende wird mit Sicherheit schön, aber eine Suite hier im Hotelkomplex alle zwei Wochen kann doch nicht unser Privatleben werden«, sagte Harper, während sie von den verschiedenen Köstlichkeiten aßen.

Sie konnte ihn zwar gut verstehen und merkte auch, wie ihr Leben hier sehr eingeschränkt sein würde, zumal sie immer damit rechnen mussten, einem der Wildhüter zu begegnen, die ebenfalls ihre Vorräte hier abholten und auch den Internetraum nutzten. Auf der anderen Seite hatte sie aber auch Bedenken, auf der Station als unverheiratetes Paar gemeinsame Räume zu bewohnen, weil sie der Auffassung war, dass man dort ständig für seinen Job in Bereitschaft sein müsse. Er hatte sich ihre Bedenken angehört und wollte dann von ihr wissen: »Was denkst du, was geschehen könnte? Wir haben jeder unsere Räume, schlafen aber nachts in deinem oder meinem Zimmer. Selbst wenn wir uns gerade lieben würden und es käme ein Notfall, wir wären in ein paar Minuten angezogen und unten.« Mit einem Blick auf Jerry ergänzte er: »Wir sind ja zum Glück keine Hunde, bei denen es nach dem Sex etwas länger dauert.« Chris war noch nicht so ganz überzeugt und schlug daher vor, bis zum baldigen Eintreffen von Dr. Zerner und ihrem Bruder alles wie bisher zu belassen. Wenn Benno dann wieder bei ihr einziehen würde, könnte sie die Nächte bei Harper verbringen. Tagsüber sollte es aber eine klare Trennung zwischen Dienst und Privatem geben.

An diesem Abend sprachen sie viel über ihre Kindheit und über die Dinge, die ihnen in ihrem Leben etwas bedeuteten. Auch über ihre alten Beziehungen und was sie diesmal anders machen wollten. So wollte Harper nie wieder getrennte Schlafzimmer. »Erst bezieht jeder ein eigenes Schlafzimmer, dann schläft man nur noch einmal im Monat miteinander und irgendwann lässt man es ganz. Für mich ist Sex bestimmt nicht der Maßstab aller Dinge, aber ein sicheres Zeichen dafür, ob man noch ein echtes Interesse aneinander hat«, begründete er seine Ansicht.

Zeitig am nächsten Morgen war Harper mit Jerry nach draußen gegangen, während sich Chris noch fürs Frühstück zurechtmachte, was unten im Speisesaal stattfinden sollte. Sie setzten sich an einen Zweiertisch, der in einer ruhigen Ecke stand, damit Jerry den anderen Gästen nicht so auffiel. Harper hatte einige Safaritouristen beobachtet und bemerkte dann: »Du möchtest ja sicherlich noch, dass ich zusammen mit Benno an einer Safari teilnehme, aber ich weiß jetzt schon, dass ich die kürzeste buchen werde und auch nur diese.«

»Gehst du denn wenigstens nachher noch mit mir ins Schwimmbad und in den Fitnessraum oder möchtest du diese abenteuersuchenden Menschen hier lieber meiden?«, wollte Chris von ihm wissen. »Nein, wir müssen sie nicht meiden, aber sie haben nicht gerade meine Wellenlänge«, entgegnete er. Nach dem Frühstück gingen sie noch in den Internetraum, der gerade angenehm leer war und fragten ihre Mails ab. Benno hatte geschrieben und sich sehr besorgt darüber geäußert, dass Sarah von ihrem Onkel verheiratet werden sollte, damit dieser besser Karriere machen könne. Der Auserwählte sei nämlich der Neffe vom Polizeichef; so habe Sarah ihm das gemailt. Chris schrieb ihrem Bruder zurück, dass er gar nicht daran denken sollte, Sarah nun zu entführen und dass sie schon mit Pakka einige Gespräche geführt hätten. Von ihrem Rechtsanwalt war auch eine Mail mit dem Anschreiben an Mr Thoolen als Scan angekommen. Er forderte ihn hierin auf, an Chris fünftausend Dollar Schmerzensgeld zu zahlen und sich ihr zukünftig nicht mehr zu nähern.

Nachdem sie diese Mail mitsamt Schreiben ausgedruckt hatte, zeigte sie Harper seinen neuen Wohnort Göttingen mit Bildern aus dem Internet. Dieser war begeistert von den vielen alten Häusern und Gassen und schlug deshalb vor: »Wollen wir mit Dr. Zerner nicht aushandeln, dass wir eher gehen können?« – »Du gehst ja schon eher, aber ein bisschen Geld sollten wir schon noch hier verdienen, denn unser neuer Job beginnt erst im Herbst«, war ihr Einwand.

Jerry musste in der Suite bleiben, während sie zum Schwimmen gingen, was er nur mit Kauknochen akzeptierte. Damit der Zimmerservice ihn hierbei nicht überraschen und es dann Probleme geben könne, hängten sie den Türanhänger mit dem Hinweis »Please do not disturb« nach draußen. Das Schwimmbecken war zwar nicht sehr spektakulär, aber es reichte aus, um hierin ein paar Bahnen zu ziehen. Für Chris war es das erste Mal nach über einem Jahr, dass sie wieder zum Schwimmen ging, und das war damals das Schwangerschaftsschwimmen in Hamburg. Als sie Harper diese Erinnerung am Beckenrand mitteilte, sah er sie betroffen an und fragte gleich: »Und, wird es gehen?« – »Ich kann nicht jeder Erinnerung ausweichen, nur weil sie wehtut. Ich muss lernen, mit diesem Schmerz zu leben, der hoffentlich im Laufe der Jahre besser auszuhalten ist«, machte sie sich Mut und ging ins Wasser.

Dort fiel es ihr bedeutend leichter, weil sie mit Harper um die Wette schwamm und sie viel miteinander lachten. Nach einer

Stunde kamen sie zurück in ihre Suite und wurden von Jerry gleich stürmisch begrüßt, der zum Glück in der Zwischenzeit nur seinen Kauknochen bearbeitet hatte und sonst nichts. Obwohl ihnen beiden danach war, gleich wieder ins Bett zu gehen, ging Harper noch einmal mit seinem Hund nach draußen, in der Hoffnung, er würde danach noch etwas auf seiner Decke dösen.

Als er zurückkam, legte er Chris, die bereits im Bett auf ihn gewartet hatte, ein Geschenkpäckchen mit einem Kärtchen auf die Decke. Erstaunt fragte sie:»Ist das etwa für mich?« Als er nickte, las sie zuerst das Kärtchen, auf dem stand:»Danke für das schöne Wochenende« und öffnete dann das Kästchen. Chris nahm vorsichtig die Kette heraus und betrachtete sie. Als Harper fast ungeduldig von ihr wissen wollte:»Gefällt sie dir?«, antwortete sie:»Ja, sie ist sehr schön«, und bedankte sich bei ihm. Harper erzählte ihr, dass er unten einen kleinen Souvenirladen mit Schmuckstücken, Holzschnitzereien und Lederwaren gefunden hatte und diese Kette im Schaufenster auslag; sie habe ihm auf Anhieb gut gefallen.

Während er sie Chris um den Hals legte, gestand er ihr, dass es sich bei der Kette um ein Fruchtbarkeitssymbol handele und er sie nur gekauft habe, weil er die Kombination mit dem blauen Lapislazuli-Stein, so gelungen fand. Chris hatte keine Probleme mit dem Symbol und küsste ihn, worauf er feststellte:»Weißt du eigentlich, dass ich noch nie so lange warten musste, bis ich mit meiner Herzdame ins Bett durfte, wie bei dir?« – »Dann nutz doch die Chance und komm zu mir. Bis zum Mittagessen können wir noch eine Runde kuscheln.« Chris hatte es noch nie gemocht, nach einem Liebesakt gleich wieder aufzustehen und zur Tagesordnung überzugehen und zeigte deshalb auch wenig Interesse, nun unten im Speisesaal zum Mittag zu essen. Auch Harper fand die Idee, weiterhin im Bett zu bleiben sehr reizvoll. Er griff kurzentschlossen zum Haustelefon und bestellte das Essen aufs Zimmer und für Jerry gab es eine große Portion Kartoffeln mit Fleisch.

Harper merkte immer deutlicher, wie gespalten er innerlich war.

Zwischen den tiefen Gefühlen von Nähe und Gemeinsamkeit hier in dieser Suite und der Gewissheit, dass es danach nur sehr knappen Raum für diese Beziehung gab. Während des gemeinsamen Essens und auch am Nachmittag suchte er mit Chris nach Möglichkeiten, auf der Station mehr zusammen machen zu können. Chris konnte ihn zwar verstehen, stellte aber trotzdem amüsiert fest: »Du hast ja schon nach sechs Wochen einen Lagerkoller. Da habe ich mich wohl richtig gut gehalten.« Das wollte Harper nicht so stehen lassen und sagte deshalb zu seiner Verteidigung: »Man darf sich auf der Station nicht einmal ein Spiegelei braten, weil das Sanas Reich ist. In das Gelände mit Jerry fahren dürfen wir auch nicht, weil Thoolen uns abknallen könnte. Mit dir schlafen darf ich erst wieder in zwei Wochen und Fernsehen gibt es auch nicht auf der Station. Das fühlt sich doch an wie eine Klassenfahrt, die kein Ende nimmt.«

Es war schon fast der Trotz gegen ihr Schicksal, der sie am Abend dazu brachte, in einer Regenpause gemeinsam mit Jerry rauszugehen und danach im Speisesaal zu Abend zu essen. Während sie noch aßen, wurde im Nebenraum schon die Bühne für eine Abendveranstaltung mit Tanz und einer Musikband hergerichtet. Sie fand in dem Saal statt, in dem Dr. Crow seinen Geburtstag gemeinsam mit ihnen gefeiert hatte. Obwohl sie nach dem Essen wieder nach oben in ihre Räume gehen wollten, sahen sie kurz in den Raum, der sich langsam mit Gästen füllte. Harper scherzte noch und sagte: »Hoffentlich haben die heute gute Musik«, als sie hinter sich die Stimme von Thoolen vernahmen, der sie in seiner bissigen Art fragte: »Na, das Leben auf der Station wird Ihnen wohl zu langweilig?« Erstaunt drehten sie sich zu ihm um, worauf er Chris auffällig in seiner abschätzigen Art musterte. Diesmal war sie es, die sofort reagierte, zumal sie sich innerlich schon auf ein derartiges zufälliges Zusammentreffen vorbereitet hatte. »Vorsicht, Mr Thoolen. Es besteht ein Kontaktverbot. Halten Sie sich dran.« Bevor er noch etwas erwidern konnte, drehte sie sich um und ging mit Harper und Jerry direkt in den Computerraum, von wo aus sie beobachten konnten, wie er zur Bar ging. Während er noch mit dem Rücken zu ihnen stand, verließen sie den Raum und gingen zum Treppenhaus des Hoteltraktes. Oben im Zimmer angekommen, stellte Harper anerkennend fest: »Die Nummer war nicht schlecht, Mrs Hansen.« Chris fand ihre Reaktion zwar auch recht passabel, musste aber zugeben, dass sie hierfür auch ihren ganzen Mut aufbringen musste. Harper nahm sie in den Arm und flüsterte ihr ins Ohr: »Wenn wir großes Glück haben und Jerry mitspielt, dürfen wir heute Abend noch einmal Kuscheln und morgen vielleicht auch. Wir lassen uns von dem Kerl unser Wochenende nicht verderben.«

Weil Jerry an diesem Abend zu später Stunde nicht mehr ausgeführt wurde, um eine Begegnung mit Thoolen zu vermeiden, musste Harper mit ihm am nächsten Tag schon sehr zeitig raus. Chris schlief noch, als sie zurück ins Zimmer kamen, und wurde erst wach, als sie hörte, wie Harper seinem Hund im Badezimmer frisches Wasser in den Napf füllte. Danach kam er zu ihr ins Schlafzimmer und teilte ihr mit, dass vom Jeep wieder ein Reifen zerstochen worden sei. Beide vermuteten, dass Thoolen dahinterstecken musste. Obwohl es sich Harper durchaus zutraute, den Reservereifen selbst aufzuziehen, ließ er es, weil sie nicht wussten, ob Thoolen sich noch auf dem Grundstück aufhielt und so genügend Gelegenheit hätte, ihre Abfahrt zu beobachten und sie dann auf der Rückfahrt zu schikanieren.

Trotz dieses Ärgernisses ließ es sich Harper nicht nehmen, sich noch einmal zu Chris ins Bett zu legen. Sie liebten sich ein letztes Mal und es war nicht mehr so unbeschwert wie die Male zuvor. Als er sie danach noch in seinem Arm hielt, stellte er fest: »Ich hätte nie geglaubt, dass es in der heutigen Zeit so kompliziert ist, einfach mit der Frau zusammen zu sein, die man liebt. Chris, bevor hier einer von uns Schaden nimmt oder das alles nicht mehr gut für unsere Beziehung ist, brechen wir unsere Zelte sofort ab, versprich mir das.« Chris versprach es, hatte aber immer noch Hoffnung, dass Dr. Zerner etwas bewegen könnte.

Nachdem sie auf dem Zimmer gefrühstückt hatten, bereiteten sie ihre Abreise vor. Harper funkte zur Station, dass sie eine Reifenpanne hätten und Unterstützung bräuchten. Nach einer Stunde kamen Kobe und Tido mit dem zweiten Jeep und halfen beim Reifenwechsel. Zusammen fuhren sie dann zurück zur Station, wo Chris sofort zu ihren beiden Ziegen ging. Tido, der sich in ihrer Abwesenheit um die Tiere gekümmert hatte, war ihr gefolgt und berichtete ihr nicht ohne Stolz, dass auf der Station und auch bei den Ziegen alles ruhig verlaufen sei.

Als später beim gemeinsamen Essen Harper das Zusammentreffen mit Thoolen ansprach und auch seine Vermutung, dass er den Reifen aufgeschlitzt haben könnte, bemerkte Kobe nur: »Thoolen wird erst dann aufhören, wenn Sie die Station verlassen haben.« Harper reagierte auf diese Äußerung gereizt: »Und was soll mit unseren Nachfolgern geschehen? Oder sollte Thoolen sich diese vielleicht gleich lieber selbst aussuchen?« Es herrschte betretenes Schweigen, worauf Harper den Tisch verließ. Mojo versuchte die ganze Situation zu entspannen und den anderen Mut zu machen, indem er sagte: »Vielleicht kann Dr. Zerner mit Mr Danger ein gutes Gespräch führen.« – »Ja, vielleicht«, erwiderte Chris und aß dann schweigend ihren Teller leer, um zu Harper nach oben zu gehen.

Harper hatte sich auf sein Bett gelegt und wirkte ernst, als er feststellte: »Was denken die sich eigentlich da unten? Die haben hier auf der Station ihren Job bekommen, um die jeweiligen Wissenschaftler zu unterstützen, die wiederum mit Geldern aus dem Ausland versuchen, die Natur in diesem Land zu erhalten.« Chris hatte sich zu ihm an den Bettrand gesetzt und fragte: »Kann ich bei dir einziehen?« Sein finsteres Gesicht hellte augenblicklich auf, als er sich aufsetzte und ungläubig von ihr wissen wollte: »Ist das dein Ernst? Willst du jetzt doch nicht mehr warten, bis Dr. Zerner hier war? Natürlich kannst du sofort bei mir einziehen.« – »Das wäre vielleicht nicht schlecht, dann wüsstest du nämlich auch gleich viel besser, ob du mit mir in Göttingen zusammenwohnen möchtest.«

Den Rest des Tages verbrachten sie damit, ihre Sachen in seine Räume zu bringen, dort zu verstauen und abzuklären, welches Revier wem gehört. Dies Ritual war für Chris altvertraut, aber für Harper mit Wochenendbeziehungserfahrung völlig neu. Als sie am späten Nachmittag gemeinsam die beiden Ziegen versorgten und danach mit ihnen und Jerry auf dem Grundstück spazieren gingen, stellte Harper fest: »Nach dem Wochenende des Kuschelns und der Nähe kommt jetzt wohl der zweite Schritt: dass wir uns nicht auf die Nerven gehen und manchmal auch den nötigen Abstand wahren.« Chris musste lachen und hakte sich bei ihm unter, als sie ihm antwortete: »Ja, stimmt. Aber dann macht das Kuscheln auch wieder richtig Spaß.«

Am nächsten Tag waren die bestehenden Spannungen im Mitarbeiterkreis nicht zu übersehen. Es herrschte eisiges Schweigen beim Essen und nur Tido, als jüngster Mitarbeiter, versuchte ein paar Nebensächlichkeiten zu erzählen. Nach zehn Minuten ergriff Harper das Wort und sagte sehr bestimmt: »Am Mittwoch kommen Dr. Zerner und Mr Evers an. Ich werde sie persönlich von der Busstation abholen und erwarte ansonsten, dass diese Station Dr. Zerner gegenüber gut präsentiert werden kann. Es geht hier schließlich auch um Ihre Jobs. Pakka, mit Ihnen möchte ich nach dem Essen den Haushalt der Station durchgehen. Wir treffen uns dann im Büro.«

Dieser strenge Vorgesetztenton erstaunte die Mitarbeiter, Chris inbegriffen, weil Harper ansonsten eher der lockere, gut gelaunte und kumpelhafte Vorgesetzte war. Während Chris sich nichts anmerken ließ, wirkten die Übrigen fast etwas eingeschüchtert und aßen schweigend weiter. Als Harper aufstand, um mit Pakka ins Büro zu gehen, fragte ihn Chris: »Ist es okay, wenn ich auch dabei bin?« Harper sah sie erstaunt an und antwortete: »Natürlich. Davon war ich auch ausgegangen.« Im Büro setzten sie sich mit Pakka an den kleinen Besprechungstisch und ließen sich von ihm erklären, wie es um die Finanzen der Station bestellt war und welche Anschaffungen in nächster Zeit geplant waren. Das

Haushaltsbuch hatte Pakka so ordentlich weitergeführt, wie Mrs Crow dies all die Monate zuvor getan hatte. Die Finanzlage war sehr solide.

Zusammen mit Pakka und Kobe gingen sie dann die Räumlichkeiten der gesamten Station ab und erstellten eine Bestandsaufnahme und einen Belegplan für die Aufzuchtstation, der auch darüber Auskunft gab, wie viele Tiere dort beherbergt waren und mit welchem Aufwand. Bis zum nächsten Abend sollte von diesem Zahlenwerk ein Bericht erstellt werden. Als es darum ging, welche Räume im Haupthaus für die erwarteten Gäste hergerichtet werden sollten, bestimmte Harper: »Dr. Zerner bezieht wieder einen der Besucherzimmer und Mr Evers die Räume, die er bislang immer bewohnt hat. Sana müsste das Besucherzimmer noch herrichten.« Pakka sah ihn einen Moment irritiert an und wollte dann wissen: »Und wo wohnt Mrs Chris?« – »Sie ist bei mir mit eingezogen. Schließlich habe ich auch den meisten Platz.« Pakka sah mit ernstem Gesicht von ihm zu Chris, wagte aber nicht, das zu kommentieren.

Beim gemeinsamen Abendessen in ihren Räumen stellte Chris fest: »Ich wusste ja gar nicht, dass du so streng sein kannst. Die Mitarbeiter wirken regelrecht verängstigt.« – »Weißt du, dass deren ewiges Schwanzeinziehen und schön angepasst sein uns erst in diese blöde Lage gebracht hat? Thoolen wurde doch erst richtig mächtig, weil alle nur vor ihm kuschen.« Chris wirkte sehr nachdenklich. »In deren Lage möchte ich aber auch nicht sein. Immer einen neuen Chef zu haben, der wieder alles anders macht.« Harper sah das etwas anders: »Natürlich ist es anstrengend, immer einen neuen Chef zu haben; das geht manchen Wissenschaftlern auch so, die sich von Projekt zu Projekt hangeln. Aber wenn du hier nicht dein eigenes Profil entwickelst, gehst du unter. Das müssen die hier auch begreifen. Wenn sich hier alle Mitarbeiter gut für die Hauptaufgaben der Station aufstellen, die ja immer unabhängig von deren jeweiligen Chefs anstehen, dann könnten sie die Wissenschaftler auch viel besser unterstützen. Hier versucht doch jeder nur, gut durchzukommen. Es gibt keinen verlässlichen Teamgeist und keine stabile Struktur.«

Chris hatte sich auf ihren Stuhl zurückgelehnt und ihm aufmerksam zugehört, während sie seine Gestik betrachtete. Dann sagte sie anerkennend: »Wenn du dich so bei Prof. Stallmeyer verkaufst, hast du bald einen festen Job an der Uni.« Harper hatte aber ganz andere Sorgen und fragte sie deshalb: »Meinst du, Benno steckt das gut weg, dass du nun bei mir wohnst?« – »Wohl nicht ganz, aber ich kann ja eine Nacht bei dir und die andere bei Benno schlafen«, war ihr Vorschlag. »Wie, schlaft ihr öfter in einem Bett?«, reagierte Harper nun doch etwas irritiert. »Warum denn nicht? Benno ist mein kleiner Bruder und das haben wir schon von klein auf so gemacht. Außerdem kann ich mit ihm so gut über sehr vertrauliche Sachen sprechen.« Diese Vorstellung gefiel ihm gar nicht und er hakte nach: »Heißt das, du schläfst die eine Nacht bei mir und besprichst in der nächsten Nacht mit Benno, dass ich geschnarcht oder das Zimmer nicht aufgeräumt habe?«

»Nein, mein lieber Jeff, so läuft es nicht. Was wir im ganz Privaten haben, bleibt auch da. Aber mit Benno würde ich schon gerne über Thoolen sprechen, schließlich waren die einmal miteinander lose befreundet oder ob Lisa, seine ehemalige Freundin, wieder aktuell ist. Lisa hat sich sehr um ihn gekümmert, als er nach dem Unfall in Göttingen noch auf Hilfe angewiesen war.« Harper sah sie für einen Moment etwas ratlos an, als er schließlich gestand: »Ich glaube, dass ich noch viel lernen muss, bis ich mich in deinem Leben auskenne. Geschwister hatte ich nun einmal keine.« – »Macht nichts. Wenn du erst einmal meine Eltern und auch Opa Friedrich und meine Großtante Else kennengelernt hast, kannst du dich schon viel besser auf die Familienprüfung vorbereiten.« – »Was für eine Familienprüfung?«, fragte er leicht irritiert. »Ob du der richtige Mann für mich bist. Nur weil du am Wochenende ein paarmal mit mir geschlafen hast, bist du noch lange nicht am Ziel«, versuchte sie ihm die Rituale in ihrer Familie zu erklären.

Er sah sie musternd an und nickte mit einem langgezogenen »Aha« mehrmals leicht mit dem Kopf, bevor er sagte: »Ja, das hätte ich wissen müssen. Das sah ja fast auch zu leicht aus. Man trifft hier im fremden Land eine tolle Frau, verliebt sich in sie, schafft es endlich für ein Wochenende von dieser merkwürdigen Station zu kommen und denkt dann: Bingo, ich bin am Ziel.« Nun war es Chris, die irritiert wissen wollte: »Heißt das, du gibst nach der ersten Etappe schon auf?« Er war aufgestanden und zog sie am Arm, sodass sie ebenfalls aufstehen musste. Dann ging er mit ihr zum Bett. »Willst du wirklich wissen, ob ich schon aufgebe?« – »Ja, aber schließ bitte vorher die Tür ab.«

XVI

Rechtzeitig, bevor der Besuch eintraf, war die Station aufgeräumt und der Bericht fertig. Harper fuhr mit Pakka im großen Jeep zeitig zur Touristenstation, um dort schon die Vorräte auf die Ladefläche des Fahrzeugs zu laden, seine Mails durchzusehen, die von Chris auszudrucken sowie die Post abzuholen. Sie waren gerade damit fertig, als der Bus vorfuhr. Da Harper bislang weder Dr. Zerner noch Benno persönlich kennengelernt hatte, war er darauf angewiesen, dass Pakka in dem Gedränge der aussteigenden Fahrgäste auch die richtigen Personen ansprach. Doch Benno war ihm auch so gleich aufgefallen. Ein junger sportlicher Mann, der Chris mit seinen blonden Haaren und der Gesichtsform sehr ähnlich sah.

Die Begrüßung von Dr. Zerner war sehr freundlich und nahm einen Moment in Anspruch, weil dieser gleich zum Ausdruck brachte: »Hallo Mr Harper. Schön, dass ich Sie jetzt einmal persönlich kennenlernen kann. So lassen sich die Probleme gleich viel besser besprechen, wenn ich weiß, wen ich vor mir habe.« Benno war inzwischen mit Pakka zur Gepäckausgabe des Busses gegangen und hatte dort seine Reisetasche und den Trolley in Empfang genommen. Dann ging er zu Harper, während Dr. Zerner zusammen mit Pakka sein Reisegepäck im Gewühl suchte. Er reichte Harper die Hand und stellte sich vor: »Ich bin der Benno. Der Bruder von Chris.« Harper erwiderte den kräftigen Händedruck und stellte lachend fest: »Deine Schwester hat dich gut beschrieben.«

Benno musterte ihn und fragte dann sehr direkt: »Läuft da etwas zwischen euch?« Harper konnte nur noch mit einem knappen

»Yes« antworten, weil Dr. Zerner und Pakka zu ihnen zurückkamen. Auf der Rückfahrt hatte sich Dr. Zerner ganz selbstverständlich auf den Beifahrersitz gesetzt und unterhielt sich mit Harper, der den Jeep über den vom tagelangen Regen aufgeweichten Weg lenkte, während auf der Rückbank Pakka und Benno schweigend nebeneinandersaßen. Auf der Station angekommen, wurden sie von Chris und Jerry begrüßt, wobei auch hier Dr. Zerner die Reihenfolge vorgab. Er war als Erster ausgestiegen und gab Chris die Hand, während er in deutscher Sprache feststellte: »Sie sehen ja richtig gesund und munter aus; im Gegensatz zu Ihrem Einstellungsgespräch. Das beruhigt mich etwas.«

Nun war auch Benno ausgestiegen. Er nahm seine Schwester in den Arm und hielt sie lange fest. Als sie dann auch noch Arm in Arm zum Haupthaus gehen wollten, bemerkte Harper: »Hallo, ich bin auch wieder da.« Chris verstand seinen Hinweis und löste sich aus Bennos Arm. Mit einem glücklichen Lächeln ging sie zu Harper und strich ihm über den Unterarm, während sie ihm leise zuraunte: »Sorry, im Moment bin ich ein bisschen überfordert.« Beim anschließenden Essen mit allen Mitarbeitern nutzte Dr. Zerner die Gelegenheit, um einen ersten Eindruck von den aktuellen Problemen der Station zu bekommen. Er berichtete aber auch, dass er in jüngster Zeit zwei Telefonate mit Mr Danger geführt habe und diesem wohl schon bewusst war, dass Mr Thoolen nur bedingt tauglich für seinen Job sei. Morgen sollte es deshalb ein weiteres Gespräch mit Mr Danger auf der Station geben.

Nach dem Essen ließ er sich die Station zeigen und las den sehr ausführlichen Bericht, worauf er anerkennend feststellte: »Es sieht alles tipptopp aus. Wenn es nicht diese Probleme mit dem Wildhüter gäbe, wäre doch alles prima.« Harper sah das etwas anders und schilderte ihm die Probleme mit einigen Bauern am Rande des Naturschutzgebietes, die ihre Existenz durch bestimmte Wildtiere bedroht sahen, und die negativen Folgen des ansteigenden Safaritourismus. Dr. Zerner hatte sich inzwischen mit Harper, Chris und Benno in das Stationsbüro zurückgezogen und fragte dort sehr direkt, ob es Probleme mit einigen Mitarbeitern gäbe, was ja schon einige Male der Fall gewesen sei. Harper war erstaunt. »Ja, gab es die?« Und als Dr. Zerner dies bestätigte, fuhr Harper fort: »Ich vermisse hier manchmal den Zusammenhalt eines guten Teams. Läuft es gut, sind alle guter Dinge und man spürt ein gutes Wir-Gefühl. Läuft es nicht so gut, denkt jeder an sich. Aber ansonsten sind sie sehr fleißig und gewissenhaft.«

Den Abend verbrachten Harper und sein Gast im Büro, zumal Dr. Zerner ein paar Jahre in Amerika gearbeitet hatte und es hierdurch ausreichend Gesprächsstoff gab. Chris nutzte diese Gelegenheit, gemeinsam mit Benno ihre Ziegen zu versorgen. Danach machten sie zusammen mit Jerry, aber diesmal ohne sein Herrchen, den üblichen Spaziergang auf dem Gelände. Benno hatte sich bislang in den Teamgesprächen zurückgehalten, aber interessiert Harper zugehört und ihn auch aufmerksam gemustert. Während sie nun mit den Tieren um die Baracken gingen, bemerkte er: »Das ist also dein neuer Mann? Hat er zumindest zugegeben.« Als sie nur schmunzelte, erkundigte er sich: »Läuft es gut zwischen euch?«

Sie waren einen Moment stehen geblieben, weil die Ziegen von dem frischen Gras fraßen, dass die Regenzeit zum Wachsen brachte, während Chris ihrem Bruder erzählte, wie schwierig es sei, auf dieser Station als Paar überhaupt ein wenig Privatleben zu haben. Benno konnte das zwar nachvollziehen, wollte dann aber von ihr wissen, ob sie denn die ganze Zeit bei Harper wohnen würde. »Nein, erst seit Sonntag und heute Nacht schlafe ich bei dir. Dass ist mit Jeff so abgestimmt. Eine Nacht du und eine er, immer schön im Wechsel.« Benno sah sie verdutzt an und stellte dann fest: »Ehrlich? Das ist ja voll krass. Den Typ kann man richtig gernhaben.«

Nachdem sie Claire und Fina wieder in ihren Stall gebracht hatten, holten sie von Sana noch Getränke und Abendessen aus der Küche und gingen dann mit Jerry nach oben. Während Benno damit beschäftigt war, seine Sachen in den Schrank und die Kommode einzuräumen, las Chris den Brief ihres Anwaltes, den Harper ihr mitgebracht hatte. In dem Brief befand sich die Stellungnahme von Thoolens Anwalt zum Tathergang. Hierin gab Thoolen zu, an diesem Abend getrunken zu haben. Als er das Fest habe verlassen wollen, sei ihm Mrs Hansen begegnet und er habe sie auf ihre Kamera angesprochen, die sie nach der letzten Dienstbesprechung auf der Fensterbank habe liegen lassen. Um sie ihr zu geben, seien sie zusammen zum Jeep gegangen und dort habe sie beim Bücken ihr Gleichgewicht verloren, weil sie selbst getrunken habe, und sei dabei auf sein Armaturenbrett gefallen. Hierbei habe sie sich verletzt und ihn gebeten, sie zur Station zu fahren, zumal sie sehr starkes Nasenbluten hatte und ihr Kleid hierdurch verschmutzt worden sei. Als er losgefahren sei, habe sie es sich plötzlich anders überlegt; ihn angeschrien und mit der Kamera auf ihn eingeschlagen, weil sie aussteigen wollte. Hierdurch habe er den Anhänger übersehen und sei dagegen gefahren. Sie sei dann aus dem Jeep gesprungen und gestürzt.

Thoolen ließ durch seinen Anwalt erklären, dass seinem Mandanten dieses Missverständnis ausdrücklich leidtun würde und dieser sich natürlich zukünftig ihrem Wunsch beugen würde, ihr nicht mehr zu nahe zu kommen. Zum Schluss wurde noch einmal auf das Vorkommnis von Silvester hingewiesen, wo Mrs Hansen im angetrunkenen Zustand ebenfalls gestürzt sei und auch hier einen plötzlichen Sinneswandel gehabt habe, den sein Mandant bedauerlicherweise nicht rechtzeitig habe nachvollziehen können.

Chris hatte sich dieses Schreiben noch einmal durchgelesen und nachdem sie tief Luft geholt hatte, zeigte sie es ihrem Bruder. Dann sprang sie auf und ging nach unten, gefolgt von Jerry. Ohne anzuklopfen ging sie ins Büro und blickte wortlos von Harper zu Dr. Zerner, die gerade mit einer Flasche Wein und zwei gefüllten Gläsern am Besprechungstisch saßen, das Schreiben in ihrer Hand. Harper fand ihren Auftritt befremdlich. »Ist etwas passiert?«, fragte er besorgt. Nun las Chris ihnen das Schreiben vor und endete mit den Worten: »Das ist passiert.« Dr. Zerner bot ihr gleich einen Platz am Tisch an. »Nun setzen Sie sich erst einmal zu uns und erzählen, wie es denn wirklich war.«

Chris setzte sich neben Harper, griff nach seinem halbvollen Weinglas und trank es mit wenigen Schlucken aus. Dann berichtete sie zwar in der Wortwahl sachlich, aber in ihrer Körperhaltung deutlich angespannt, was sich in dieser Nacht zugetragen hatte. Harper, dem die Einzelheiten des Tathergangs nur zu vertraut waren, hatte einen Bogen Papier und einen Stift vom Schreibtisch geholt und das Papier in zwei Spalten eingeteilt. Als Chris ihre Schilderung beendet hatte, stellte er fest: »Mr Thoolen und auch sein Anwalt sind ziemlich gerissen. Lasst uns hier auf der linken Seite einmal die Schilderung von Chris in Stichpunkten zusammenfassen und auf der rechten die von Thoolen.«

Nachdem er dies getan hatte, erkundigte sich Dr. Zerner: »Und was haben wir jetzt noch für Beweismittel, dass es nicht der betrunkene Zustand von Mrs Hansen war, der an ihren Verletzungen schuld war?« Chris fühlte sich veranlasst, etwas richtig zu stellen: »Es ist richtig, dass ich Silvester ganz für mich allein ein Glas zu viel vom kanadischen Likör, den mir Mrs Crow geschenkt hatte, getrunken habe, weil ein Jahr zuvor mein Sohn gestorben war. Mr Thoolen kam unangemeldet und wollte sich angeblich bei mir bedanken, weil ich ihm nach einem Unfall geholfen hatte, aber er wurde dann zudringlich. Auf der Feier der Crows hatte ich nur einen Begrüßungsdrink getrunken und dann gar kein Alkohol mehr, schon weil Thoolen dort aufgetaucht war. Und eben habe ich nur den Wein ausgetrunken, weil ich richtig sauer bin.«

Harper betrachtete sie mit einem milden Lächeln, als sie sich derart engagiert verteidigte, und gab dann bekannt: »Übrigens sind Mrs Hansen und ich seit diesem Vorfall ein Paar und ich werde sie auch mit nach Deutschland begleiten.« Nun schaute Dr. Zerner etwas irritiert von einem zum anderen und fragte dann: »Was heißt das, Sie begleiten Mrs Hansen nach Deutschland?« – »Dass ich meine Arbeitsvertragsauflösung zum Ende August beantrage.« Harper war erneut aufgestanden und hatte einen Briefumschlag aus der Schublade seines Schreibtisches geholt, den er nun Dr. Zerner übergab.

Dieser öffnete den Umschlag und las sich das darin befindliche Kündigungsschreiben durch. Dann blickte er von einem zum anderen und stellte fest: »Schade, dass Sie nach der Halbzeit schon aufhören möchten. Vertraglich gibt es die Möglichkeit und ich kann Sie verstehen, dass Sie Ihrem Privatleben den Vorrang geben möchten. Übrigens finde ich, dass Sie gut zusammenpassen.«

Sie saßen noch eine Zeitlang zusammen und überlegten, wie sie Thoolens Darstellung widerlegen könnten, aber bis auf das blutige Messer, an dem Blut von Chris und dem einer anderen Person haftete, was Thoolen bislang nicht erwähnt hatte, und dem ärztlichen Nachweis, dass sie in dieser Nacht nicht betrunken war, gab es keine Gegenbeweise.

Nach dieser Besprechung war Harper noch einmal mit Jerry vors Haus gegangen, während Dr. Zerner schon sein Zimmer aufgesucht hatte. Chris, die zu Benno zurückgekehrt war, stellte dort fest, dass dieser von der Reise so müde war, dass er schon im Bett fest schlief. Leise machte sich Chris im Bad fertig und wollte sich gerade hinlegen, als es an der Tür klopfte. Es waren Harper und Jerry. Der Hund wollte gerade in das Zimmer stürmen, wurde aber von Chris mit einem Griff zum Halsband daran gehindert. Leise fragte Harper sie: »Hast du alles, was du für die Nacht brauchst?« Sie zog ihn einen Schritt zu sich heran und flüsterte »Nein. Ich brauche nur noch …« und küsste ihn. Er wünschte ihr eine gute Nacht, während er ihr übers Haar strich und ging dann mit Jerry in seinen Wohnraum.

Am nächsten Morgen wurde Benno früh wach, blieb aber noch liegen, um seine Schwester nicht zu wecken. Erst als Jerry vor dem Haus kläffte, machte Chris ihre Augen auf und strahlte über das ganze Gesicht, als sie ihren Bruder neben sich erblickte. Sie rutschte zu ihm hinüber und kuschelte sich in seinen Arm. Dann stellte sie fest: »Weißt du, dass ich schon lange nicht mehr in diesem Haus so gut geschlafen habe wie in der letzten Nacht?« Benno kraulte ihre Haare und wollte dann von ihr wissen: »Und? Woran liegts?« Sie musste nicht lange überlegen: »Dass du wieder da bist und wir gestern Abend mit Dr. Zerner noch wichtige Dinge besprechen konnten. Benno, alle Zeichen stehen auf Heimkehr und alles wird gut.«

Das Gespräch mit Mr Danger verlief deutlich besser, als man aufgrund des Anwaltsschreibens von Mr Thoolen zuvor vermutet hatte. So gab Mr Danger offen zu, dass es in letzter Zeit immer öfter Beschwerden über die aggressive Art seines Mitarbeiters gegeben habe und ihm auch dessen Alkoholprobleme bekannt seien. Er gab aber auch zu bedenken, dass er im Moment keinen Ersatz für ihn habe, auch wenn er daran bereits arbeiten würde. Auf Drängen von Dr. Zerner erklärte er sich schließlich bereit, Mr Thoolen die Kündigung anzudrohen, falls es noch einmal zu derartigen Beschwerden käme. Als Entschädigung für die ganze Aufregung wollte Mr Danger in den nächsten drei Tagen, zusammen mit einem weiteren Wildhüter, Dr. Zerner den Nationalpark zeigen, wobei sich Harper, Chris und Benno ihnen anschließen durften.

Nachdem Mr Danger gegangen war, fand das Mittagessen im Team statt. Dr. Zerner teilte hierbei den Stationsmitarbeitern mit, dass er in vier Tagen wieder abreisen werde und sehr davon angetan sei, wie gut die Station in Schuss sei. Dann wurde er ernst, als er fortfuhr: »Ich möchte, dass sich alle hier festangestellten Mitarbeiter immer vor Augen halten, dass sie auch dafür bezahlt werden, die jeweiligen Projektforscher zu unterstützen und notfalls auch zu beschützen. Wenn ich mich hierauf nicht hundertprozentig verlassen kann, hat dies auch personelle Konsequenzen zur Folge.« Seine Worte hatten ihre Wirkung nicht verfehlt. Während sich die Mienen der Mitarbeiter bei seinem Lob noch entspannt hatten und dem einen oder anderen ein stolzes Lächeln über das Gesicht huschte, wirkten sie nun wie versteinert.

Nach dem Essen besprach Dr. Zerner mit Harper und Benno

ihre Arbeitsziele, wobei Benno weiterhin für die Öffentlichkeitsarbeit, Reportagen und Kurzfilme zuständig sein sollte. Für Harper schlug Dr. Zerner vor, in den ihm noch verbleibenden Monaten einen Bericht darüber zu verfassen, welche Risiken wildlebende Tiere für die dem Nationalpark angrenzende Landwirtschaft bedeuteten und welche Gefahren durch den ansteigenden Safaritourismus zu befürchten seien.

Chris begleitete derweil Pakka zu den Touristenunterkünften, weil sie ihrem Anwalt noch eine Mail senden wollte. Auf der Fahrt war Pakka zunächst sehr schweigsam, bis er dann schließlich mit der Sprache rausrückte: »Denken Sie auch, dass wir Sie nicht richtig beschützt haben?« – »Ich glaube, dass es eine gute Gemeinschaft gibt, wenn alles rund läuft und jeder zuerst an sich denkt, wenn es Probleme gibt«, gab Chris ihm offen zur Antwort.

Pakka konnte diese Kritik nicht einordnen und so erklärte Chris ihm, dass sie nicht verstehen könne, wenn hier Dinge einfach getan werden, nur weil man sich hiervon einen eigenen Vorteil verspricht, egal, was dies für die anderen bedeutet und nannte hierfür dann das Beispiel: »Bei der Heirat von Sarah läuft es doch genauso. Den Vorteil hat Ihr Schwager, weil er befördert werden möchte und setzt vermutlich alle anderen damit unter Druck, nur weil er sich mit seiner Position innerhalb der Familien so mächtig fühlt. Die Leidtragende ist aber Ihre Tochter, die einen Ehemann heiraten soll, den sie gar nicht will, und dann gibt es da die vielen anderen, die einfach schweigen, nur weil sie selbst keinen Ärger bekommen wollen.«

Ausgesprochen unsanft bremste Pakka den Jeep vor der Vorräteausgabe ab und sagte barsch: »Sie wissen doch gar nicht, wie es hier abläuft. Ihr Bruder wollte Sarah doch auch nicht heiraten.« Chris sah ihn angriffslustig an und entgegnete: »Sarah ist jung und möchte einen Beruf erlernen, für den sie eine Begabung hat. Sie hat es gar nicht nötig, von einem Mann geheiratet zu werden. Zeigen Sie ihr doch einmal, dass Sie ihr vertrauen und erlauben ihr das Auslandsstudium, statt sie den Karriereplänen Ihres

Schwagers zu opfern.« – »Die Hochzeit ist geplant und kann nicht mehr abgesagt werden«, war sein knapper Kommentar dazu. »Das glaube ich nicht. Sie könnten doch sagen, dass Sarah erst ihren Beruf abschließen soll und ihr erlauben, mit uns im August nach Göttingen zu kommen, wenn sie ein Stipendium erhält. Das hätte für niemanden einen Gesichtsverlust zur Folge«, argumentierte Chris schon fast leidenschaftlich.

Da von ihm keine Reaktion mehr erfolgte, stieg sie aus und ging in den PC-Raum. Dort mailte sie zuerst ihren Eltern und dann ihrem Rechtsanwalt. Sie wollte das gegnerische Schreiben so nicht akzeptieren und nannte als Gegenbeweise das blutige Messer und die Kopien der Untersuchungsunterlagen von Dr. Tolento, die belegen würden, dass sie nicht betrunken war. Außerdem würde sie zusätzlich zum Schmerzensgeld ein Schuldeingeständnis und eine schriftliche Entschuldigung verlangen sowie die schriftliche Erklärung, dass er sich zukünftig von ihr fernhalten werde.

Als sie wieder zurück zum Jeep kam, saß Pakka wie versteinert hinter dem Steuer. Chris setzte sich neben ihn auf den Beifahrersitz und verkündete: »Wir können wieder zurückfahren.« Sie waren gerade vom Parkplatz gefahren, als Pakka ihr sehr erregt unterstellte, sie hätte ihn bei Dr. Zerner schlecht gemacht, um von ihm nun erpressen zu können, Sarah nach Deutschland gehen zu lassen. Er mutmaßte auch noch, dass Benno nur sein Abenteuer bräuchte. Chris forderte ihn sehr bestimmt auf, die Unterhaltung auf der Station weiterzuführen.

Dort bat sie ihn gleich ins Büro und sagte scharf: »Pakka, wenn dies wirklich Ihre Meinung ist, sollten wir die Zusammenarbeit beenden. Sie verlieren hier langsam den Blick für Gerechtigkeit, Macht und Intrigen.« Dieser zuckte bei ihren Worten zusammen und fragte: »Wollen Sie, dass ich gehe?« – »Ich möchte, dass Sie endlich einmal Verantwortung übernehmen und nicht immer allen Problemen aus dem Weg gehen«, forderte ihn Chris sehr energisch auf. In diesem Moment kam Harper ins Büro. Er hatte die letzten Worte von Chris mitbekommen und wollte deshalb irritiert wissen: »Gibt es Probleme?« Pakka sah von einem zum anderen und bat, gehen zu dürfen. Nachdem er das Büro verlassen hatte, erzählte Chris, was sich auf der Fahrt zugetragen hatte, worauf Harper bemerkte: »Du pokerst hier ja ganz schön hoch. Wir können nur hoffen, dass sich alle Wogen geglättet haben, bevor Dr. Zerner abfährt.«

Die nächsten Tage zeigte sich das Wetter gnädig. Bis auf einige kurze Regenschauer blieb es trocken und die Fahrten ins Gelände unter der Führung von Mr Danger konnten wie geplant stattfinden. Harper hatte den großen Jeep für diese Fahrt gewählt und wollte auch Jerry mitnehmen. Benno, der aufgrund der gemeinsamen Fahrten mit Thoolen schon weit mehr vom Nationalpark gesehen hatte als seine Schwester, war begeistert, welche interessanten Orte Mr Danger ausgewählt hatte und hielt davon so viel wie möglich mit seiner Kamera fest.

Auf der Rückfahrt des ersten Tages saßen Harper und Benno vorne im Jeep, während es sich Chris mit dem schlafenden Jerry auf der Rückbank bequem gemacht hatte. Vor ihnen fuhr der Jeep der Wildhüter, in dem auch Dr. Zerner saß, um noch mit Mr Danger zu sprechen. Chris war müde von dem anstrengenden Tag und fühlte sich inmitten ihrer Männer ausgesprochen wohl. Nachdem sie dieses Beisammensein schweigend genossen hatte, erkundigte sie sich kurz vor der Ankunft: »Und bei wem soll ich heute schlafen?« Benno erklärte gleich, dass er am Abend noch die Aufnahmen am Computer sichten wolle und das dies etwas länger dauern könne, worauf Harper, der den Wagen lenkte, erfreut feststellte: »Oh prima. Dann kann Chris heute Nacht ja wieder bei Jerry und mir sein.«

Weil Dr. Zerner nach dem Abendessen noch mit Chris im Büro ihre Projektarbeit durchgehen wollte, wurden die beiden Ziegen von Harper und Benno versorgt. Benno war beeindruckt von Harpers Melkfähigkeiten und schlug ihm vor, dass er dies ja dann auch in Göttingen übernehmen könne, falls Chris einmal verhindert sein sollte. Harper, der die Umsiedlung der Tiere eher kritisch sah, meinte: »Damit die Tiere keinen Schaden nehmen, muss bald eine gute Lösung her. Die beiden sollten kein tristes Dasein in einem Schuppen fristen.« Während sie die Tiere anschließend ausführten, besprachen sie ihre geplante gemeinsame Safari, wobei sie sich in ihrer Ablehnung für diesen Tourismuszweig einig waren.

Müde kam Chris nach der Besprechung mit Dr. Zerner nach oben. Da Harper nicht da war, ging sie zu Benno. Zu ihrem Erstaunen saßen beide vor dem Laptop und sahen sich Fotos an, während Jerry ihnen zu Füßen lag und schlief. »Na, alles in Ordnung mit deinem Projekt?«, fragte Harper, als er Chris bemerkte. »Das Grobe ja, aber in den Details muss ich noch mächtig nacharbeiten. Ich gehe jetzt ins Bett.« Sie küsste Benno noch auf die Wange und wollte gerade gehen, als Harper sie am Handgelenk festhielt und zu ihr sagte: »Hey, Jerry und ich kommen doch mit.« Als sie später im Bett lagen, murmelte Chris schon sehr schläfrig: »Ich finde es nett, dass du mich auch während meiner Mensis bei dir schlafen lässt, in dieser unsexy Zeit.« Erstaunt fragte er: »Warum denn wohl nicht? Hast du etwa gedacht, ich schicke dich in dieser Zeit zu Benno?« Statt einer Antwort vernahm er von ihr nur leise Schlafgeräusche.

Am nächsten Morgen erkundigte er sich bei ihr nach dem Aufwachen: »Sag einmal, wie lange meinst du wohl, noch bei Benno schlafen zu müssen? Ich vermisse dich hier schon sehr.« Chris blinzelte noch etwas verschlafen und stellte dann scherzhaft fest: »Eigentlich ist er schon groß genug, um allein schlafen zu können.« Harper sah sie etwas verständnislos an und entgegnete: »Hattest du denn den Eindruck, er sei in den letzten Tagen erwachsener geworden?« – »Nein, aber ich wollte nicht, dass er sich durch unsere Beziehung ausgestoßen fühlt. Ich glaube, er spürt genau, dass er zu uns gehört«, war sie sich sicher.

Auch die Tour an diesem und die am dritten Tag waren sehr interessant, aber auch unheimlich anstrengend, sodass Chris auf der Rückfahrt der letzten Geländefahrt bemerkte: »Ich weiß gar nicht, wo Dr. Zerner seine ganze Energie hernimmt. Der ist von morgens bis abends auf den Beinen und scheint trotzdem nicht müde zu werden.« Tatsächlich besprach und regelte dieser bis zu seiner Abreise Krisenherde oder Verfahrensabläufe auf der Station und alle wirkten erst wieder etwas entspannter, als ihn Benno schließlich mit Harper zur Busstation brachte. Dort telefonierte Dr. Zerner noch einmal vom Touristenzentrum aus mit Mr Danger und konnte dann erleichtert verkünden, dass für die Station zukünftig der Wildhüter Clark zuständig sei, der sie die drei Tage zuvor bereits begleitet hatte. Auf Harpers Nachfrage, was denn der Preis für dieses Entgegenkommen sei, lächelte Dr. Zerner verschmitzt und verriet: »Ein gebrauchter Jeep.«

Nachdem Dr. Zerner mit dem Bus abgereist war, checkten Harper und Benno noch ihre Mails. Sarah hatte Benno wieder vom PC-Raum der Universität gemailt, dass sie am Wochenende großen Ärger mit ihrer Familie bekommen habe, weil sie diese Hochzeit nicht wolle. Ihr Onkel habe ihr dann gedroht, dass sie nicht mehr bei ihnen wohnen dürfe und ihre Freundin auch nicht. Für einen Platz im Studentenwohnheim habe ihr Vater aber kein Geld, worauf Benno ihr kurz entschlossen antwortete: »Dann zieh mit deiner Freundin zusammen in ein Wohnheimzimmer und was an Geld fehlt, zahle erst einmal ich, bis es eine andere Lösung gibt. Aber bitte entscheide dich schnell, ob du mit mir nach Deutschland willst, weil die Bewerbungsfrist für das Stipendium sonst vorbei ist.«

Danach meldeten sich Harper und Benno für eine fünftägige Safari an, die zu ihrer Beruhigung wegen der Regenzeit längst nicht ausgebucht war. Losgehen sollte es die kommende Woche und der Veranstalter hoffte auf verhältnismäßig gutes Wetter. Nach dem Aufladen ihrer Stationsvorräte fuhren sie dann zurück. Erst während der Fahrt erzählte Benno von Sarahs Mail und was er ihr geantwortet hatte. Harper, der das Fahrzeug lenkte, sah ihn kurz von der Seite an und wollte dann von ihm wissen: »Liebst du sie oder warum machst du das alles?« Benno überlegte einen

Augenblick und antwortete dann: »Am Anfang war ich wirklich ein bisschen verliebt in sie. Sie ist natürlich, aufrichtig und lieb. Aber dann habe ich die Frau in ihr vermisst und auch das, was zwischen Mann und Frau so abläuft. Jetzt helfe ich ihr, weil sie mir unendlich leidtut.« – »Und wenn sie mit nach Germany will? Wie soll das dann gehen?«, wollte Harper nun doch etwas genauer wissen. »Sie zieht mit in die WG und geht ansonsten zur Uni«, stellte sich Benno dies völlig unkompliziert vor. »Dann ist ja die WG bald gerammelt voll und im Garten noch zwei Ziegen«, prophezeite ihm Harper mit einer gewissen Sorge.

In der Zwischenzeit hatte Pakka auf der Station Chris angesprochen. Er war dann zu einer Unterredung mit ihr ins Büro gegangen. Dort gab er zu: »Es stimmt, dass ich dem Plan von meinem Schwager zugestimmt habe, weil ich keinen Ärger mit ihm haben wollte.« Chris hatte sich mit ihm an den kleinen Besprechungstisch gesetzt und wollte nun von ihm wissen, was jetzt geschehen solle. Pakka wusste es nicht, zumal Sarah bei seinem Schwager ausziehen müsse, falls sie sich weiterhin weigern würde, ihren Bräutigam zu heiraten. Als Chris wieder das Auslandsstudium als Ausweg vorschlug, fragte Pakka deprimiert: »Und was soll das bringen? Ihr Bruder wird sie auch nicht heiraten, oder?« Sie weigerte sich, seiner Logik zu folgen, und wandte deshalb energisch ein: »Es ist richtig, dass Benno sie sehr wahrscheinlich nicht heiraten wird, weil er wieder enger mit seiner ehemaligen Freundin zusammen ist. Wir können aber Sarah bei diesem Auslandsstudium behilflich sein, damit sie ihre Ausbildung beenden kann und ihr auch ein Zimmer in unserer Wohngemeinschaft zur Verfügung stellen.«

Sie beendeten dieses Gespräch, weil Jerry durch lautes Kläffen die Rückkehr seines Herrchens ankündigte und nun dringend nach draußen gelassen werden wollte. Gut gelaunt begrüßte Harper seinen Hund und dann seine Lady, wie er Chris häufig nannte. Dann teilte er ihr mit, welche neuen Regelungen für die Wildhüter Dr. Zerner noch kurz vor seiner Abfahrt aushandeln konnte. Chris zeigte sich zwar hiervon beeindruckt, äußerte aber auch gleich gewisse Zweifel, in dem sie sagte: »Ob diese Entscheidung gerade Thoolen besänftigen wird, wage ich zu bezweifeln. Vielleicht sieht er jetzt erst richtig rot oder säuft sich ins Koma.«

Am Abend, als Harper mit Chris und den Tieren noch um die Gebäude ging, erzählte er ihr von Bennos Mail an Sarah. Chris musste über das Angebot ihres Bruders lächeln und stellte stolz fest: »Siehst du, mein Bruder ist ein echter Evers. Er hilft, wo er nur kann.« Harper war stehen geblieben und hatte sich vor sie gestellt. Nachdem er sekundenlang ihr Gesicht betrachtet hatte, gestand er ihr: »Ich habe inzwischen keine Angst mehr, dass ich nicht gut in eurem Kreis aufgenommen werden könnte; ich habe inzwischen aber ein bisschen die Befürchtung, dass ich um einen Rückzugsort in der WG ringen muss.« Chris reagierte erstaunt und wollte deshalb von ihm wissen: »Wie kommst du denn darauf? Ich dachte, du hattest vor, mit Jerry und mir in die drei Räume und den Wintergarten in der untersten Etage einzuziehen. Da ist doch Platz genug, auch wenn du dich einmal zurückziehen möchtest. Oder willst du jetzt deine eigenen Räume?« – »Nein, Chris, das will ich nicht. Du hast einen guten Blick dafür, was der andere gerade braucht, aber das haben nicht alle, und da brauche ich einfach einmal eine ruhige Ecke.«

XVII

Am nächsten Tag kam der neue Wildhüter Mr Clark vorbei. Er hatte irische Wurzeln und lebte in einem der Farmergebiete am Rande des Nationalparks, in dem es bislang keine Probleme mit den Wildtieren gab. Gemeinsam besprachen sie die Routen, die sie die nächsten Tage abfahren wollten, wobei auch zwei Auswilderungen geplant waren. Während Harper, Benno, Mojo und Kobe zusammen mit dem Wildhüter aufbrachen, setzte sich Chris an ihren Schreibtisch und begann mit der Überarbeitung ihres Projektberichtes. Jerry lag derweil auf seiner Hundedecke und döste vor sich hin.

Gegen Mittag kam Pakka sehr aufgeregt zu ihr und berichtete, dass gerade ein Funkspruch von dem Touristenzentrum eingegangen sei. Sarah liege verletzt im Krankenhaus. Chris war sehr betroffen und erlaubte ihm, mit dem kleinen Jeep sofort loszufahren. Sie legte ihm aber noch ans Herz, besonnen zu reagieren und sie sobald wie möglich über Funk zu informieren. Danach konnte sie sich nicht mehr auf ihre Arbeit konzentrieren; sie half deshalb bei der Annahme der Futterlieferung und danach bei der Fütterung selbst. Ihre Unruhe hielt den ganzen Nachmittag an, bis Harper und die anderen gut gelaunt zurückkamen, weil der Tag für sie ausgesprochen gut verlaufen war. Harper erkannte sofort an der Miene von Chris, dass etwas Schlimmes geschehen sein musste. »Was ist passiert?«, fragte er sie deshalb gleich besorgt. Sie erzählte ihm und ihrem Bruder, der ebenfalls ausgestiegen und zu ihr gekommen war, dass Sarah ins Krankenhaus eingeliefert worden sei. Benno reagierte sofort aggressiv. »Haben die Sarah jetzt fertig gemacht, oder was?«

Harper und Chris hatten große Mühe, ihn davon abzuhalten, sofort loszufahren, um Sarah im Krankenhaus aufzusuchen. Beim Abendessen mit den Mitarbeitern fragte Chris in die Runde, ob jemand etwas wüsste. Sana bemerkte: »Das Mädchen will ja nicht den Mann, den sie kriegen soll.« Benno herrschte sie gleich sehr ungehalten an: »Und ist das ein Grund, sie krankenhausreif zu schlagen?« Chris versuchte zu vermitteln und wies darauf hin, dass ihr der Grund für den Krankenhausaufenthalt von Sarah völlig unbekannt sei. Nun äußerten sich aber auch Kobe und Mojo zu diesem ganzen Konflikt, indem sie erklärten, dass Pakka seine Tochter wohl nicht mehr zu dieser Heirat drängen wolle, er aber auch nicht wüsste, wie er einen großen Familienstreit vermeiden könne, zumal sein Schwager sehr dominant sei.

Später, als Harper mit Chris und den Tieren spazieren ging, stellte er fest: »Dein Bruder geht ja ab wie eine Rakete, wenn der in Rage gerät.« Chris gab ihm recht und erzählte ihm dann, was los gewesen war, als seine Freundin und er sich getrennt hatten. »Von diesem Stress hatten wenigstens alle in der WG etwas.« Sie hatten gerade wieder Claire und Fina in den Stall gesperrt, als Pakka funkte, dass er auf dem Rückweg sei. Es dauerte dann aber noch über zwei Stunden, bis er mit dem Jeep aufs Gelände fuhr. Chris, die im Büro auf ihn gewartet hatte, ging allein zu ihm hinaus, weil sie ihn nicht überfallen wollte, während Harper mit Benno oben die Fotos durchsah.

Chris wartete auf den Eingangsstufen, bis er ausgestiegen war und schlug dann vor: »Wollen wir im Büro noch sprechen?« Pakka nickte und folgte ihr ins Haus. Erst im Schein der Bürolampen sah sie, wie müde und gestresst er aussah. Als er ihr am Besprechungstisch gegenübersaß, berichtete er: »Sarah hatte gestern meiner Schwester erzählt, dass sie mit ihrer Freundin ins Studentenwohnheim ziehen wird. Heute ist ihr zukünftiger Ehemann vor der Universität aufgetaucht und hat ihr gedroht, sie würde Ärger bekommen, falls sie ihn mit ihrer Weigerung, ihn zu heiraten, blamieren würde. Als er sie festhalten wollte, ist Sarah losgelaufen und auf der Treppe gestürzt. Sie musste dann ins Krankenhaus.« – »Und wie lange muss sie noch im Krankenhaus bleiben?«, wollte Chris von ihm wissen.

Pakka fiel die Antwort sichtlich schwer, als er ihr gestand: »Ich habe sie mitgenommen und bei einem guten Freund in meinem Dorf untergebracht, damit sie sicher ist, falls mein Schwager zu meiner Familie kommt. Ich kann ein teures Krankenhaus nicht bezahlen.« Beunruhigt erkundigte sich Chris, welche Verletzungen denn Sarah hätte. »Sie hat sich beim Sturz die Rippen geprellt, eine Platzwunde am Kopf, die genäht wurde und einen eingegipsten Arm. Vermutlich hat sie auch noch eine Gehirnerschütterung«, gab Pakka fast kleinlaut zu. Chris spürte, dass sie etwas tun musste und überlegte einen Moment, bevor sie vorschlug: »Können Sie Sarah morgen hier auf die Station bringen? Dann kann Mojo nach ihr sehen und ich bespreche das mit den anderen.« Pakka zögerte erst, stimmte dann aber zu.

Sie war gerade nach oben gekommen, als Harper ihr mitteilte: »Gut, dass du kommst. Deinen Bruder kann man ja hier kaum noch bei Laune halten.« Beide reagierten bestürzt auf das, was geschehen war, und erklärten sich mit ihrem Vorschlag sofort einverstanden. Nach dem ersten Schreck drängte Benno darauf, sie mit abholen zu dürfen, weil er dann vom Touristenzentrum aus gleich ihren Antrag auf ein Stipendium per Mail absenden könne. Harper blickte ihn mit einem gewissen Unverständnis an und ermahnte ihn dann: »Benno, warte doch erst einmal ab, wie es ihr morgen geht. Pakka hat jetzt gerade einmal zugestimmt, dass sie hier gesund gepflegt wird und nicht, dass du sie mit nach Germany nehmen kannst.« Dieser fühlte sich jedoch völlig unverstanden und blaffte zurück: »Was heißt hier mit nach Deutschland nehmen? Ich dachte immer, ihr findet das auch völlig scheiße, was hier läuft.« Chris kannte ihren Bruder nur zu gut und sagte deshalb sehr bestimmt: »Ja, wir finden es auch nicht gut, was hier läuft, und wir werden auch sehr gute Lösungen finden müssen, aber bitte etwas sachlicher. Halt jetzt die Füße still.« Noch bevor

Benno auf diese Ansage etwas erwidern konnte, verließ sie sein Zimmer. Harper und Jerry folgten ihr.

In ihren Räumen legte sich Harper aufs Sofa und verschränkte die Arme hinter den Kopf. Nach einem Moment des Schweigens erkundigte er sich: »Geht es bei euch immer so heiß her?« – »Ja, wir sind ja schließlich eine Familie, in der keiner dem anderen egal ist.« Harper erzählte ihr, dass es in seiner Familie ganz anders ablaufen würde. Seine Tante, bei der er aufgewachsen war und die als Lehrerin arbeitete, managte ihre Familie eher wie einen Klassenverband. Der äußere Rahmen des Zusammenlebens wurde vorgegeben und ansonsten wurde über private Dinge oder über Emotionen eher wenig gesprochen. Ziemlich selbstkritisch stellte er dann fest: »Ich glaube, dass ich als Einzelkind, aufgezogen in einer Pflegefamilie, in diesem Punkt noch einen großen Nachholbedarf habe, bis ich weiß, wie so viel emotionale Nähe funktionieren kann.«

Pakka, der in der Nacht kaum geschlafen hatte, erklärte sich nach einigem guten Zureden durch Chris schließlich dazu bereit, Sarah zusammen mit Benno und Tido auf die Station zu holen. Als sie aufgebrochen waren, ging Harper in die Küche und ließ sich von Sana einen starken Milchkaffee geben; dann setzte er sich damit an seinen Schreibtisch ins Büro, um zu arbeiten. Chris hatte noch Fina und Claire in ihr kleines Außengehege gebracht und kam dann zu ihm. Nach einer Weile des Schweigens stellte Harper nachdenklich fest: »Wenn Benno jetzt nicht die Finger von der Kleinen lässt, geht hier der Kessel hoch.« Chris sah dies gelassener: »Wenn sich Benno nicht benimmt, schicken wir ihn nach Hause, so einfach ist das.« Entgeistert blickte Harper sie an und bemerkte: »Benno ist ein erwachsener Mann. Wieso glaubst du, ihn noch nach Hause schicken zu können?« – »Richtig, Benno ist erwachsen, aber ich bin noch immer seine große Schwester und werde dies auch immer bleiben und als kleiner Bruder hört man nun einmal darauf, was die große Schwester sagt.« – »Aha«, war hierzu sein einziger Kommentar, aber er schien doch in gewisser Weise beindruckt zu sein.

Als Mr Clark kurz darauf vorfuhr, um ihn abzuholen, schärfte er Chris noch einmal ein, ihn anzufunken, falls es Probleme auf der Station geben sollte. Dann machte er sich gemeinsam mit Kobe und Mojo auf den Weg, um die beiden Buschschweine auszuwildern. Es war bereits Nachmittag, als Pakka und die anderen mit Sarah zurückkamen. Die junge Frau wirkte ängstlich und unbeholfen, als sie mit Unterstützung ihres Vaters aus dem Jeep stieg und sich dann von ihm zu seiner Baracke führen ließ, die er sich mit Kobe teilte. Dieser war bereit, solange bei Mojo einzuziehen, der als einziger Mitarbeiter allein wohnte.

Von Benno erfuhr Chris, dass es Sarah nicht gut geht. »Sie hat geweint, als wir angekommen sind.« Auf ihre Nachfrage, ob Sarah denn habe mitkommen wollen, antwortete Benno: »Ich glaube schon. Aber sie hatte wohl die ganze Nacht Angst, dass ihr Schwager sie holen könnte und hofft nun, in Sicherheit zu sein.« Chris ermahnte ihren Bruder noch einmal, weder Pakka noch Sarah zu bedrängen und sich eher im Hintergrund zu halten. »Und mach Sarah nicht wieder Hoffnung auf ein gemeinsames Leben«, schärfte sie ihrem Bruder ein, bevor sie in die Küche ging. Dort ließ sich Chris von Sana Essen und Trinken geben und ging damit zur Baracke von Pakka. Er sah müde aus, als er ihr die Tür öffnete und dann die Essenssachen auf den Tisch stellte. Chris bot ihm deshalb an: »Wenn Sie möchten, können Sie heute noch frei bekommen.« Er nahm dies sofort dankend an.

Sarah lag auf der Pritsche und starrte an die Barackendecke. Als sich Chris mit einem Hocker zu ihr setzte, sah sie kurz zur Seite, wandte dann aber sofort wieder ihren Blick ab. Chris erkundigte sich: »Hast du noch große Schmerzen?«, worauf die junge Frau nur leicht mit dem Kopf schüttelte. Auf die Frage, ob sie denn mit dem gebrochenen Arm essen könne, antwortete ihr Sarah mit leiser Stimme: »Wenn mein Vater mir hilft, wird es schon gehen.« Chris war wieder aufgestanden und zu Pakka an den Tisch gegangen, der gerade dabei war, das Essen für seine Tochter so zu portionieren, dass sie es mit der linken Hand gut essen konnte.

»Wenn Ihnen noch etwas fehlt, sagen Sie Bescheid. Mojo wird nachher noch nach Sarah sehen, wenn er zurück ist«, sagte sie. Pakka sah sie dankbar an und drückte ihr die Hand, worauf sie ihm vorschlug: »Ich würde gerne die Krankenhauskosten von Sarah von dem Schmerzensgeld bezahlen, was mir Thoolen noch zahlen muss. Ich brauche dieses Geld nicht und so hätte es noch etwas Gutes bewirkt.« Pakkas Augen füllten sich mit Tränen, als er stumm nickte und sich dann schnell von ihr abwandte, um seiner Tochter das Essen zu bringen.

Als Chris zurück ins Haupthaus kam, wurde sie ungeduldig von Jerry und ihrem Bruder erwartet. Benno wollte gleich von ihr wissen: »Und was ist jetzt?« Seine Schwester erklärte ihm, dass Sarah bei ihrem Vater in der Baracke bleiben wird und medizinisch von Mojo versorgt werden würde, worauf Benno etwas verächtlich bemerkte: »Mojo ist ein Tierarzt; gibt es hier keinen richtigen Arzt?« – »Richtig, Mojo ist ein Tierarzt und zwar ein verdammt guter, der mich nach dem Vorfall mit Thoolen optimal versorgt hat. Übrigens werde ich die Krankenhauskosten von Sarah von meinem Schmerzensgeld bezahlen, was Thoolen mir noch schuldet.«

Als die anderen am nächsten Tag noch einmal mit Mr Clark ins Gelände fuhren, hatte Chris Gelegenheit, mit Pakka in aller Ruhe zu reden. Dieser wollte morgen zu seiner Familie ins Dorf fahren, um dort nach dem Rechten zu sehen und fragte, ob er Sarah in dieser Zeit in ihrer Obhut lassen könne. Chris hatte nichts dagegen und wollte von ihm wissen, ob er schon einen Plan habe, wie es weitergehen könne. Einen festen Plan hatte er nicht, zumal er nicht einschätzen konnte, was dieser Unfall und die Ausfallszeiten für Sarahs Studium bedeuten könnten, worauf Chris ihm riet, dass Sarah von Dr. Tolento eine Bescheinigung einholen solle, damit sie diese in der Universität vorlegen könne.

Pakka zögerte noch, weil er hierdurch zusätzliche Kosten befürchtete, worauf Chris vorschlug: »Diesen Betrag können wir auch noch problemlos vom Schmerzensgeld bezahlen.« Bevor er ging, erkundigte sich Chris, ob das Auslandsstipendium für Sarah noch interessant wäre. Als Pakka sie nur ratlos ansah, wies sie ihn darauf hin, dass in sieben Tagen die Bewerbungsfrist vorbei sei. Erst am nächsten Morgen, bevor er zeitig losfuhr, teilte Pakka ihr mit: »Ich erlaube Sarah, dass sie in Germany studiert.« Fast unbeholfen fragte er dann, ob sie Sarah dabei unterstützen könne, was Chris ihm sofort zusagte.

Nachdem er mit dem Jeep das Gelände verlassen hatte, ging Chris zu seiner Baracke und schlug Sarah vor, den Tag im Haupthaus zu verbringen. Als diese noch zögerte, ermunterte Chris sie: »Komm, du darfst dort auch im Gästezimmer wohnen und nach dem Frühstück beantragen wir dein Auslandsstipendium.« Benno hatte sich gleich angeboten, mit zum Touristenzentrum zu fahren: »Ich habe mich schließlich schon durch die ganzen Unterlagen gearbeitet, dadurch geht es dann schneller.« Schon vor Wochen hatte ihm Sarah ihren Lebenslauf und Zeugnisse gemailt, sodass er sie jetzt gut für ihren Antrag nutzen konnte.

Während ihr Bruder und Sarah an einem PC beschäftigt waren, sah Chris in ihr Postfach und hoffte auf Neuigkeiten. Es war tatsächlich eine Nachricht von ihrem Rechtsanwalt dabei. Er teilte ihr mit, dass Mr Thoolen nach zähen Verhandlungen nun bereit wäre, an sie viertausend Dollar Schmerzensgeld zu zahlen. Ein schriftliches Schuldeingeständnis mit Entschuldigung und der Zusage, dass er sich ihr nicht mehr nähern werde, habe er ihm bereits übersandt. Chris fühlte sich erleichtert und erklärte sich damit einverstanden, die ganze Angelegenheit für erledigt zu erklären. Sie bestand aber darauf, dass Thoolen ihre Anwaltskosten übernehmen solle.

Danach wurden sie mit Sarah bei Dr. Tolento vorstellig, der die junge Frau und ihre Familie schon seit Jahren als Patienten gut kannte. Als Chris ihm berichtete, was geschehen war, bemerkte er: »Für Sie als Europäerin muss sich das alles schrecklich anhören, aber hier sind die Bräuche nicht immer sehr fortschrittlich und für Frauen auch manchmal hart.« Er war sofort bereit, Sarah die

Bescheinigung für ihre Universität auszustellen und freute sich darüber, dass ihr Vater dem Auslandsstudium zugestimmt hatte. Als sie sich von ihm verabschiedeten, raunte Chris ihm zu: »Und die Rechnung hierfür geht an mich.« Er schaute einen Moment verdutzt und nickte dann, während er ihnen noch mit auf den Weg gab: »Macht aber in Germany dem Pakka keinen Ärger. Er vertraut darauf, dass alles gut geht, sonst ist er hier derjenige, der Schwierigkeiten bekommt, nur weil er neue Wege beschreiten wollte.«

Nachdem sie diese Bescheinigung noch als Scan an die Universität in Nairobi gemailt hatten, fuhren sie zurück zur Station. Harper hatte schon in ihrer Abwesenheit die Projektfragen für die morgige Safari zusammengestellt und seinen Rucksack gepackt. Er wirkte insgesamt stiller als sonst und auch etwas gereizt. Chris war das zwar gleich nach ihrer Rückkehr aufgefallen, sie hatte aber den ganzen Tag über keine Gelegenheit gehabt, mit ihm in aller Ruhe darüber zu sprechen.

Wie üblich versorgten sie auch diesmal nach dem Abendessen die beiden Ziegen und gingen dann noch einmal mit ihnen und Jerry spazieren. Harper hatte das Funkgerät mitgenommen, weil er unruhig war, dass sich Pakka noch nicht bei ihnen gemeldet hatte. Als sie die halbe Strecke zusammen gegangen waren, während Chris ihm stolz von einem jungen verletzten Greifvogel aus der Aufzuchtstation berichtet hatte, den sie halten durfte, damit Mojo dessen Wunde behandeln konnte, unterbrach er sie: »Und was machen wir, wenn Pakka oder seiner Familie etwas geschehen ist?« – »Lass uns per Funk nachfragen«, schlug sie vor. Pakka war erst nach mehrmaligen Versuchen zu erreichen und bat darum, bis zum nächsten Morgen noch bei seiner Familie bleiben zu können. Harper war damit einverstanden und fragte noch nach, ob sonst alles in Ordnung wäre, worauf Pakka nur antwortete, dass er morgen zurück sei.

Am Abend saß Harper mit Jerry in seinem Wohnraum und trank ein Glas Whisky auf dem Sofa. Chris hatte derweil Benno noch eine gute Nacht gewünscht und Sarah über die verspätete Rückkehr ihres Vaters informiert, worauf diese gleich sehr besorgt reagierte. Um sie ein wenig abzulenken, holte Chris ihr noch einige englischsprachige Bücher aus der Bibliothek und hatte dann endlich Zeit für Harper. Als sie sein Glas in der Hand erblickte, fragte sie erstaunt: »Du trinkst?« Dieser sah sie ruhig an und antwortete dann: »Ja, ich trinke ein Glas Whisky aus den Restbeständen der Crows, um nach all dem Stress hier endlich einmal wieder ruhig schlafen zu können; ich hatte aber nicht vor, mich zu betrinken.«

Chris setzte sich neben ihn. »Du hast recht, es läuft hier wirklich zu viel auf einmal«, gab sie zu. Sie rutschte an ihn heran und kraulte seine Nackenhaare, bevor sie fortfuhr: »Hey, wollen wir heute noch einmal kuscheln? Wenn du morgen auf Safari bist, sehe ich dich fünf Tage lang nicht.« Er stellte sein Glas ab und zog sie zu sich in den Arm. Nach einer Weile gestand er ihr: »Wenn ich an morgen denke, könnte ich gleich noch einen Whisky trinken.« – »Jeff, wenn es dir zu blöd wird, funk mir, dass ich dich abholen soll.« Er sah sie erstaunt an und fragte: »Machst du das wirklich?« – »Ja klar, aber vielleicht können wir uns auch immer eine gute Nacht und noch etwas mehr funken.« Sie einigten sich auch auf eine verschlüsselte Liebeserklärung und nannten sie »Silvermoon«.

Am nächsten Morgen hatte Harper eine Idee: »Vielleicht können wir uns ja auch in der Gruppe unbeliebt machen, um uns die anderen etwas vom Hals zu halten.« Chris verstand zwar, dass er nicht begeistert von der Safari war, fand aber diese Idee nicht so gut. »Vielleicht solltet ihr euch lieber gleich als Wissenschaftler outen, die eine Safari eher kritisch betrachten. Das schafft Abstand.« Er nahm sie in den Arm und küsste ihren Hals. Dann versprach er ihr, sich ganz vorbildlich zu benehmen, so wie immer.

Der Abschied von Harper und ihrem Bruder fiel ihr nicht leicht, wie umgekehrt auch. Als schließlich beide von Kobe zur Touristenstation gefahren wurden, sah ihnen Chris mit sehr mulmigem Gefühl hinterher und musste Jerry, der gerne sein Herrchen begleitet hätte, am Halsband festhalten, damit er nicht in den Jeep sprang, worauf er aber jämmerlich hinter dem Fahrzeug her jaulte. Der Rüde spürte genau, dass diesmal etwas anders war als sonst und dies beunruhigte ihn sehr.

Als sie mit dem Hund zurück ins Haus kam, hörte sie, wie Sana sehr unfreundlich mit Sarah umging, die sich etwas zu trinken aus der Küche holen wollte. Sarah hatte Tränen in den Augen, als sie die Küche verließ, was Chris zum Anlass nahm, Sana auf den Vorfall anzusprechen. Sana verteidigte sich gleich sehr empört: »Was denkt sie, was sie ist? Ich muss sie nicht bedienen und das Gästezimmer ist für ganz andere Leute gedacht.« Chris sah sie streng an. »Was ist hier eigentlich das Problem? Hätte Sarah lieber den Polizisten heiraten sollen?« – »Warum denn nicht? Hier wird einer Frau der Mann ausgesucht«, gab Sana schnippisch zurück.

Chris verließ mit Jerry die Küche und sah nach Sarah, die sich in ihr Zimmer zurückgezogen hatte. Diese war verzweifelt und weinte, weil ihr Vater noch nicht wieder zurück war und auch, weil ihr Sana vorgeworfen hatte, immer etwas Besonderes sein zu wollen. Um Ruhe im Haus zu bewahren, bat Chris sie, nur noch zum Essen runter zu kommen, solange ihr Vater noch nicht wieder zurück sei.

Pakka kam erst gegen Mittag und sah sehr müde aus. Er hatte mit seinem Schwager und auch mit seiner Schwester eine heftige Auseinandersetzung wegen der abgesagten Hochzeit gehabt und seine Frau musste er auch erst davon überzeugen, dass Sarah im Ausland weiter studieren könne. Als Chris ihm auch noch von den Konflikten mit Sana erzählte, sagte er voller Resignation: »Man kann in diesem Land nicht einfach anders leben wollen. Es gibt viele Menschen, die versuchen, das zu verhindern.« Um Sarah nicht wieder umziehen zu lassen, bot Chris an, dass sie weiterhin in dem Gästezimmer wohnen bleiben könne, zumal das Bett hier auch bequemer war und ihr das Liegen so nicht so viele Schmerzen bereiten würde.

Beim gemeinsamen Mittagessen machte Chris dann den Vorschlag, dass Sana und Aasir erst einmal zwei Wochen Urlaub nehmen sollten, was inzwischen auch längst überfällig war. Die beiden erklärten sich nach kurzem Zögern hiermit einverstanden, worauf dann aber die Frage aufkam, wer in der Zwischenzeit die Küche übernehmen sollte. Da es insgesamt fünf Mitarbeiter gab, die ein wenig kochen konnten, erklärte sich Chris bereit, in diesen zwei Wochen deutsche Küche anzubieten, was unter einigem Gelächter aber sofort allgemeine Zustimmung fand. Am Nachmittag arbeitete Chris weiter an ihrem Projekt, als Sana zu ihr kam und wissen wollte: »Sie werden das aber nicht Dr. Zerner sagen, das mit dem Streit?« – »Sana, ich erwarte, dass, wenn Sie mit Ihrem Mann wieder zurück auf die Station kommen, hier Zusammenhalt und Ruhe herrscht.« Sana nickte nur und verließ den Raum.

Gemeinsam mit Tido versorgte Chris gegen Abend ihre Ziegen. Danach gingen sie mit ihnen und Jerry spazieren. Tido hatte bemerkt, dass sie die ganze Zeit ein Funkgerät bei sich trug und wollte deshalb von ihr wissen: »Warten Sie auf Nachricht?« – »Ja, Mr Harper und mein Bruder wollten sich noch melden.« Der junge Stationshelfer mochte beide sehr gern und gestand ihr deshalb, dass er es schade fände, wenn sie Ende des Sommers die Station verlassen würden, worauf Chris ihm erklärte: »Tido, meine Familie in Deutschland kann es kaum erwarten, dass wir kommen.« – »Und die Familie von Mr Harper, wartet die nicht?« Chris gab ihm recht, dass es immer schwierig sei, sein Land und seine Familie zu verlassen und fügte hinzu: »Mr Harper und ich werden engen Kontakt zu den Verwandten in Amerika halten und sie auch so oft wie möglich besuchen.« Sie waren gerade wieder auf dem Rückweg, als der Funkspruch von Harper mit den knappen Worten eintraf: »Hier ist alles in Ordnung, Silvermoon.« Knapp funkte sie zurück: »Dito.« Der junge Stationshelfer sah sie erstaunt an. »Was bedeutet das?« Chris musste lachen und antwortete: »Das war so zwischen uns abgestimmt, damit keiner uns abhören kann. Aber es ist alles in Ordnung.«

Nach dem Frühstück fuhr Chris gemeinsam mit Kobe zur Touristenstation. Sie setzten Sana und Aasir dort ab, von wo aus sie mit dem Bus nach Hause fahren wollten. Chris sah noch ihre Mails durch, während Kobe die Vorräte auflud. Ihr Vater hatte ihr gemailt, dass es der Mutter seit Tagen nicht so gut gehen würde und der Arzt deshalb dringend von den notwendigen Impfungen für den geplanten Keniaaufenthalt abgeraten habe. Außerdem wolle er noch weitere Untersuchungen durchführen. Chris war aufgrund dieser Nachricht besorgt und schrieb zurück: »Gute Besserung für Mom. Benno ist gerade auf einer mehrtägigen Safari; zusammen mit Jeff. Haltet uns bitte auf dem Laufenden, was die weiteren Untersuchungen ergeben. Liebe Grüße auch an Opa und Tante Else. Dicken Kuss von Chris.«

»Gibt es Probleme?«, erkundigte sich Kobe bei Chris, weil sie sich auf der Rückfahrt so schweigsam verhielt. »Mein Rechtsanwalt hat gemailt, dass Thoolen meine zuletzt genannten Forderungen akzeptiert; dies war die gute Nachricht. Und nun die schlechte Nachricht: Meine Mutter ist krank geworden. Meine Eltern wollten mich hier im Juli in Kenia besuchen. Jetzt können sie wohl nicht kommen.« Obwohl Kobe eher der etwas schroffere Menschentyp war, zeigte er sich betroffen: »Das tut mir leid. Weiß der Arzt schon, was sie hat?« – »Nein, es werden noch Untersuchungen gemacht«, erwiderte Chris bedrückt.

Zurück auf der Station ging sie gleich mit Jerry in die Küche. Während der Hund auf einem Stück Trockenfleisch kaute, bereitete Chris das Mittagessen vor. Sie hatte sich vorgenommen, einen Kartoffelgratin zu backen und merkte, wie sie diese Küchenarbeit von ihren Sorgen etwas ablenkte und sie langsam wieder ihren Kopf frei bekam. Später am Essenstisch probierten die Mitarbeiter erst sehr zaghaft den Auflauf, waren dann aber überrascht, wie gut es ihnen schmeckte. Nach dem Mittagessen bat Chris Pakka und seine Tochter zu sich ins Büro. Sie hatte im Internetraum am Vormittag recherchiert, was es für Möglichkeiten für Sarah gäbe, die Zeit bis zu ihrem Auslandsaufenthalt sinnvoll zu gestalten und war dabei auf ein Straßenkinderprojekt in Nairobi gestoßen. Sarah war dieses Projekt bekannt, weil eine Kommilitonin von ihr dort neben dem Studium arbeitete und auch in einem der Projektwohnheime wohnte. Als Chris sie fragte, ob sie sich dort nächste Woche einmal vorstellen wolle, war sie sofort damit einverstanden, bat aber darum, dass ihr Vater sie dorthin begleiten möge.

An diesem Tage kam der Funkspruch von Harper bereits am späten Nachmittag: »Alles in Ordnung. Abholung morgen Nachmittag Wasserfälle. Silvermoon.« Chris funkte zurück: »Geht klar. Silvermoon.« Sie wusste zwar nicht, warum die Safari morgen schon beendet werden sollte, war aber froh darüber. Die vielen Probleme lasteten schwer auf ihr und sie brauchte ihren Bruder und Harper, um sich aussprechen und auch abstimmen zu können. Erfreut teilte sie Kobe und Pakka mit, dass sie morgen den Auftrag hätten, die beiden Safariteilnehmer an den Wasserfällen abzuholen, worauf Kobe nur feststellte: »Dann war das wohl nicht so gut. Und dafür geben die Touristen so viel Geld aus.«

In dieser Nacht hatte Chris nach langer Zeit wieder einen ihrer Albträume. Sie träumte, dass sie schwanger ist und mit dem Jeep im Gelände an einem Hang abstürzt. In dem Moment des Sturzes begann sie zu schreien, worauf ihr Jerry mit einem Satz auf die Zudecke sprang und sie hierdurch aufweckte. Sie erkannte im Dunkeln nur das dunkle Tier über sich, das ihr Gesicht ableckte. Energisch schob sie den Hund zur Seite und sagte sehr bestimmt: »Jerry aus. Wegen dir kriege ich hier noch vor Angst einen Herzschlag.« Dann ging sie ins Bad und wusch sich Hände und Gesicht.

Ungeduldig erwartete sie am nächsten Tag die Ankunft ihrer Lieben. Vormittags war sie noch voller Sorge mit Pakka zum Touristenzentrum gefahren, um ihre Mails abzufragen. Von ihrem Vater hatte sie so erfahren, dass ihre Mutter ins Krankenhaus eingeliefert werden sollte. Chris hatte ihm die Telefonnummer des Zentrums gemailt und ihn gebeten, dort anzurufen, falls sich die Lage weiter zuspitzen sollte, damit man sie dann anfunken könne.

Nachdem Kobe mit Pakka zu den Wasserfällen gefahren war, bereitete Chris zusammen mit Tido in der Küche eine Kürbisquiche vor. Jerry war wie immer der Erste, der die Ankömmlinge bemerkte, und wollte sofort nach draußen. Chris hielt ihn noch solange am Halsband zurück, bis der Jeep vor dem Haupthaus zum Stehen kam. Zuerst sprang Harper aus dem Fahrzeug und wurde ungestüm und laut kläffend von seinem Hund begrüßt, während Benno diese Gelegenheit nutzte, seine Schwester in den Arm zu nehmen und sie auf die Stirn zu küssen. Dann begrüßte Harper sie, indem er sie fest an sich zog und ihren Mund küsste, woraufhin Kobe verlegen wegschaute.

»Das riecht hier ja wie zu Hause«, stellte Benno sofort fest, als er das Haus betrat und wollte dann erstaunt wissen, was es denn zum Essen gäbe. Chris tat geheimnisvoll: »Wir haben jetzt neues Küchenpersonal. Sana und Aasir haben nämlich zwei Wochen frei.« Gemeinsam mit Tido stellte sie die Pfannen mit der Quiche auf den Tisch. Diesmal war es Harper, der erst vorsichtig das Essen probierte und dann schwärmte: »Chris, wenn das von dir ist, mache ich dir sofort einen Heiratsantrag«, worauf die anderen amüsiert kicherten.

Nach dem Essen war sie mit Jerry und Harper nach oben in ihre Räume gegangen. Harper nahm sie in den Arm, bevor er fragte: »Was ist passiert? Du wirkst ziemlich abwesend und gestresst.« Sie nahm seine Hand und ging mit ihm zum Sofa. Dort berichtete sie ihm, warum sie Sana fortgeschickt habe, und von der Erkrankung ihrer Mutter. Sie machte sich Sorgen, ihre Mutter könnte Darm- und Leberkrebs haben, woran bereits ihre Oma mütterlicherseits gestorben sei. Harper wirkte betroffen, als er fragte: »Willst du zu deiner Mutter fliegen?« Chris hatte auch schon daran gedacht, wollte das aber erst mit ihrem Bruder besprechen.

Benno hatte sich gerade umgezogen und war noch etwas aufgedreht von der Safari. Als er seine Schwester eintreten sah, ahnte er aber, dass etwas nicht stimmen konnte. »Gibt es Ärger mit Thoolen?« Chris verneinte dies. »Mom musste ins Krankenhaus und wir sollten jetzt zusehen, dass wir so schnell wie möglich zu ihr kommen.« Dann berichtete sie, was ihr Vater gemailt hatte, worauf Benno betroffen murmelte: »Scheiße, was kann das denn sein? Sie war doch sonst immer gesund.«

Gemeinsam mit Harper beschlossen sie, am nächsten Tag nach Nairobi zu fahren, um sich um Flugtickets zu bemühen. Benno und Chris wollten beide nach Deutschland fliegen, wobei Chris vorhatte, so schnell wie möglich wieder zurück auf die Station zu kommen. Als sie von Harper wissen wollte, ob er sich das zutrauen würde, ohne sie auf der Station zu bleiben, stellte er nachdenklich fest: »Ziegen melken kann ich, die übrigen Dinge auch, aber was ich essen soll, das weiß ich noch nicht. Ich esse doch sonst in der Kantine oder brate mir schnell ein Spiegelei. Meine größte Kochkunst war bislang ein Pfannkuchen mit Mais und Ketchup.« – »Oje!«, war ihre spontane Reaktion hierauf.

In dieser Nacht liebten sie sich und ahnten schon, dass die zwischendurch immer wieder aufflammende Unbeschwertheit der letzten Tage ein jähes Ende nehmen könne. Als sie in seinem Arm lag, wollte er sie ein wenig von ihren Sorgen ablenken und fragte deshalb: »Weißt du eigentlich, warum ich schon wieder hier bin?« Dann erzählte er ihr, dass es eine Gruppe von jüngeren Touristen gegeben habe, die nur am Herumalbern waren und sich verhielten, als seien sie eine Schulklasse im Zoo. »Uh, da ist ja ein richtig großer Elefant. Hihi, die Affen sind ja so wie du«, äffte er sie nach. Er berichtete auch, dass einige Safariteilnehmer am Abend in den Schlafquartieren etwas zu tief ins Glas geschaut hätten und wunderte sich, dass schon recht junge Leute sich anscheinend eine derartig teure Safari leisten konnten.

»Haben sie euch wenigstens in Ruhe gelassen?«, wollte nun Chris wissen. »Benno hat sich mit zwei Kerls dort mächtig angelegt und ich habe den genervten Wissenschaftler abgegeben. Es hat prima geklappt und ich glaube, dass der Safariführer auch sehr froh war, dass wir bereits nach drei Tagen genug hatten. Wir waren nicht so gut für sein Geschäft. Ich liebe dich. Silvermoon.«

XVIII

Zusammen mit Pakka und Sarah fuhren Chris und ihr Bruder am nächsten Vormittag nach Nairobi. Sarah wollte diese Gelegenheit nutzen, sich schon heute bei dem Leiter des Straßenkinderprojektes vorzustellen, weil es ihr auf der Station zu langweilig wurde. Am Flughafen gelang es ihnen jedoch nicht, Tickets für einen gemeinsamen Heimflug zu bekommen. So konnte Chris für den nächsten Tag einen Flug nach Frankfurt buchen, während Benno seine Heimreise erst zwei Tage später antreten konnte.

Vom Flughafen aus riefen sie bei ihren Eltern an, konnten dort aber niemanden erreichen, sodass Chris schließlich in der Kanzlei ihres Vaters anrief. Dort erfuhr sie von der Sekretärin, dass ihre Mutter mit einer schweren Gelbsucht und Schmerzen ins Krankenhaus nach Bremen gebracht worden war. Bestürzt von dieser Nachricht, bat sie um Benachrichtigung, wenn es Neuigkeiten geben sollte und nannte auch den Zeitpunkt ihrer Ankunft. Auf der Rückfahrt wollte Chris noch zum Touristenzentrum, wo sie im Internetraum gleich den Suchbegriff »Gelbsucht« eingab. Was sie hierzu las, beunruhigte sie aber umso mehr, zumal es sehr unterschiedliche Ursachen hierfür gab.

Wieder zurück auf der Station, begann Chris sofort damit, das Essen zuzubereiten. Harper hatte ihr seine Hilfe angeboten, auch in der Hoffnung, er könne auf die Schnelle noch etwas von ihr lernen, damit er nicht völlig auf die Kochkünste der übrigen Mitarbeiter angewiesen wäre. Chris kochte heute einen Bohneneintopf mit Süßkartoffeln. Sie benutzte hierzu wieder süße Sahne, die sie für ihre Gerichte extra aus der Hotelküche des Touristenzentrums besorgt hatte. Während sie kochten, bemerkte Harper:

»So stelle ich mir eine gute Beziehung vor. Man kocht zusammen und …« – »Aber nicht für zehn Personen«, stellte Chris deutlich gestresst fest.

Nach dem Mittagessen packte Chris ihre Reisetasche und verbrachte noch etwas Zeit mit Claire und Fina. Da es am nächsten Morgen sehr früh losgehen sollte, ging sie zeitig ins Bett und war auch dankbar dafür, dass Harper bei ihr war. Er machte sich selbst große Sorgen und versuchte den Gedanken zu verdrängen, Chris könnte nicht wieder zurückkommen, weil es ihrer Mutter nicht gut ging. Sie hatten eine Zeitlang schweigend in der Dunkelheit nebeneinander gelegen und sich an der Hand gehalten, als Chris plötzlich genau diesen Punkt ansprach: »Wenn es meiner Mutter zu schlecht geht, müssen wir einen Weg finden, aber erst dann.«

Er nahm sie in den Arm und versuchte, ihr und sich selbst Mut zu machen, indem er fast beschwörend sagte: »Ja, ich werde jeden Tag die Mails abfragen. Und informiere bitte Dr. Zerner. Ich halte hier die Stellung und komme dann nach.« An diesem Abend beteten sie das erste Mal zusammen in englischer Sprache. Mit gemeinsam gefalteten Händen formulierten sie ihre Ängste und ihre Wünsche, es möge alles gut werden. Harper stellte danach gerührt fest: »Das hat noch nie jemand mit mir gemacht. Es wird uns ganz bestimmt helfen.«

In aller Frühe brachte Harper sie zusammen mit Pakka zum Flughafen und beobachtete dort mit einer deutlichen Nervosität, wie Chris nach der Verabschiedung in den Menschenströmen verschwand. Auf der Rückfahrt zur Station stellte er selbstkritisch fest: »Wir haben im Moment ziemlich viel private Dinge um die Ohren und müssen jetzt aufpassen, dass wir unseren Job noch gut hinkriegen.«

Seine Bedenken waren auch Thema der anschließenden Teambesprechung, worauf alle Mitarbeiter bestrebt waren, die in den letzten Tagen liegengebliebenen Arbeiten zu erledigen. Auch Sarah wollte sich nützlich machen, indem sie im Büro Unterlagen sortierte, soweit ihr dies mit ihrem linken Arm möglich war. Ansonsten hatte sie vor, in der kommenden Woche in dem Wohnheim für Straßenkinder Unterricht zu geben. Der Leiter hatte ihr sogar angeboten, dort zu wohnen.

Harper bekam am nächsten Tag eine Mail von Chris, dass sie gut in Frankfurt angekommen sei und ihre Mutter vermutlich wegen eines Gallenstaus operiert werden müsse. Sie hoffte, sie noch einmal vorher besuchen zu können. Benno, der Harper zur Touristenstation begleitet hatte, reagierte panisch auf diese Nachricht: »Wenn ihr etwas passiert und ich bin nicht da, das könnte ich mir nie verzeihen«, prophezeite er gleich. »Hey, du hast doch alles versucht, einen Flug zu kriegen. Selbst wenn du jetzt in der Business Class fliegen würdest, wärst du auch nicht eher da«, versuchte Harper ihn zu beruhigen. Benno wusste, dass Harper recht hatte, konnte aber diesen Umstand für sich nicht akzeptieren.

Zurück auf der Station versuchte sich Benno mit der Arbeit an seiner Reportage abzulenken. Als er nicht zum Essen erschien, klopfte Sarah an seine Tür und fragte zaghaft nach, ob er nicht zum Essen kommen wolle, worauf er durch die geschlossene Tür nur mit einen harschen »No!« antwortete.

Ausgesprochen wortkarg brachten ihn Harper und Kobe am nächsten Tag zum Flughafen. Dort umarmte Harper ihn zum Abschied etwas hilflos und versuchte ihn noch etwas aufzumuntern: »Du, das wird schon. Chris hat sich bisher nicht gemeldet. Das ist doch ein gutes Zeichen.« Wie geistesabwesend antwortete Benno: »Ja, vielleicht«, und reihte sich in die Menschenschlange ein.

Chris hatte es tatsächlich noch geschafft, ihre Mutter vor der Operation besuchen zu können. Deren Augen und die Haut waren deutlich gelblich verfärbt und sie hatte Schmerzen im Bauchraum. Bislang konnten die Ärzte anhand der Untersuchungen mit großer Gewissheit feststellen, dass sie Gallensteine hatte, die den Gallensaft stauten. Da ihr Gesundheitszustand insgesamt schlecht war, hatte sich der behandelnde Arzt dazu entschieden, die Steine nicht mit Stoßwellen zu zertrümmern, sondern herauszuoperieren.

Zwischen den letzten Untersuchungen und dem Aufklärungsgespräch für die Operation, fanden Mutter und Tochter noch etwas Zeit, um miteinander reden zu können. Chris erfuhr hierbei, dass ihre Mutter schon seit Längerem immer wieder ein Stechen in der Lebergegend verspürt habe, sich aber so auf Kenia gefreut habe, dass sie diese Signale nicht weiter beachten wollte. Ihre Tochter reagierte betroffen. »Mama, das alles ist Kenia nicht wert. Wir brauchen dich und auch, dass du wieder ganz gesund wirst«, versuchte Chris sie zu motivieren.

Am späten Nachmittag kam der Vater zu ihnen ins Krankenhaus. Aufgrund der Gewissheit, dass dies die letzte gemeinsame Stunde vor der Operation am nächsten Morgen war, wurde die Anspannung deutlich spürbar. Um sich selbst etwas abzulenken, wollte ihre Mutter ein Gespräch beginnen: »Was ist denn der Jeff Harper für ein Mann?« Chris sah sie erst etwas verdutzt an und erzählte ihr dann: »Jeff ist Anfang dreißig, Zoologe und kommt aus Amerika. Wir sind seit April ein Paar und er möchte nun mit nach Göttingen.« Sie wirkte glücklich, als sie dies sagte, worauf sich ihr Vater erkundigte: »Arbeitet ihr dann wieder zusammen?« – »Ja, zusammen mit Benno, in einem neuen Projekt meines ehemaligen Professors.«

Ihre Mutter freute sich über diese guten Nachrichten und stellte beruhigt fest: »Dann seid ihr ja bald wieder alle in unserer Nähe und wir können deinen Freund kennenlernen.« – »Ja, Mom, und ich soll dir auch von Jeff liebe Grüße und eine gute Besserung ausrichten. Das hätte ich bei diesem ganzen Stress hier fast vergessen.«

Die Krankenschwester erschien und mahnte zum Aufbruch, da sie der Patientin noch ein Schlafmittel verabreichen wollte. Es tat Chris weh, jetzt Abschied nehmen zu müssen. Sie nahm ihre Mutter noch einmal in den Arm und wünschte ihr für den morgigen Tag alles Gute. An der Tür drehte sie sich ein letztes Mal um und sah, dass sich ihre Mutter Tränen von der Wange wischte. Chris musste schlucken, um nicht ebenfalls zu weinen.

Ihr Vater wirkte hilflos und müde, als sie ihn zum Wagen auf den Parkplatz begleitete. Sie hatte erst vor, die Nacht in einem Hotel in der Nähe vom Krankenhaus zu übernachten, war dann hiervon aber wieder abgekommen, als ihr die Krankenschwester mitteilte, dass ihre Mutter nach der Operation erst noch auf die Aufwachstation käme und Chris erst übermorgen kommen solle. So fuhr sie also mit nach Bremervörde, was ihrem Vater sehr recht war.

Benno rief an, als sie gerade beim Abendessen saßen. Er war in Frankfurt gelandet und wartete nun auf einen Anschlusszug nach Bremen. Da sein Akku beinahe leer war, musste er die Fernsprechsäule am Bahnhof benutzen. Es war sehr mühsam, ihm wegen der Geräuschkulisse alle erforderlichen Informationen zu geben, zumal er gleich noch seine Mutter über deren Telefonanschluss am Krankenbett anrufen wollte, um ihr noch alles Gute zu wünschen.

Am Abend schickte Chris Harper noch eine Mail und beschrieb ihm, was morgen anstehen würde. Sie teilte ihm auch mit, dass sie große Angst habe, dass es bei der OP Komplikationen geben könne oder aber man noch andere Erkrankungen bei ihrer Mutter feststellen würde. Zum Schluss ihrer Mail erkundigte sie sich noch danach, ob auf der Station alles in Ordnung sei und beendete diese mit »Silvermoon«.

Als sie später im Bett lag, konnte sie nicht einschlafen. Die Bilder, wie ihre Großmutter nach zwei Jahren andauernder Krebserkrankung zwischen Bangen und Hoffen schließlich gestorben war, hatte sie immer noch vor Augen. Ihre Oma hatte zuvor ihren herzkranken Ehemann bis zu dessen Tod gepflegt und dabei nicht bemerkt, dass sich in ihr selbst eine Krankheit ausbreitete. Chris hatte in dieser Zeit bereits in Göttingen studiert und ihre Großeltern sehr oft besucht und war dann, als der Großvater schon tot war, zusammen mit Benno bei ihr eingezogen, damit sie nicht so allein im Haus war. Mit dem Tod der Großeltern fand ihre unbeschwerte Kindheit für sie einen schmerzhaften Abschluss.

Diese Angst nahm sie auch mit in ihre Träume. Sie schlief unruhig und träumte, dass sie zu Harper wollte und an einem Felsenvorsprung in die Tiefe stürzte, worauf sie aufwachte. Danach schlief sie immer nur noch in Intervallen von ein oder zwei Stunden, unterbrochen durch besorgte Blicke auf ihre Uhr. Als sie dann endlich vom Handy den Weckton hörte, war Chris zwar erleichtert, fühlte sich jedoch so unausgeschlafen, dass sie große Mühe hatte, überhaupt aufzustehen.

Sie frühstückte mit ihrem Vater und blieb dann im Elternhaus, um auf Bennos Ankunft zu warten. Ihr Vater, der ebenfalls kaum ein Auge zubekommen hatte, musste in seine Kanzlei. Benno traf am späten Vormittag völlig übermüdet und gereizt in Bremervörde ein. Sein Zug aus Frankfurt hatte Verspätung, sodass die Anschlüsse für die Weiterfahrt nicht mehr passten und es hierdurch zu weiteren Verspätungen kam. Während Chris auf den Anruf vom Krankenhaus wartete, lag ihr Bruder auf dem Sofa und war dort sofort eingeschlafen. Gegen Mittag hielt Chris ihre Unruhe nicht mehr aus und rief deshalb selbst auf der chirurgischen Station an. Sie erfuhr dort, dass ihre Mutter inzwischen auf die Wachstation verlegt worden sei. Einen Arzt könne sie aber erst in drei Stunden sprechen.

Chris ließ diese Information ihrem Vater in der Kanzlei ausrichten und telefonierte dann mit Dr. Zerner, den sie bislang nur per Mail über ihre Heimreise in Kenntnis gesetzt hatte. Dieser zeigte Verständnis für ihre Situation und war auch damit einverstanden, dass sie ihr Projekt an ihrem Laptop während ihres Heimataufenthaltes weiterbearbeitet. Hinsichtlich Benno hatte er auch keine Bedenken, zumal dieser regulär geplant hatte, seinen Keniaaufenthalt in zwei Wochen zu beenden, um seine Reportagen in den Druck zu bringen. Gegen Ende des Gespräches erfuhr Chris noch, dass ihr Nachfolger ein Simon Petzold aus der Pfalz sei, der dieses Projektjahr für seine Promotion benötigen würde. Herr Petzold würde dann Mitte August seine Arbeit auf der Station beginnen.

Diese Information mailte Chris sogleich Harper und bestärkte ihn, durchzuhalten. Von Harper hatte sie inzwischen auch eine Mail erhalten. Er schrieb ihr, dass bei ihnen alles in Ordnung sei, auch mit den Ziegen. Für die Mutter wünschte er alles Gute und sandte Chris einen Silvermoon.

Herr Evers kam heute deutlich früher als sonst üblich nach Hause. Er wollte das Telefonat mit dem Krankenhausarzt selbst führen. Inzwischen war auch Benno wieder halbwegs munter und wartete unruhig auf Neuigkeiten aus dem Krankenhaus. Als dann Herr Evers zur vereinbarten Zeit in der Klinik anrief, wurde er nach endlos scheinenden Minuten endlich mit dem Arzt verbunden, der die Operation selbst durchgeführt hatte. Er konnte Herrn Evers deshalb gleich mitteilen, dass alles ohne Komplikationen verlaufen sei und er seiner Patientin einen größeren und zwei kleinere Gallensteine habe entfernen müssen, sodass hierdurch der Gallenstau behoben werden konnte. Hinsichtlich der Gelbsucht teilte er mit: »Jetzt muss erst einmal abgewartet werden, ob sich die Gallenwerte wieder normalisieren. Es werden aber auch noch einige Untersuchungen stattfinden, die abklären, ob die Leber und Milz in Mitleidenschaft gezogen worden sind. Auf jeden Fall können Sie Ihre Frau morgen besuchen.«

Erleichtert über die recht gute Nachricht nahmen sich Benno, Chris und ihr Vater in den Arm. Während sich Chris danach um das Abendessen kümmerte, rief ihr Vater noch bei Opa Gustav an. Weil dieser schon etwas schwerhörig war, informierte ihn sein Sohn mit lauter und sehr deutlicher Stimme über den Gesundheitszustand seiner Schwiegertochter.

An diesem Abend verspürte keiner von ihnen den Wunsch, länger als irgend nötig aufzubleiben, weil sie erschöpft vom Stress der letzten Tage einfach nur noch schlafen wollten. Nachdem Chris noch eine Mail an Harper mit den neusten Infos gesandt hatte, legte sie sich zu Benno auf das französische Bett im Gästezimmer und schlief in seinem Arm ein.

Gemeinsam mit ihrem Vater fuhren sie am nächsten Vormittag nach Bremen ins Krankenhaus. Ihre Mutter war schon wieder in ihr Zweibettzimmer auf die chirurgische Station verlegt worden. Sie sah immer noch gelblich verfärbt und nun auch vom Eingriff deutlich erschöpft aus, sodass ihre Familie über ihr Aussehen anfangs sehr besorgt war. Frau Evers freute sich, ihre Lieben wiederzusehen und erzählte, dass heute nur Blutuntersuchungen stattgefunden hätten und sie morgen noch zum MRT solle.

Bevor sie wieder gingen, erkundigte sich Frau Evers bei ihren Kindern: »Und wann müsst ihr wieder zurück?« – »Ich fliege wohl gar nicht mehr zurück«, erklärte Benno seiner Mutter. »Die Kurzfilme und Reportagen kann ich auch hier bearbeiten. Jeff wollte mir noch Bilder und Informationen über Nairobi senden und dann kann ich auch hierzu noch etwas schreiben.« Als ihre Mutter dann Chris fragend ansah, gab ihr diese etwas ausweichend zur Antwort: »Ich warte erst die nächsten Untersuchungen ab und entscheide dann, wann ich wieder fliege. Unser Boss hat aber schon einen Nachfolger für uns gefunden, der Mitte August anfängt.«

Auf der Rückfahrt nach Bremervörde fuhren sie bei Opa Gustav und dessen Schwester Else vorbei, die ihr Häuschen direkt neben der Schafsweide vom Nachbarn hatten. Else, die selbst nie geheiratet hatte, war nach dem Tod ihrer Schwägerin zu ihrem Bruder gezogen, um ihm dem Haushalt zu führen. Die beiden älteren Herrschaften waren erleichtert über die neuen Informationen aus dem Krankenhaus. Tante Else stellte sich dann auch sofort in die Küche und buk für alle Apfelpfannkuchen. Beim gemeinsamen Mittagessen wollten sie dann wissen: »Und wann ist denn nun mit dieser Sache in Afrika endlich Schluss?«, worauf Chris sagte: »Ende August. Ich muss also bald eine Lösung für meine beiden Ziegen finden.«

Nachdem sich der Opa und die Tante angehört hatten, warum Chris die Tiere nicht in Kenia lassen wolle, wandte Opa Gustav mit seinem plattdeutschen Slang ein: »Ja min Deern, in diene Wohngemeinschaft passen die tja ok nich rin.« – »Vielleicht kann ich ja eine Genehmigung für den Garten bekommen«, hoffte Chris noch, was ihr Vater aber weniger optimistisch sah. Die WG lag in einem reinen Wohngebiet in einer guten und ruhigen Lage, wo schon längeres Hundegebell zu Beschwerden der Nachbarn geführt hatte.

Nun mischte sich Tante Else in die Überlegungen mit ein. Sie hatte inzwischen ihren letzten Pfannkuchen abgebacken und sich ebenfalls an den Tisch gesetzt: »Warum bringst du deine Ziegen nicht hierher? Wir schnacken mal mit dem Friedrich, ob sie mit auf seine Weide können.« Chris fühlte bei diesen Worten ein deutliches Unbehagen. Sie stand auf und ging zum Fenster, von wo aus sie auf die Schafsherde des Nachbarn blicken konnte. Es waren nur wenige Tiere, die da auf einer großen eingezäunten Rasenfläche unter den Apfelbäumen weideten.

»Was macht denn der Friedrich mit seinen Schafen?«, wollte Chris wissen. »Och, dat is doch sien Steckenpferd«, wusste Opa Gustav zu berichten. »Was meinst du damit und was macht er, wenn es zu viele werden?«, hakte Chris nach. »Dann gibt es einen schönen Lammbraten. Haben wir im letzten Jahr auch bekommen«, schwärmte Tante Else. Als Chris energisch betonte, dass sie aber nicht möchte, dass ihre Ziegen geschlachtet werden, fing Opa Gustav an zu lachen und sagte: »Dat mutt du mit ihm nur beschnacken.« – »Und wer soll dann die Claire melken?«, wollte Chris nun eher unwillig wissen. Der Opa verstand nicht ganz. »Claire, wokeen is dat denn?« Nachdem der Opa von Benno in Lautstärke für Schwerhörige erklärt bekommen hatte, wer Fina und wer Claire seien und welche Ziege gemolken werden müsse, machte Tante Else den Vorschlag, einmal rüber zu dem Friedrich zu gehen.

Der Nachbar kannte Chris schon von Kindesbeinen an und freute sich, dass sie ihn mit ihrer Großtante besuchen kam. Er war ein Tüftler und Bastler und hatte nach seiner Frühpensionierung viel Zeit für seine Hobbys. Das Weidegrundstück war weitläufig und die Bäume boten ausreichend Schatten für die Tiere. Als ihn Tante Else fragte, ob er die beiden Ziegen ihrer Nichte in Pension nehmen würde, war er sofort einverstanden; Chris dagegen war noch nicht gänzlich überzeugt. Erst als Friedrich ihr versprach, die Tiere immer besuchen zu können und ihr der Nachbar auch zeigte, wie er seine Schafe molk, war sie bereit, sich mit dieser Option der Ziegenunterbringung einmal näher zu befassen.

Das Zögern ihrer Großnichte erklärte Tante Else dem Friedrich, indem sie sagte: »Die Chris hat doch die Tiere so lieb, dass sie gar kein Fleisch mehr isst. Für die sind doch ihre Ziegen wie zwei lütte Kinner.« Chris wollte nun lieber wieder gehen und versprach, sich bis zu ihrem Abflug zu entscheiden.

Wieder zurück im Elternhaus, das zwei Straßen weiter lag, entschloss sich Herr Evers, noch einmal in seine Kanzlei zu fahren. Chris und ihr Bruder versuchten derweil am PC und durch ein Telefonat in der Stadtverwaltung abzuklären, ob sie in Göttingen eine Sondergenehmigung für Ziegenhaltung im reinen Wohngebiet beantragen könnten. Eine Dauerunterbringung im Garten wurde ihnen auf jeden Fall untersagt, weil die Tiere durch ihre Kletterfähigkeiten leicht ausbrechen könnten und auch ansonsten nicht als Haustiere in reinen Wohngegenden erwünscht seien.

Als Benno dann auch noch auf die Idee kam, die Tiere in das neue Projekt mit einbinden zu wollen, zeigte sich seine Schwester wenig begeistert. In dem fraglichen Projektwaldstück waren schon Wölfe gesichtet worden und Chris wollte Claire und Fina auf keinen Fall dieser Gefahr aussetzen. Benno stellte nach all ihren Überlegungen abschließend fest: »Also bleibt nur Nachbar Friedrich und seine Schafsherde. Du kannst sie ja öfter besuchen und die übrige Familie freut sich dann auch.«

Etwas frustriert sah Chris in ihr Mailpostfach und fand dort eine von Harper. Er schrieb: »Das hört sich doch gut an. Ich freue mich für deine Mutter und hoffe, dass du bald wieder hier bist. Jerry, Claire, Fina und auch ich vermissen dich sehr. Ich werde die nächsten Tage ein Visum für Germany beantragen, damit ich alles zusammenhabe, wenn es hier losgeht. Liebe dich.« Als Antwort beschrieb sie ihm die Unterbringungsmöglichkeit für die

Ziegen und beendete diese Mail mit: »Ich vermisse euch auch, bis hoffentlich bald.«

Vom Veterinäramt erfuhr Chris am Nachmittag, welche zusätzlichen Impfungen und Untersuchungsnachweise Fina und Claire für ihre Einreise benötigen würden und bekam auch noch einige Tipps für den Transport mit dem Flugzeug, worauf sie sofort mit der infrage kommenden Fluglinie Kontakt aufnahm, um die Einzelheiten abzuklären. Diese Informationen mailte sie gleich an Harper weiter, damit sich Mojo rechtzeitig um die Impfungen und Bescheinigungen kümmern könne.

Als sie am nächsten Tag mit Benno ins Krankenhaus fuhr, ging es ihrer Mutter schon deutlich besser. Auch die gelbe Farbe ihrer Haut verschwand allmählich. Morgen sollte die MRT-Auswertung vorliegen und noch eine Ultraschalluntersuchung erfolgen. Chris saß gerade an dem Bett ihrer Mutter und streichelte deren Hand, als diese feststellte: »Wenn es mir wieder etwas besser geht, fliegst du los und holst deinen Jeff. Dann hat sich Afrika wenigstens doch für dich gelohnt.« Chris lächelte, bevor sie nach einem kurzen Moment des Innehaltens überzeugt war: »Ja, es fühlt sich diesmal alles so richtig an. Es ist nicht nur Fassade, die glänzt.«

Der nächste Tag brachte gute Nachrichten aus dem Krankenhaus. Die weiteren Untersuchungen hatten ergeben, dass allein der Gallenstau den schlechten Zustand ihrer Mutter verursacht hatte, sodass Chris ihren Rückflug buchen konnte. Sie hatte ein Ticket für einen Flug in drei Tagen bekommen und mailte Harper, wann sie in Nairobi ankommen würde. Dieser hatte in der Zwischenzeit gemailt, dass er die Unterbringung für die Ziegen ideal fände, aber letztlich sie entscheiden müsse, ob sie die Trennung auf Dauer ertragen könne. Zum Schluss bat er sie noch, Verhütungsmittel mitzubringen, weil er den Produkten aus dem Touristenzentrum nicht richtig trauen würde.

Nachdem nun alles geregelt war und sie auch dem Nachbarn Friedrich ihr Interesse an der Unterbringung ihrer Ziegen auf seiner Weide mitgeteilt hatte, fühlte sich Chris deutlich entspannter. Sie konnte sich nun konzentriert an ihr Projekt setzen, wenn sie nicht gerade zusammen mit Benno im Krankenhaus bei ihrer Mutter war. Diese sollte noch so lange stationär behandelt werden, bis ihre Leberwerte wieder in Ordnung wären.

Am letzten Tag vor ihrer Abreise hatte Chris noch ein intensives Gespräch mit ihrer Mutter geführt. Darin ging es um ihre Wünsche und die Hoffnung, dass ihr Leben endlich wieder in sicheren Bahnen verlaufen möge. Ihre Stimme klang zuversichtlich, als sie zum Abschied sagte:»Mom, in ein paar Wochen sind wir in Göttingen und du kannst dann alle kennenlernen. Die vierbeinige Rasselbande und meinen Cowboy und ich hoffe, dass wir uns hier auch so gut bewähren.«

Benno hatte währenddessen noch ein Zusatzteil für seine Kamera aus einem Fachgeschäft besorgt und seine Schwester dann vom Krankenhaus mit dem Auto von Opa Gustav abgeholt. Stolz zeigte er ihr gleich zwei Bücher, die er zuvor noch im Buchladen gekauft hatte. »Die sind für Jeff. In dem Fotoband kann er sich schon Göttingen ansehen und hiermit kann er sein Deutsch trainieren«, erklärte er seinen Kauf.

Gemeinsam gingen sie dann in einen Drogeriemarkt. Während Chris Leckerlies für Jerry aussuchte, stellte Benno ein Mix aus verschiedenen Kondomen zusammen. Später musterte die junge Kassiererin die beiden verstohlen, worauf Benno sie nur frech angrinste und ihr zuraunte, indem er sich leicht zu ihr herunterbeugte: »Die sind gut. Kann ich nur empfehlen.« Die junge Frau errötete. Peinlich berührt nahm sie das Wechselgeld aus der Kasse und reichte es hastig Chris.

Auf der Straße kritisierte Chris ihren Bruder: »Manchmal bist du richtig fies. Die war doch noch ganz jung und du kommst dann mit so was.« Benno sah dies gelassener. »Mensch, die arbeitet dort in dem Laden. Ich habe sie doch nicht gefragt, wie man die benutzt. Das wäre dann richtig peinlich geworden.«

XIX

Am nächsten Tag brachte Benno seine Schwester zum Flughafen in Hamburg. Während sie in der Eingangshalle noch einen Moment für sich hatten, wollte Benno von ihr wissen: »Meinst du, du kriegst jetzt alles noch ohne mich hin?« Sie hakte sich bei ihm ein und antwortete: »Jetzt die letzten Meter, ja. Aber es war ein verdammt langer Weg. Danke, dass du ihn mit mir gegangen bist.« Das Einchecken begann und Chris nahm Abschied von ihrem Bruder, dem es sichtlich schwerfiel, sie reisen zu lassen. Als sie sich dann endlich in der Enge des Fliegers hoch über den Wolken befand, machte sie sich bewusst, dass dies das letzte Mal war, dass sie diese Strecke zurücklegte.

Am Flughafen von Nairobi wurde sie von Harper schon ungeduldig erwartet. Sie sah anders aus, als er es sonst von ihr kannte: mit offenen Haaren, geschminkt und in ihrer sonst üblichen Kleidung. Bewundernd fragte er: »Hey, bist du es wirklich? Du siehst toll aus!« Chris nahm ihn fest in den Arm und teilte ihm nach dem Begrüßungskuss mit: »Ich bin gekommen, um euch abzuholen.«

Pakka, der im Fahrzeug auf sie gewartet hatte, musterte sie kurz und erkundigte sich dann nach dem Befinden ihrer Mutter. Als Chris ihm hierzu Auskunft gab und auch darüber sprach, welche Sorgen sie sich alle in ihrer Familie gemacht hätten, stellte Pakka dazu nur fest: »Hier bei uns spricht man nicht über seine Angst. Hier muss jeder seine Arbeit machen, das ist allein wichtig.« Chris war enttäuscht von seiner harschen Art. »Ja, Pakka, ich weiß, deshalb war es für mich auch so wichtig, einmal wieder bei meiner Familie zu sein und erst recht, als sie mich dringend brauchte«, und ergänzte dann an Harper gewandt: »Und mein Projekt wird auch langsam fertig.«

Nachdem sie vom Touristenzentrum aus noch per Mail zu Hause Bescheid gegeben hatte, dass sie gut angekommen ist, fuhren sie weiter zur Station, wo Jerry sie stürmisch begrüßte, gefolgt von Tido, der ihr Komplimente machte. Dann ging sie zu Claire und Fina, die gleich auf sie zukamen, als sie die Stalltür öffnete. Harper, der hinter ihr mit ihrem Gepäck stand, schlug vor: »Wollen wir nicht gleich mit den Tieren spazieren gehen? Ich bringe nur kurz deine Sachen nach oben.« Chris hatte ihre Ziegen schon in den Auslauf gelassen und war dann Harper nach oben gefolgt, um sich noch umzuziehen.

Während sie ihren Trolley auspackte und ihre Sachen auf das Bett legte, stand er am Türrahmen des Schlafzimmers gelehnt und schaute ihr dabei zu. Zwischen ihren Sachen hatte sie auch die Bücher und Kondompackungen für ihn verstaut. Sie übergab sie ihm mit den Worten: »Das ist für dich. Hat aber Benno ausgesucht.« Harper musste lachen und meinte: »Danke. Du hast hier ja noch viel vor.«

Jerry bekam seine Leckerlies und verspeiste diese gleich genüsslich auf seiner Decke, während Harper die Qual der Wahl hatte, bis schließlich Chris ihm ein Päckchen heraussuchte. »Die sind ganz gut und riechen auch nach Erdbeeren«, empfahl sie ihm, worauf er bemerkte: »Echt? Ich wusste gar nicht, dass man mit Erdbeeren auch verhüten kann.« Chris küsste ihn und bat dann: »Lass uns bitte heute ganz früh Feierabend machen.« Das war auch in seinem Sinne.

Beim anschließenden Spaziergang mit den Tieren erzählte ihr Harper, wie kompliziert es gewesen sei, die beiden Ziegen für den Flug zu tätowieren, weil dies doch schmerzhafter war, als er es erwartet hatte. Trotzdem hatte er sich dazu entschlossen, Jerry auch eine Kennung ins Ohr tätowieren zu lassen, damit es beim Veterinärcheck am Frankfurter Flughafen keine Probleme gäbe. Zur Beruhigung auf den besorgten Blick von Chris erklärte er ihr:

»Alle drei Tiere haben von mir Streicheleinheiten und Leckerlies bekommen. Da bleibt bestimmt kein traumatisches Erlebnis zurück.«

Harper berichtete auch, dass Sarah vor zwei Tagen ins Wohnheim für Straßenkinder gezogen sei und es Pakka immer noch schwerfallen würde, sich vorzustellen, dass seine Tochter in einigen Wochen nach Deutschland gehen könnte. Chris vermutete da einen Zusammenhang zwischen seiner recht harschen Begrüßung und seinen Befürchtungen und nahm sich deshalb vor, am Nachmittag noch einmal in aller Ruhe mit ihm zu sprechen.

Tido, der heute Küchendienst hatte, erkundigte sich bei Chris, ob sie wieder kochen würde. Sie hatte nichts dagegen, aber die wenigen Vorräte in der Küche machten sie doch etwas ratlos, sodass sie Reis mit gebratenem Kürbis und pürierte Bananen in einer hellen Soße kochte. Dies war zwar keine deutsche Küche, aber den Mitarbeitern schmeckte es trotzdem.

Am Nachmittag verabredete sie sich mit Pakka im Büro und sprach mit ihm über Sarah. Chris betonte noch einmal, dass sich Sarah zwar für ein Stipendium beworben habe, aber niemand sagen könnte, ob sie es auch tatsächlich bekäme. Selbst wenn es so wäre, könne sie es immer noch ablehnen, wenn sie nun doch nicht mehr wegmöchte. Pakka schienen ihre Worte etwas zu beruhigen. Er erzählte ihr: »Ich habe von Sarah alle Sachen bei meiner Schwester abgeholt. Sie wollen meine Familie in Ruhe lassen.« Mit Chris einigte er sich darauf, erst einmal abzuwarten, wie sich alles entwickeln würde und dann zusammen mit Sarah eine Entscheidung zu fällen.

Zwei Tage später kam Mr Clark vorbei. Gemeinsam besprachen sie mit ihm, was alles noch im Hinblick auf die Stationsübergabe an den neuen Leiter Petzold zu erledigen wäre. Danach wollten sie mit ihm noch zu den Stellen, an denen die Wildhüter in den letzten Tagen Fallen gefunden hatten. Sie fuhren gerade mit ihren beiden Jeeps einen schmalen Pfad im unwegsamen Gelände entlang, als sie in der Ferne ein fremdes Fahrzeug und drei Männer erkennen konnten, die sich im Gebüsch zu schaffen machten.

Es dauerte nicht lang und sie wurden von den Männern bemerkt, die daraufhin schnell ihren Jeep bestiegen und vor ihnen flüchteten. Obwohl Mr Clark mit seinem Wagen sofort durchstartete, gelang es ihm auf dem aufgeweichten Boden nicht, sie einzuholen. Er verlor sie aus den Augen und hielt frustriert an der nächsten Gabelung an. Harper war ihm in dem größeren Stationsjeep mit Kobe und Chris gefolgt, hatte aber auf dem matschigen Untergrund noch mehr Probleme, zügig voranzukommen. Während Mr Clark noch fluchend überlegte, welchen Abzweig die von ihm Verfolgten wohl genommen haben könnten, erblickte er plötzlich den Jeep von Thoolen, der auf sie zufuhr und vor ihren beiden Fahrzeugen scharf abbremste.

Mr Clark berichtete ihm, was geschehen war, worauf dieser nur spöttisch in Richtung Harper bemerkte: »Ich dachte immer, dass Amerika voller unerschrockener Cowboys wäre. Sie waren doch zu viert und hätten mit Leichtigkeit die drei Tierfänger überwältigen können. Ach nein, ich sehe gerade, da sitzt ja noch eine hilflose Frau im Jeep.« Harper antwortete betont gelassen: »Ich bin nicht hier, um meine Leute und mich in Schießereien zu verwickeln. Ich bin gehalten, nur ausdrücklich in Notwehr zu schießen und die war hier keineswegs gegeben.«

Ohne Thoolen fuhren sie weiter zu den Farmern. Sie wollten sich bei ihnen erkundigen, ob die inzwischen ergriffenen Maßnahmen, die Wildtiere davon abzuhalten, sich an deren Feldern zu bedienen, erfolgreich waren. Mr Clark hatte in den letzten Wochen intensiv hierfür geworben und hierbei den Eindruck gewonnen, als sei bei den Farmern ein deutlicher Wille vorhanden, dieses Problem nun gemeinsam mit den Wildhütern zu lösen. Bis auf ein paar Zwischenfälle waren aber ansonsten schon deutliche Fortschritte sichtbar.

Auf dem Rückweg fuhren sie in das Dorf, in dem Sanas und Aasirs Familien wohnten. Beide hatten hier ihre Urlaubstage verbracht und Harper wollte sie nun wieder mit zur Station nehmen. Auf Sanas besorgte Frage, ob es denn mit dem Kochen geklappt habe, gab ihr Kobe in seiner schroffen Art zur Antwort: »Ja, Mrs Chris kocht ganz gut, ebenso wie Tito und Mojo.« – »Mal sehen, wie meine Küche jetzt aussieht«, bemerkte Sana bissig.

Kurz vor ihrem Geburtstag fuhr Chris zusammen mit Harper und Pakka nach Nairobi. Zuerst besuchten sie Sarah in ihrer Wohngruppe. Während Sarah ihnen die Räumlichkeiten zeigte, berichtete sie stolz, dass nächste Woche ihr Gips abgenommen werden würde. Auch schien sie mit den dort untergebrachten Kindern keine Probleme zu haben und fühlte sich von den anderen Mitarbeitern gut in die Gemeinschaft aufgenommen.

Sie wollten gerade wieder aufbrechen, als Sarah ihrem Vater mitteilte: »Der Gruppenleiter möchte auch so eine Einrichtung in Mombasa aufbauen und würde mich gerne dort mit hinnehmen.« Als Pakka sofort streng nachfragte, was denn nun aus ihrem Studium werden würde, erklärte Sarah, dass sie das auch an der dortigen Universität abschließen könne. »Ich fühle mich hier in Nairobi nicht mehr sicher«, gestand ihm seine Tochter, weil sie Angst vor dem Onkel und seinen Kollegen habe.

Chris wollte Sarah unterstützen und sagte deshalb: »Mit diesen Plänen kann dein Vater bestimmt besser leben als mit einem Auslandsstudium. Du bleibst in der Nähe deiner Familie und hast eine berufliche Perspektive.« Für Pakka kam das jedoch alles zu überstürzt, weshalb er vorschlug, alles in Ruhe am Wochenende innerhalb der Familie zu klären. Bislang hatte sich Harper ungewöhnlich lange zurückgehalten. »Können wir denn deinen Gruppenleiter nicht einmal kennenlernen?«, erkundigte er sich nun. Als Sarah noch zögerte, fuhr er fort: »Benno braucht doch noch eine gute Story.«

Der Gruppenleiter mit Namen Shujaa war ein junger Mann, der über seinen Glauben zu dieser Tätigkeit gefunden hatte. Er machte auf Harper sofort einen sympathischen Eindruck; er wirkte engagiert und durchsetzungsstark. Als Harper ihn auf sein neues Projekt in Mombasa ansprach und dann noch scherzhaft hinzufügte: »Wie wir gehört haben, wollen Sie die Sarah gleich mitnehmen«, wurde er sehr ernst und bat sie, mit ihm in sein Büro zu kommen. Dort nahm er sich die Zeit, seinen Besuchern zu erklären, was er aufbauen wolle und dass Sarah dort endlich wieder ohne Angst auf die Straße gehen könne. Von der jungen Frau und ihrem Talent, mit Kindern umzugehen, war er sehr angetan, und er war auch der festen Überzeugung, dass Sarah hier in dieser Institution ihre Lebensaufgabe gefunden hat.

Nachdem Harper noch ein paar Fragen zu dem Straßenkinderprojekt gestellt hatte, bat er Shujaa: »Können Sie mir einige Informationen hierüber für einen guten Freund zusammenstellen? Der schreibt für eine Zeitung in Germany. Vielleicht gibt es dann auch Spenden für dieses Projekt.« Shujaa zeigte sich sehr interessiert an dieser Idee. Er wollte auch entsprechende Bilder aus den Slums und von dem Projekt mitliefern, die er Harper dann mailen wollte.

Ungefragt stellte Harper später im Jeep fest: »Der junge Mann ist doch toll. Wenn ich eine Tochter hätte, würde ich sie ihm anvertrauen.« Pakka schwieg einen Moment, bevor er zu bedenken gab: »Und wenn es mit den beiden nicht gut geht?« – »Dann hat Sarah wenigstens eine abgeschlossene Ausbildung und findet einen guten Job. Vielleicht auch im Ausland«, beurteilte Harper das Risiko recht pragmatisch und wies darauf hin: »Von einer Eheschließung war hier bislang auch gar nicht die Rede.«

Sie fuhren nun zu einem Goldschmied, den Pakka gut kannte, weil Harper noch ein Geschenk für Chris kaufen wollte. Nachdem sich Chris einige Schmuckstücke angesehen hatte, entschied sie sich für einen Ring mit einem eingearbeiteten Lapislazuli, der gut zu ihrer Halskette passte. Harper war mit ihrer Wahl sehr zufrieden, hatte aber dann noch die Idee: »Sieh einmal, passend zu dem Ring gibt es noch Ohrringe. Ich würde sie dir auch gerne schenken.«

Nachdem der Goldschmied Harper die Schmuckstücke in einem Holzkästchen übergeben hatte, machte Chris gut gelaunt den Vorschlag: »Ich würde euch jetzt gerne zum Essen einladen;

wird noch von Thoolens Schmerzensgeld bezahlt. Pakka, können wir nicht in das Lokal gehen, wo wir letztes Mal waren?« Dieser blickte sehr ernst, als er einwandte: »Der Besitzer ist ein guter Freund von meinem Schwager.« Harper, der inzwischen Hunger hatte, wollte wissen, ob es denn nicht ein anderes gutes Lokal geben würde, wo der Besitzer nicht mit seinem Schwager bekannt sei, worauf Pakka erwiderte: »Ich kenne nur solche.«

Schließlich fuhren sie in die Nähe des Krankenhauses, von dem Chris wusste, dass es dort in der Seitenstraße ein Restaurant gab. Beim Essen wurde sehr schnell deutlich, dass die gemeinsamen Welten von Pakka und seinen beiden Begleitern nicht mehr dicht beieinanderlagen. Während Chris und Harper schon ihrem Abflug nach Deutschland entgegenfieberten, machte sich Pakka Sorgen um seine Tochter, um den Frieden innerhalb seiner Familie und auch darum, wie der neue Stationschef wohl sein würde.

Chris und Harper versuchten zwar mit ihm über seine Sorgen zu sprechen, fanden aber kaum Gehör, bis Chris schließlich sagte: »Als ich hier in Kenia ankam, war ich vom Trauern völlig wund und leer. Manche Dinge brauchen einfach seine Zeit, bis man den Mut hat, wieder seinen Weg zu gehen. Wenn ich hier wegfahre, kehre ich zum Grab meines toten Sohnes zurück. Ich werde ihn nie vergessen, aber ich habe wieder ein Leben, in dem ich mich wohlfühle.« Harper war von ihren Worten gerührt und streichelte ihren Arm, während Pakka nur stumm nickte.

Auf dem Rückweg beluden die beiden Männer schon den Jeep mit den Vorräten für die Station, während Chris im Internetraum des Touristenzentrums ihre Mails durchsah. Sie erfuhr von Benno, dass ihre Mutter morgen das Krankenhaus verlassen kann und er gestern mit Opa Gustav zwei flugsichere Transportkisten für die Ziegen gekauft hat, die er ihr nun per Flugzeug schicken wollte. Harper gefiel diese Idee sofort, weil sie die Tiere dann schon frühzeitig an die Transportkisten gewöhnen könnten. Gut gelaunt wollte Chris von ihm wissen: »Willst du jetzt mit ihnen auch schon Probefliegen üben?«, worauf er nur lachend feststellte:

»Gute Idee, aber ich glaube, es reicht, wenn wir Fina und Claire schon einmal in ihren Kisten mit dem Jeep bewegen. Jerry kann dann auch gleich mitmachen, damit er sich wieder an seine Box gewöhnt.«

Fünf Tage später, an ihrem dreißigsten Geburtstag, durfte Chris ausschlafen und bekam dann von Harper ihr Frühstück ans Bett serviert, zusammen mit ihrem Geschenk. Harper bestand darauf, ihr den Ring selbst auf den Finger zu stecken und begründete das damit: »Ich habe so etwas noch nie getan; mir fehlt in solchen Dingen etwas die Übung.« Dann leistete er ihr beim Frühstück Gesellschaft. »Bist du traurig, dass deine Eltern nicht mehr kommen können?«, erkundigte er sich. Chris überlegte einen kurzen Moment und war sich dann ziemlich sicher: »Natürlich war ich zuerst traurig; ich wollte meinen Eltern doch mein Leben hier zeigen. Jetzt bin ich aber einfach nur froh, dass meine Mutter alles gut überstanden hat und wir alle in Deutschland erwartet werden.«

Harper bemerkte hierauf nur: »Ja, das hört sich gut an«, und blickte dann etwas geistesabwesend vor sich hin, worauf Chris von ihm wissen wollte: »Würdest du jetzt lieber in deine alte Heimat fliegen?« Er sah sie für einige Augenblicke an. »Nein, ich habe in Amerika nicht so eine Familie, die auf uns warten würde. Es ist schon gut so, aber trotzdem möchte ich jeden Urlaub mit dir bei meinen Großeltern in den Bergen verbringen und mein Vater kommt uns dann dort vielleicht besuchen«, war sein Wunsch.

Beim gemeinsamen Mittagessen, dessen Zubereitung jetzt wieder fest in Sanas Hand lag, übergaben ihr die Stationsmitarbeiter zwei Geschenke. Ein selbstgebasteltes Fotoalbum, was in der Art bei den Crows als Abschiedsgeschenk auch schon gut angekommen war, und ein buntes Schultertuch, das Sarah für sie ausgesucht hatte. Chris bedankte sich, worauf Harper verriet: »Ich habe auch noch ein Geschenk für dich.« Als Chris ihn erstaunt ansah, holte er das Deutschlernbuch hervor und las ihr hieraus eine kurze Geschichte vor. Sie merkte, dass ihm die Aussprache bei manchen mühsamen Formulierungsversuchen schwerfiel. Einige Mitarbeiter fingen an zu kichern, zumal ihnen diese Sprache ebenfalls völlig fremd war. Harper war aber stolz darauf, schon so weit zu sein, und Chris war es auch.

Die nächsten drei Wochen waren alle Mitarbeiter damit beschäftigt, die Station für den Nachfolger und die Übergabe vorzubereiten. Während Chris nun nicht mehr mit ins Gelände fuhr, sondern ihren Projektbericht zu Ende brachte, fuhr Harper noch zusammen mit Mr Clark raus, wenn Tiere ausgewildert werden sollten. Abends gewöhnten sie Fina und Claire an ihre Transportkisten, die inzwischen eingetroffen waren und fuhren mit ihnen auch kurze Strecken mit dem Jeep. Jerry dagegen hatte sich in seiner Transportkiste mit Decke so eingerichtet, dass sie ihm nun als Hundehütte diente und er sich darin offensichtlich wohl fühlte.

Der deutsche Wissenschaftler Simon Petzold traf pünktlich, wie von Dr. Zerner zuvor angekündigt, bei ihnen ein. Er war ein junger ehrgeiziger Mann, dessen Karriere als Vogelforscher bislang anscheinend genau nach Plan verlaufen war. Jetzt wollte er direkt nach seinem Studium promovieren und brauchte für seine Forschung dieses Jahr auf der Station.

Von Anfang an war ihm die nervöse Ungeduld anzumerken, mit der er sich von Harper die Station zeigen ließ, um dann aber auch gleich zielstrebig sein Projekt vorzubereiten. Harper mochte ihn nicht und hätte es am liebsten gesehen, wenn Petzold in die Baracke gezogen wäre, in der Chris früher mit ihren Ziegen gewohnt hatte, was aber nie ernsthaft zur Debatte stand, zumal ihm zwei Räume im Haupthaus zustanden. So zog er in die beiden Räume ein, die ehemals Chris mit ihrem Bruder bewohnt hatte. Weil er lieber ungestört auf seinem Zimmer arbeiten wollte, beanspruchte er auch keinen Schreibtisch im Büro, was den anderen nur recht war.

Beim ersten gemeinsamen Essen wurde deutlich, dass die übrigen Stationsmitarbeiter enttäuscht von ihrem neuen Chef waren, der in ihnen hauptsächlich Arbeitskräfte sah, die ihn bei seinem

Wirken unterstützen sollten. Dies brachte er auch zum Ausdruck, als er in der großen Runde nachfragte, ob es denn hier so üblich sei, gemeinsam zu essen, worauf Chris ihm antwortete: »Das wird hier so gehandhabt, wie es am besten passt. Wir haben immer gern mit allen Mitarbeitern zusammen gegessen und hierbei auch gleich wichtige Dinge besprochen.« In seiner distanzierten und hektischen Art erklärte Petzold, dass er hierfür keine Zeit habe, weil er oft im Gelände sein würde und sich hierbei nicht an gemeinsame Essenszeiten halten könne.

Als Harper am Abend zusammen mit Chris in ihrem Wohnraum auf dem Sofa lag, stellte er frustriert fest: »Ich glaube, wenn ich nicht schon die Auflösung meines Vertrages beantragt hätte und die ganze Sache zum Glück schon genehmigt ist, würde ich es jetzt tun. Ich habe ja wirklich schon viel erlebt, aber so ein karrieregeiler Typ ist mir noch nicht untergekommen.« Chris machte sich inzwischen auch Sorgen um die Mitarbeiter und schlug deshalb vor, in den nächsten Tagen mit Dr. Zerner Kontakt aufzunehmen, um mit ihm zu besprechen, was es für aktuelle Probleme auf der Station gab.

Die Situation mit Petzold spitzte sich am nächsten Tag noch zu, weil er weiterhin nur an seine Doktorarbeit dachte. Die Belange der Aufzuchtstation interessierten ihn nicht. So kam es zu einer handfesten Auseinandersetzung zwischen Harper, Mojo und ihm, als zwei Tiere ausgewildert werden sollten, Petzold aber lieber zu seinen Greifvögeln ins Gelände fahren wollte und hierfür auch noch Anspruch auf einen Jeep und zwei Stationsmitarbeiter erhob. Harper wurde dem Neuen gegenüber direkt und entschied: »Es gibt hier ein ungeschriebenes Gesetz auf der Station: Zuerst werden die Tiere versorgt und dann kommt der theoretische Teil, wozu auch die Projektberichte und Forschungsarbeiten gehören. Diese Regel gilt auch für Sie. Sie können morgen ins Gelände fahren.«

Am nächsten Tag regnete es heftig und Petzold wollte ins Gelände fahren, obwohl ihn Kobe schon darauf hingewiesen hatte, dass dies wegen der aufgeweichten Wege nicht möglich sei. Chris hatte mitbekommen, dass Petzold Kobe Arbeitsverweigerung unterstellen wollte und mischte sich deshalb ein: »Sie werden bei diesem Regen Ihre Vogelforschung sowieso nicht betreiben können, weil die Tiere schlau genug sind, sich vor diesem Wetter zu schützen. Was die Helfer angeht, so handelt es sich hier um sehr erfahrene und engagierte Leute. Es lohnt sich, von ihnen auch einmal einen Rat einzuholen.«

Erregt entgegnete Petzold, dass er keine Zeit habe, auf klimatische Gegebenheiten Rücksicht zu nehmen und die moderne Technik gute Forschung jederzeit möglich machen würde, worauf ihn Harper, der gerade hinzugekommen war, energisch aufforderte: »Sie haben hier nicht das Recht, Menschen in Gefahr zu bringen. Wenn Sie unbedingt ins Gelände fahren wollen, tun sie es gefälligst allein.«

In dem Telefonat am nächsten Tag mit Dr. Zerner schilderte Harper die Probleme und auch den harschen Ton, den Petzold im Umgang mit den Stationsmitarbeitern an den Tag legte. Dr. Zerner versuchte zu beschwichtigen. »Der unerfahrene Jungspund wird nur drei Wochen allein auf der Station sein, dann kommt ein sehr erfahrenes Ehepaar aus der Schweiz. Sagen Sie das bitte den Mitarbeitern.«

Diese Nachricht wirkte mehr als beruhigend auf die Stationsmitarbeiter, als Harper sie später während des gemeinsamen Mittagessens verkündete. Unruhe machte sich dagegen sofort wieder bemerkbar, als Chris kurz darauf bekannt gab, dass übernächstes Wochenende ihre Abschiedsfeier stattfinden würde. Sie hatte hierfür zusammen mit Harper reichlich Essen in der Hotelküche der Touristenstation vorbestellt, das dann zur Station geliefert werden sollte.

Die letzten Tage auf der Station waren geprägt von Zerrissenheit. Die Mitarbeiter brachten deutlich zum Ausdruck, dass sie die Abreise ihrer bisherigen Vorgesetzten bedauern würden, während sich Harper und auch Chris sehr wohl bewusst waren, dass dies vermutlich ein Abschied für immer war, von Menschen, mit denen sie monatelang eng zusammengearbeitet hatten. Über diese Zeit war Nähe und Vertrauen entstanden. Auf der anderen Seite gab es bei den beiden aber auch die Aufregung vor dem anstehenden Flug und die Vorfreude auf ihr gemeinsames Leben in Deutschland.

Zu ihrer Abschiedsfeier hatten sie auch Mr Danger, Mr Clark und Dr. Tolendo eingeladen. Sana schmückte zusammen mit Aasir den Speiseraum und den Flur festlich, bevor sie das üppige Büfett aufbauten. Als sich dann alle Gäste zu dem Begrüßungsdrink versammelt hatten, bedankten sich Harper und Chris bei allen Gästen und Mitarbeitern für die gute Zusammenarbeit, wobei Chris deutlich spürte, wie ihr die baldige Trennung sehr nahe ging.

Nach dem ersten Ansturm auf das Büfett trugen Tido, Kobe und Mojo zusammen einige kenianische Lieder vor und Pakka übernahm im Anschluss hieran die Übergabe der Abschiedsgeschenke. Es waren zwei kenianische Musikinstrumente, die zum Glück noch so handlich waren, dass sie mit in die Gepäcktaschen passten. Während viel erzählt und gelacht wurde, hatte sich ihr Nachfolger sehr zurückgehalten und nach einer Stunde ohne weitere Erklärung seine Räume aufgesucht, was aber auch keiner der noch Anwesenden bedauerte.

Gegen Mitternacht ging die Feier zu Ende. Chris sagte mit einem deutlichen Seufzer zu Harper: »Die waren eigentlich doch ganz nett«, worauf dieser schmunzelnd erwiderte: »Gut, dass die hier alle ihre Familien haben, sonst würdest du sie wohl noch adoptieren und mit nach Germany nehmen.«

Der nächste Tag war ausgefüllt mit Reisevorbereitungen und Stationsübergabegesprächen. Mojo bemerkte hierbei traurig: »Schade, dass jetzt die Zeit mit Ihnen vorbei ist. Wir waren doch so ein gutes Team.« Chris und Harper konnten ihn sehr gut verstehen, zumal Petzold immer noch keine Anstalten machte, Teamfähigkeit zu entwickeln. Auch wenn Harper wenig Hoffnung hatte, dass sein Nachfolger seinen gut gemeinten Rat auch umsetzen würde, sagte er zu ihm: »Die Mitarbeiter sind sehr erfahrene Menschen, die sich hier gut auskennen. Es lohnt sich, auf sie zu hören und eng mit ihnen zusammenzuarbeiten.«

Der Abschied am späten Nachmittag des darauffolgenden Tages verlief dann auch nicht ohne Tränen, zumal es eben nicht die Zuversicht gab, dass sie sich bald einmal besuchen könnten. Lediglich ihre private E-Mail-Adresse konnten die beiden Abreisenden als zukünftigen Kontakt anbieten.

Sie hatten sich für den Nachtflug nach Frankfurt entschieden, damit die Tiere die meiste Zeit schlafen könnten. Mojo hatte ihnen noch ein Beruhigungsmittel verabreicht und war dann zusammen mit Pakka und Kobe mit zum Flughafen gefahren, um Chris und Harper zu unterstützen. Als dann die Tiere in ihren Transportkisten und die Gepäckstücke aufgegeben worden waren, stand der Abschied bevor. Pakka übergab Chris noch einen Briefumschlag für Benno von Sarah. Dann gab es die letzte Umarmung und das Letzte: »Macht es gut«, während ein jeder von ihnen mit seiner Rührung kämpfte.

Endlich im Flugzeug umfasste Chris fest Harpers Hand und brauchte Minuten, um sich auf die Bordsituation einstellen zu können. Dann gestand sie ihm: »Gut, dass du da bist. Allein hätte ich die ganze Sache gar nicht hinbekommen. Danke.« Er sah sie lächelnd von der Seite an und gab den Dank zurück: »Danke, dass du mich mit Petzold nicht allein gelassen hast. Ich glaube, ich hätte danach Probleme mit Deutschen bekommen.«

Pünktlich um halb sechs setzte der Flieger in Frankfurt auf, wo Benno und sein Freund Tom sie schon erwarteten. Nach einer innigen Begrüßung kümmerten sie sich um die Aushändigung der Transportkisten und der Gepäckstücke. Während Jerry sofort aus seiner Box wollte, verhielten sich die beiden Ziegen eher ängstlich.

Bei der Kontrolle der Einreisepapiere wurde Chris darauf hingewiesen, dass die Ziegen umgehend vom Veterinäramt eine Unbedenklichkeitsbescheinigung bräuchten, da sie sonst unter Quarantäne gestellt werden müssten. Chris hatte dies vorher alles abgeklärt und antwortete dem Beamten: »Morgen finden die Laboruntersuchungen in Göttingen statt; ich habe hierfür schon einen Termin.« Harper hatte sich inzwischen die Tiere genauer angesehen und stellte dann erleichtert fest: »Man gut, dass sie alle wohl auf sind. Dass war für die schon eine richtig harte Sache.«

In der Zeit, in der Jerry seinen ersten Sumpf vor den Flughafen machte, wurden Claire und Fina schon in Toms Kleinbus geladen, zusammen mit einem Teil der Gepäckstücke. Chris wollte zusammen mit Tom fahren; Harper dagegen mit Jerry und dem übrigen Gepäck im zweiten Bus, den Benno fuhr. Bevor es dann losging, verabschiedete sich Chris von Harper mit einem Kuss und raunte ihm zu: »In drei Stunden siehst du dein neues Zuhause.«

Auf der Fahrt telefonierte Chris schon mit ihren Eltern und ihrem Großvater, die sehr erleichtert waren, sie wieder vor Ort zu wissen und auch gleich nachfragten, ob sie am kommenden Wochenende schon zu Besuch kommen könnte, wogegen Chris keine Einwände hatte. Von Tom erfuhr sie, dass Benno den Wintergarten für die Ziegen hergerichtet hatte, damit sie dort vorerst untergebracht werden könnten, und Steffi ausgezogen sei. Auf ihre Nachfrage, ob es sonst noch etwas Neues gebe, antwortete Tom kurz und knapp: »Benno ist wieder mit Lisa zusammen.« Chris verstand nicht ganz. »Wie zusammen? Ist Lisa wieder in die WG eingezogen?« – »Wenn du zustimmen würdest, wird sie das wohl schon machen wollen, zumal sie hofft, in Göttingen nach dem Referendariat eine Stelle als Grundschullehrerin zu bekommen.« Etwas ausweichend meinte Chris: »Da müssen wir erst einmal mit allen darüber sprechen, nicht dass wir in der WG Dauerstress haben.«

Nach zwei Stunden Fahrt stellte sie erleichtert fest, dass es mit dem Heimtransport ja prima klappen würde, worauf Tom ihr anbot: »Wollt ihr nicht den Bus von mir kaufen? Ich habe jetzt eine Arbeitsstelle in Leipzig und möchte mir hierfür ein kleines Energiesparauto anschaffen.« Chris war zwar von seiner Idee recht angetan, wollte dies aber noch mit Harper und Benno besprechen.

Aufgrund des Berufsverkehrs brauchten sie eine Stunde länger bis Göttingen und Harper bekam auch gleich eine Ahnung davon, was Verkehrsdichte, Raserei und Lkw-Schlangen auf der rechten Fahrspur bedeuten. Beim Passieren des Ortsschildes schlug Chris' Herz höher und sie bereute es, nicht mit Harper an ihrer Seite dieses »Ich-komme-nach-Hause-Gefühl« erleben zu können. Sie griff deshalb zu ihrem Handy und wählte seine Nummer. Als er sich meldete, wollte sie von ihm wissen: »Na, bist du auch so aufgeregt wie ich?« – »Ich glaube noch viel mehr«, gestand er ihr.

Endlich am Haus angekommen, umarmten sich Harper und Chris, als auch er ausgestiegen war. Jerry sprang sie währenddessen stürmisch an, bevor er dann gleich einen riesigen Sumpf an die Hecke setzte, sodass Chris nur bemerkte: »Jetzt hat er sein neues Heim wenigstens schon eingeweiht.« Um die Geduld der beiden Ziegen nicht noch weiter zu strapazieren, trugen sie diese zuerst mit ihren Boxen ins Haus und ließen sie dann in ihren neuen Wintergartenstall. Benno konnte stolz auf sein Werk sein, was man ihm deutlich ansah. Er hatte den Wintergarten mit Teichfolie ausgelegt und dann eine dicke Schicht Stroh darauf verteilt. Auch Futter hatte er reichlich besorgt und einen Salzstein. Fina verließ zuerst ihre Box und war noch etwas wackelig auf den Beinen, während Claire erst mit Futter gelockt werden musste, sich aber dann ebenfalls traute.

Benno hatte sich bereit erklärt, noch bei den Ziegen zu bleiben und Tom trug die Gepäckstücke ins Haus, währenddessen Chris ihrem Liebsten die Räumlichkeiten zeigte, erst unten und dann ganz zum Schluss ihr Zimmer im Dachgeschoss. Voller Ungeduld wollte sie von ihm wissen: »Und, ist das hier nicht besser als unsere Unterkunft in Kenia?« Er nahm sie in den Arm und meinte: »Es ist einfach schön hier. Ganz besonders dein Zimmer und auch dein Bett. Aber verlange heute bitte nicht mehr so viel von mir, ich bin völlig fertig.«

Benno hatte tags zuvor schon eingekauft und fragte seine Schwester nun: »Na, hast du nicht Lust, deine tollen Spaghetti zu kochen?« Chris, die in Kenia von allen Lebensmitteln Nudeln am meisten vermisst hatte, ließ sich nicht lang bitten und stellte sich in die Küche. Harper wollte in der Zwischenzeit mit Jerry schon einmal eine Runde gehen, wobei ihm vorher noch von Chris eingeschärft wurde, eine kleine Tüte mitzunehmen, damit er Jerrys Haufen vom Gehweg entfernen könnte.

Sie saßen gerade alle beim Mittagstisch beisammen, als Lisa vorbeikam. Die beiden Frauen hatten sich nun schon fast ein Jahr nicht gesehen und so war die Neugierde aufeinander entsprechend groß. Während Lisa bemerkte: »Du siehst ja aus wie eine gut erholte Dauerurlauberin«, konnte Chris ihr ein Kompliment zurückgeben: »Und du siehst zum Glück noch nicht wie eine strenge Paukerin aus.«

Bei dieser Gelegenheit wollte Lisa aber auch ihre Einzugspläne ansprechen, worauf Chris ihren Bruder fragte: »Hat denn Sarah nun schon fest abgesagt?« Lisa wurde gleich hellhörig und fragte mit einer gewissen Strenge in ihrer Stimme: »Wer ist denn Sarah?« Chris sah ihren Bruder mit einem auffordernden Blick an, worauf dieser in seiner speziellen Art erklärte: »Oh, Sarah war mein afrikanischer Krankenhausflirt. Aber das war dann doch zu speziell. Sie zieht nicht bei uns ein.«

Seine Freundin reagierte sichtlich verärgert und wollte dementsprechend wissen, ob es denn noch andere Flirts gegeben habe, die eventuell in die WG einziehen wollten. Nun wollte Chris die Antwort hierauf doch nicht mehr allein ihrem Bruder überlassen und schlug deshalb vor: »Lisa, du könntest ja das Zimmer von Steffi beziehen. Ein anderes ist auch gar nicht mehr frei. Wir sprechen noch mit Dirk und Pascal darüber und geben dir dann morgen Bescheid.«

Nach dem Essen sahen Chris und Harper noch einmal nach den beiden Ziegen, die von der langen Reise zwar sichtlich erschöpft, aber nun nicht mehr ängstlich wirkten. Selbst von dem Nachtflug ziemlich geschafft, beschlossen sie, sich erst einmal eine Weile auszuruhen. Als Chris die Tür des Erkerzimmers gerade geschlossen hatte, kam Harper noch einmal auf das gemeinsame

Mittagessen zurück. Da sie ihm zuliebe sowohl Englisch als auch Deutsch beim Essen gesprochen hatten, konnte er zwar nicht alles verstehen, aber ihm war aufgefallen, dass die Stimmung zwischen Benno und seiner Freundin nicht die beste war.

Chris erklärte ihm: »Zwischen den beiden gibt es manchmal einen heftigen Schlagabtausch und die Rollen sind hier genau verteilt. Mein Bruder ist der Bad Boy und Lisa die strenge Lehrerin.« Harper hatte sich bereits aufs Bett gelegt und rollte sich in seine Zudecke ein, als er feststellte: »Wenn die es so brauchen, ich brauche das nicht.« Chris rutschte zu ihm heran und wollte dann von ihm wissen, wie denn ihre Rollen verteilt wären. »Du bist meine Lady und ich dein mutiger Cowboy.«

Obwohl ihnen die Müdigkeit schwer zu schaffen machte, gingen sie am Abend noch einmal mit Jerry in den Garten und nahmen auch Fina und Claire mit. Harper fand den Garten sehr schön und auch für die Tiere ideal. Er machte deshalb den Vorschlag, ob der Vater von Chris denn nicht nach einer rechtlichen einwandfreien Lösung suchen könne, dass die Tiere doch bei ihnen auf dem Grundstück bleiben könnten. Chris freute sich über seine Gedankengänge und erkundigte sich: »Na, du würdest die beiden doch wohl auch vermissen, oder?« – »Ja, ebenso wie du. Und die Tiere hängen an uns. Sie haben Vertrauen, das merkt man, sonst hätten sie das alles bestimmt nicht so gut weggesteckt.«

Danach ging Harper noch einmal mit Chris in die Räume, die sie zusammen beziehen wollten. Der Wohnraum war hell und groß, mit einem Kamin, an den sich das Esszimmer anschloss. Von dort aus konnte man in das Arbeitszimmer gehen, dessen Fenster zum Garten zeigten. Harper fand die alten gedrechselten Holzmöbel zwar schön, wollte aber auch zusammen mit Chris einen eigenen Stil in die Räume bringen. Sie nahmen sich deshalb vor, in den nächsten Tagen einen Grundriss der unteren Wohnfläche anzufertigen und anhand dessen Einrichtungsideen einzuzeichnen. Danach würden sie dann entscheiden, welche der alten Möbel sie übernehmen wollten.

XX

Erst am nächsten Morgen hatten sie das Gefühl, wieder ausgeschlafen und in guter Verfassung zu sein. Am Frühstückstisch besprachen sie mit den anderen den Einzugswunsch von Lisa. Pascal, der in einem halben Jahr mit seinem Studium fertig sein wollte und dann die WG verlassen würde, hatte nichts dagegen. Dirk dagegen betonte, dass Benno und Lisa sich mit ihren Dauerstreitereien etwas mehr zurückhalten sollen, worauf Benno sagte: »Entweder es klappt diesmal besser oder es ist wirklich Schluss, und dann für immer.«

Bevor Harper und Chris das Haus verließen, schrieben sie an die Stationsemailadresse in Kenia eine Nachricht, dass sie gut angekommen waren und gingen anschließend zum Friedhof. Auf das gepflegt wirkende Familiengrab stellte Chris einen Strauß bunter Blumen ab und verweilte dann einen Moment im stillen Gebet und Andenken an Jannic und ihre Großeltern.

Harper hatte schweigend den Arm um ihre Schultern gelegt und war sehr betroffen von der Vorstellung, dass hier der kleine Junge lag, dessen Tod Chris so aus der Bahn geworfen hatte. Ihm wurde aber auch bewusst, dass diese Lebenskrise es erst ermöglicht hat, dass sich ihre sehr unterschiedlichen Wege gekreuzt haben und sie dann eine Beziehung beginnen konnten. Später, auf dem Weg zur Universität, erzählte er ihr von diesen Gedanken und auch davon, dass er ein Unbehagen dabei verspüren würde, dass ihre Liebe erst durch den Tod von Jannic möglich geworden sei, worauf Chris von ihm wissen wollte: »Aber du hättest dich doch bestimmt auch in mich verliebt, wenn ich mich mit Jannic auf dem Arm in die USA gerettet hätte, um meiner Ehe mit Jens zu entfliehen, oder?« Harper ließ seiner Fantasie freien Lauf, als er sich vorstellte: »Dann hätte Jannic bestimmt mit Jerry gespielt und wir wären zusammen im Park spazieren gegangen. Ja, das wäre schön gewesen.«

Als sie eine Stunde später bei Prof. Stallmeyer in dessen Büro saßen, zeigte sich dieser erfreut, Harper endlich einmal persönlich kennenlernen zu können. Er war beeindruckt davon, was sein neuer Projektmitarbeiter beruflich bislang gemacht hatte und welche Ideen er zusammen mit Chris und Benno für das geplante Projekt entwickeln konnte. Prof. Stallmeyer wies seine Besucher aber auch darauf hin, dass dieses Projekt durch eine Fördergemeinschaft vorerst nur für zwei Jahre finanziert werden könne. Er selbst habe es auch nur deshalb angenommen, weil ihn ein guter Bekannter aus dem Fördergremium darum gebeten hat und er die Idee sehr interessant findet. Als ihn Chris und Harper etwas irritiert ansahen, fuhr er fort: »Das bedeutet, dass ich Ihnen keine Büroräume zur Verfügung stellen kann, die Abrechnung der Fördermittel zwar von hier erfolgt, ich aber ansonsten für das Projekt eher beratend tätig sein werde.«

Chris war damit einverstanden und erkundigte sich dann, ob es dabei bleiben würde, dass Harper erst einmal nur einen Vierteljahresvertrag bekäme, worauf Prof. Stallmeyer seine Sekretärin anwies, den Arbeitsvertrag von Harper auch auf zwei Jahre zu befristen. »Sie haben mich heute überzeugt, dass Sie ein guter Mann sind«, begründete er diese Änderung. Nachdem sie ihre Arbeitsverträge bereits unterzeichnet hatten, erfuhren sie noch, dass neben der halben Stelle für Benno Anfang nächsten Jahres noch zwei wissenschaftliche Hilfskräfte stundenweise eingestellt werden könnten. Die Personalauswahl hierfür müssten sie aber selbst treffen, worin Chris und Harper eher einen Vorteil sahen. Als sie sich dann verabschieden wollten, wies Prof. Stallmeyer noch darauf hin, dass eine Projektverlängerung nicht ausgeschlossen sei, wenn man das Fördergremium davon überzeugen könnte. Recht zuversichtlich betonte er: »Aber erst müssen wir liefern, so ist das nun mal.«

Auf der Rückfahrt zur WG zeigte sich Harper sehr zufrieden mit seinem neuen Arbeitsvertrag und wollte am nächsten Vormittag auch gleich bei der Ausländerbehörde vorstellig werden, um eine Aufenthaltsgenehmigung zu bekommen. Dass Benno nun doch nur halbtags im Projekt mitarbeiten wollte, fand er zwar bedauerlich, konnte dessen Wunsch aber, weiterhin auch für die Zeitung tätig sein zu wollen, durchaus verstehen.

Jerry hatte in ihrer Abwesenheit die Zeit bei Benno verbracht, der noch einen Artikel fertigstellte. Er begrüßte sie stürmisch und mit lautem Gebell, sodass ihn sein Herrchen ermahnen musste: »Sei jetzt still, wir sind hier nicht mehr in Afrika«, und ging dann mit Jerry und den beiden Ziegen in den Garten. Als er feststellte, dass die Tiere sich im Garten zwar sehr neugierig, aber doch friedlich verhielten, reinigte er den Wintergarten.

Chris hatte derweil schon in der Küche einen Nudelauflauf mit frischen Champignons gekocht, die sie zuvor auf dem Markt gekauft hatten. Beim Essen mit Benno besprachen sie das Angebot von Tom. Da Benno bislang nur sein Motorrad gefahren und ansonsten die Kleinwagen von Lisa und Chris mitbenutzt hatte, zeigte er sich an der Option, nun noch einen Kleinbus zu haben, sehr interessiert. Harper fand die Idee ebenfalls nicht schlecht, zumal Jerry in dem Wagen von Chris schon die ganze Kofferraumfläche plus umgeklappter Rückbank ausfüllen würde.

Während Benno am Nachmittag den Busankauf mit Tom und den Wiedereinzug von Lisa abklärte, warteten Chris und Harper auf den Tierarzt des Veterinäramts. Sie nutzten diese Zeit, um eine Planzeichnung für die Neueinrichtung der unteren Wohnräume zu erstellen. Als der Tierarzt endlich eintraf, wirkte er etwas abgehetzt. Chris überreichte ihm die Papiere gleich mit den Worten: »Der Tierarzt von der Forschungsstation des Nationalparks hat sich bislang um die beiden gekümmert«, worauf er die Untersuchung der Tiere auf das Notwendigste beschränkte, nachdem er feststellte, dass die Ziegen bei guter Gesundheit seien.

Hastig packte der Tierarzt seine Sachen zusammen und erklärte dabei: »Das Ergebnis der Laboruntersuchung können Sie in zehn Tagen erfragen. So lange dürfen die Tiere das Grundstück nicht verlassen und auch nicht mit anderen Tieren in Berührung kommen, aber das kennen Sie ja schon.« Als ihn Chris auf das Zusammenleben mit Jerry aufmerksam machte, hielt er dies für unbedenklich, weil der Hund immer einen guten Impfschutz hatte, gesund aussah und nicht alle Krankheiten von Huftieren auf Hunde übertragbar seien.

Gleich nachdem er gegangen war, widmeten sie sich wieder ihren Einrichtungsplänen. Zwei Stunden waren sie mit Ausmessen und dem Aufzeichnen von Einrichtungsentwürfen beschäftigt und entschieden sich schließlich dafür, die alte Regalwand aus massivem Holz im Arbeitszimmer so zu belassen und an der Fensterfront eine durchgehende Arbeitsfläche für zwei Personen zu schaffen. Den alten Schreibtisch des Großvaters wollten sie ins Wohnzimmer stellen, für die rein privaten Schreibarbeiten. Schnell einigen konnten sie sich darauf, dass es neue Vorhänge, Bilder und Teppiche geben würde sowie eine neue Sitzgarnitur. Hierfür wollten sie am nächsten Tag in ein Möbelhaus fahren, um sich dort in aller Ruhe umzusehen und ihre Vorstellungen dann in die Tat umzusetzen.

Als sie am Abend müde in ihrem Bett lagen, stellte Harper fest: »Es ist ja hier deutlich anstrengender als in Kenia, wo man für alles seine Leute hatte. Aber wir machen das hier nur für uns, und das ist schon ein verdammt gutes Gefühl.«

Am nächsten Vormittag fuhr Harper zusammen mit Benno zur Ausländerbehörde, während Chris mit den Tieren in den Garten ging, der in dem letzten Jahr wenig Pflege bekommen hatte. Sie war gerade dabei, die Stauden zum Nachbargrundstück mit einer Gartenschere zurückzuschneiden, als eine junge Frau sie ansprach, die ein Kleinkind auf dem Arm hatte. Diese Frau stellte sich als ihre neue Nachbarin vor. Sie waren vor drei Monaten in das Nachbarhaus eingezogen, nachdem die Hauseigentümerin, eine ältere Dame, zu ihrem Sohn gezogen war, da sie schon etwas Unterstützung im Alltag braucht.

Jerry und die beiden Ziegen waren neugierig an den Zaun gekommen, worauf die Nachbarin gleich wissen wollte: »Oh, haben Sie einen Hund und zwei Ziegen? Schau mal, Oliver, da ist ein großer Hund und zwei ganz süße Ziegen«. Oliver begrüßte die Tiere gleich mit ausgestreckten Ärmchen und einem »Da-da«. Chris verspürte diesmal keinen Schmerz beim Anblick dieses Kindes. Sie erklärte ihrer Nachbarin, dass sie für die beiden Ziegen bereits einen Weideplatz hätten, sich nun aber doch nicht von den Tieren trennen könnten, worauf die junge Mutter gleich sagte: »Aber warum auch? Ihr Garten ist doch groß genug und vielleicht kann mein Sohn einmal zum Spielen mit den Tieren rüberkommen, wenn er etwas größer ist.«

Als Benno mit Harper gegen Mittag zurückkam, hatte er genügend Material für eine Reportage über die Schwierigkeiten von Ausländern mit der für sie zuständigen Behörde gesammelt. Während sich Harper um seine Aufenthaltsgenehmigung kümmerte, konnte er auf dem Flur und in den Wartezonen die Gelegenheit nutzen, einige dort Wartende nach ihren Erfahrungen zu befragen. Benno erfuhr hierbei, dass es offenbar schon eine Rolle spielte, aus welchem Land man kam, und dass Europäer oder Amerikaner und Kanadier ausgesprochen zuvorkommend behandelt wurden.

Beim Essen erzählte Chris von der Begegnung mit der neuen Nachbarin und ihrem Sohn, die Benno zwar schon von Weitem wahrgenommen hatte, bislang aber nur zweimal mit dem Mann, der Informatiker war, sprechen konnte. Während Benno die Reaktion der Nachbarin auf die Ziegen eher positiv bewertete, wollte Harper besorgt von Chris wissen: »Und wie war das für dich mit dem kleinen Sohn?« Chris hielt einen Moment inne, bevor sie sagte: »Eigentlich ganz gut. Es tat auch diesmal nicht mehr weh. Erst nachher dachte ich daran, dass Jannic und Oliver vielleicht richtig gute Freunde hätten werden können.«

Nach dem Essen musste Jerry bei Benno bleiben, weil sein Herrchen zusammen mit Chris in ein großes Möbelhaus fuhr.

Sie kauften dort eine große Schreibplatte aus dunklem Holz mit passenden Unterschränken sowie zwei Bürostühle. Da sich Chris angewöhnt hatte, manche Unterlagen gerne im Liegen auf einem gemütlichen Sofa oder auf ihrem Bett durchzuarbeiten, konnte sie Harper noch davon überzeugen, ein Chaiselongue mit kleinem Beistelltisch für ihr neues Büro zu kaufen, und Harper bekam seinen flauschigen Teppich.

Nachdem sie dann alles bezahlt und die Lieferung für nächste Woche vereinbart hatten, bemerkte Harper: »Wir sollten jetzt aufpassen, dass uns die Kosten nicht über den Kopf wachsen. Da kommt ja doch noch einiges zusammen«, worauf Chris ihn beruhigte: »Wir haben ja noch das Schmerzensgeld für den Verkehrsunfall von meinem Exmann. Meinen Anteil aus der Scheidung möchte ich aber als Reserve behalten.«

Wie vereinbart kamen ihre Eltern mit dem Großvater am Samstagmittag bei ihnen in der WG an. Der alte Mann war von der Fahrt noch etwas steif in den Beinen und wurde von seinem Sohn deshalb untergefasst, als er zum Haus ging. Jerry durfte zur Begrüßung nicht gleich dabei sein, sondern musste sich noch im Arbeitszimmer gedulden, worauf er aus Protest eindringlich jaulte.

Chris hatte die Haustür geöffnet, als sie den Wagen ihrer Eltern in der Einfahrt erblickte. Nachdem alle ausgestiegen waren, wurde sie von ihrer Familie zur Begrüßung herzlich in den Arm genommen. Dann stellte Chris ihren Freund vor, der hinter ihr im Flur stand. Während ihre Eltern ihn freundlich begrüßten und bekundeten, wie schön es sei, ihn endlich einmal kennenlernen zu können, stellte der Großvater gleich fest: »Se sünd ja en sportlich jung Keerl. So wat bruukt ok de Deern un nich so en matten Büroherring.« Hierbei klopfte er Harper mehrmals an den Oberarm. Dieser verstand nicht ganz und bekam die Übersetzung von Chris prompt: »Opa Gustav meint, du bist genau der Richtige für mich und nicht so ein blasser Büromensch. Damit meint er meinen Ex.«

Dann ging es weiter ins Wohnzimmer, wobei die Mutter bemerkte: »Das ist ja schön, dass ihr diese Räume auch wieder benutzt.« Jerry durfte nun auch die Besucher begrüßen, aber erst, nachdem Opa Gustav auf dem Sofa Platz genommen hatte. Harper ermahnte seinen Hund trotzdem mehrfach, nicht so wild zu sein, und lockte ihn schließlich mit einem Kauknochen auf seine Decke im Büro.

Nachdem wieder etwas Ruhe im Wohnzimmer eingekehrt war, kam Benno von oben und begrüßte seine Familie, während Chris schnell nach ihrem Gemüseauflauf im Backofen sah. Als sie wieder zurückkam, hörte sie ihren Opa gerade fragen: »Und wo sünd nu de lütten Zegen?« Chris, die extra den Vorhang im Wohnzimmer vor den Wintergarten gezogen hatte, holte tief Luft und sagte dann ganz mutig: »Die sind im Wintergarten«, worauf ihre Mutter schwieg und ihr Vater nur »Aha« sagen konnte. Opa Gustav hatte wegen seiner Schwerhörigkeit nicht alles verstanden und fragte deshalb: »Wo sünd denn de Lütten?«

Nun war Benno zu dem Vorhang gegangen und zog ihn auf, während er stolz berichtete, wie er das alles als Behelfsstall umgebaut hatte. Der Opa blickte erstaunt in den Wintergarten. »Leven, de nu bei euch in de gode Stuuv.? Dat is ja wie in Afrika.« Nachdem die Besucher die Ziegen und umgekehrt diese die Verwandtschaft minutenlang durch die Scheibe betrachtet hatten, stellte der Großvater fest: »De sünd aver temlich lütt und de hebbt gaar keen Höörner.« Chris erklärte, dass sie aus der Ziegenzucht der Samburu stammten und diese eher kleinwüchsig seien. Dann zog sie den Vorhang wieder zu und bat zu Tisch, weil der Auflauf inzwischen fertig war.

Als alle am Esszimmertisch saßen, bat Chris ihren Vater, einmal rechtlich für sie abzuklären, ob die Ziegen nicht doch vor Ort bleiben könnten, wenn man den Gartenpavillon als Stall herrichten würde, und zwar mit zwei Ebenen. Hierfür bräuchte man dann keine Baugenehmigung und die Tiere hätten auch genug Platz.

Der Großvater meinte gut gelaunt: »Wenn de so lütt blieven und keen Höörner hebben, köönt se doch in de gode Stuuv rumlöpen. Laat em doch mal löpen.« Harper kratzte sich schon das zweite

Mal nervös am Kopf, weil er nichts mehr verstand, obwohl Benno versuchte, ihm einen Großteil zu übersetzen. Chris dagegen antwortete ihrem Opa fast hektisch, weil sie befürchtete, er könne nun die Wintergartentür öffnen: »Opa, nein, das geht nicht, die kötteln doch überall hin.«

Weil der Großvater aber nun doch einmal die Tiere genauer kennenlernen wollte, ging er nach dem Essen mit der ganzen Familie und den Tieren in den Garten. Opa Gustav bekam einen Gartenstuhl, auf den er sich in die herbstliche Mittagssonne setzen konnte, und versuchte von dort aus, die Ziegen mit Futter anzulocken, was nach einigen Minuten und mit Unterstützung von Chris sogar klappte.

Herr Evers war inzwischen mit Harper und Benno zu dem Gartenpavillon gegangen, der in den letzten Jahren kaum noch genutzt worden war, und besprach mit ihnen den Umbau zum Ziegenstall, während die Mutter einfach nur zufrieden auf ihre Familie schaute und dann ihre Tochter noch einmal fest in den Arm nahm.

Nach dem Kaffeetrinken fuhr der Besuch wieder ab. Sie wollten in einem Hotel übernachten und morgen erst wieder zurückfahren, damit es dem alten Herrn nicht zu viel wurde. Als sich dieser von ihnen verabschiedete, meinte er: »Nu kummt uns aver ok eenmal besöken. Ach seh, hab ich vergetten: Tante Else lett schöön grüßen. Se muss to een Geboortsdag; een runden; da draff man nich fehlen.«

Der Wagen ihrer Eltern fuhr los und Chris schaute Harper an, der nur lächelnd mit dem Kopf schüttelte und dann feststellte: »This lovely family is crazy, very crazy.« Chris verunsicherte diese Bemerkung nicht mehr. Sie nahm ihn in den Arm und fragte: »Und deshalb liebst du uns so, stimmt's?«, worauf er ihr nur recht geben konnte.

Als sie am Abend zusammen im Bett lagen und Harper sich vergewisserte, ob sie heute verhüten müssten, erklärte ihm Chris, dass sie keine Kondome nachkaufen wolle, wenn der Vorrat verbraucht sei. Harper verstand nicht ganz und erkundigte sich deshalb: »Ist dir das zu peinlich? Soll ich es lieber machen?« – »Nein, ich möchte dann gar nicht mehr verhüten, wenn es für dich in Ordnung ist.«

Er sah sie erstaunt an. »Meinst du, du bist schon wieder so weit?« Als sie nickte, nahm er sie in den Arm und streichelte sie, während er vorsichtig formulierte: »Dann ist es auch eine gute Zeit, dass Jannic hier auf Erden einen Bruder oder eine Schwester bekommt.« Chris hatte Tränen in den Augen, aber diesmal nicht mehr aus Trauer. Sie spürte endlich wieder Halt in ihrem Leben und auch die Hoffnung auf ein gemeinsames Familienleben.

Am Sonntag zog Lisa wieder in die WG ein. Benno hatte ihre Sachen mit dem Kleinbus von Tom transportiert, den er nach dem nächsten TÜV-Termin am Ende des Monats von ihm abkaufen wollte. Gemeinsam trugen sie ihre Sachen in das ehemalige Zimmer von Steffi, das etwas kleiner ausfiel als das Zimmer, das sie zuvor bewohnt hatte und in dem jetzt Dirk wohnte.

Als Chris für einen kurzen Moment allein mit ihr im Zimmer war, fragte sie Lisa: »Na, bist du wieder froh, mit Benno unter einem Dach zu wohnen?« Diese überlegte kurz, bevor sie feststellte: »Das ist vielleicht die einzige Möglichkeit, überhaupt mit ihm eine Beziehung führen zu können.« Chris verstand sie nicht ganz und hakte deshalb nach: »Meinst du, du kannst ihn so besser kontrollieren?« – »Weiß man, was er sonst noch alles so treibt? Die Sache mit Sarah fand ich schon heftig; es hätte mich aber auch gewundert, wenn er nun auf beschnittene Frauen stehen würde.«

Lisas Worte ärgerten Chris. »Die Sache mit Sarah war, als ihr gar nicht mehr zusammen wart, und wenn sie jetzt noch hier eingezogen wäre, dann lediglich als Studentin für ein Auslandsstudium. Und, Lisa, treibt bitte nicht wieder eure Machtspielchen, das ist weder gut für euch noch für die WG. Auch brauchst du Benno nicht zu kontrollieren. Er hat zwar seinen eigenen Kopf, ist aber eine ehrliche Haut und kein Betrüger.«

Lisa reagierte beleidigt auf diese Ansage und erwiderte gereizt:

»Dann ist es ja gut, wenn ihr euch alle so einig seid. Offenbar scheine ja nur ich immer alles völlig falsch zu verstehen.« Mit den Worten: »Komm, Lisa, hör auf damit«, verließ Chris den Raum und ging nach unten, wo Benno und Harper gerade die Ziegen versorgten und Jerry durch den Garten stromerte.

Die nächsten zwei Wochen waren prall angefüllt mit abschließenden Arbeiten an ihren Keniaprojekten, die sie dann pünktlich bei Dr. Zerner einreichen konnten. Dieser war sehr zufrieden und sagte ihnen ein gutes Arbeitszeugnis zu. Aus den USA kamen inzwischen mehrere große Pakete an, die Mac seinem Cousin schickte und in denen sich dessen warme Kleidung befand.

Für Chris war es spannend, so zu erfahren, wie sich ihr Liebster bislang im zivilen Leben gekleidet hatte. Auch für Harper war es ungewohnt, dass sich Chris nun wieder täglich schminkte, die Haare fast immer offen trug und ihre Kleidung ausgesprochen modisch war. Einmal bemerkte er spaßig, als er ihr beim Ankleiden zusah: »Meinst du, wir waren in Kenia eher Tarzan und Jane und sind nun wieder in der Zivilisation angekommen?« – »Ja, so ungefähr. Zum Schluss konnte ich mein Safarilook nicht mehr sehen, auch wenn er für die Arbeit wirklich praktisch war.«

Er nahm sie in den Arm und machte ihr ein Kompliment, indem er feststellte: »Das hier steht dir auch viel besser. Aber in Kenia wäre es zu gefährlich gewesen, schon allein wegen des Wüstlings. Wie hieß er doch gleich?« Chris musste lachen und forderte ihn auf: »Hör mir nur mit dem auf.«

An den Wochenenden und in der letzten Woche vor ihrem neuen Projekt richteten sie ihre Räume weiter ein, die sich zusehends nach ihrem Geschmack veränderten, mit vielen Blumen, frischen Farben und bequemen Möbeln. Die alte Sitzgarnitur der Großeltern hatte noch ein Seniorenwohnheim für deren Aufenthaltsraum abgeholt, sodass sie dort noch eine Funktion gefunden hatte.

Bevor sie ihr neues Projekt begannen, teilten sie aber auch die Hausarbeiten neu auf. Harper hatte zwar schon mehrfach betont, wie sehr er doch Sana vermissen würde, die ihnen in Kenia alle Arbeiten des häuslichen Lebens abgenommen hatte, war dann aber sofort bereit, zusammen mit Benno den wöchentlichen Lebensmitteleinkauf zu übernehmen sowie Arbeiten im Garten und Renovierungen am Haus. Auch bot er sich an, einen Teil der Wäsche zu bügeln, aber nur die unkomplizierten Teile, weil er dies ganz gut konnte.

Voller Ungeduld fieberten sie ihrem neuen Projekt entgegen. Die ersten zwei Wochen waren sie nach dessen Beginn damit beschäftigt, die Mitglieder des Förderkreises kennenzulernen und deren Projektwünsche zu erfragen sowie eine Bestandsaufnahme vom großflächigen Waldgrundstück zu erstellen. Hierfür fuhren Harper mit Benno und Jerry fast täglich raus, während Chris dann deren hierbei erfassten Daten übernahm und hieraus einen ersten Bericht an den Förderkreis im neu eingerichteten heimischen Büro verfasste. An den Wochenenden fuhren auch Chris und die Ziegen mit ins Waldstück. Sie nahmen dann Claire und Fina an die Leine, die anfangs zwar ängstlich, dann aber ausgesprochen neugierig den Wald erkundeten.

Aufgrund der Intervention von Herrn Evers meldete ein Tierarzt vom Veterinäramt seinen Besuch bei ihnen in der WG an. Chris' Vater hatte inzwischen alle rechtlichen Schritte eingeleitet, um für seine Tochter eine Genehmigung zu erhalten, die Ziegen im Garten halten zu können. Der junge Tierarzt, der sich zuvor noch die Unterlagen zur Einreiseuntersuchung von seinem Kollegen hatte geben lassen, zeigte sich sehr interessiert an ihrem Vorhaben, die Ziegen in das Projekt einzubinden.

Er hatte auch keine Bedenken hinsichtlich der geplanten Unterbringung auf dem WG-Grundstück. Als Chris ihn noch etwas skeptisch fragte, ob er glaube, dass sie die Genehmigung auch wirklich bekämen, erwiderte er: »Ich sehe so viel Tierquälerei in meinem Beruf und habe nur wenig Möglichkeiten, dies wirksam zu unterbinden. Ich werde doch nun nicht etwas verhindern, was wirklich gut ist für die Tiere. Es kann aber sein, dass sie erst einmal eine befristete Erlaubnis erhalten, weil wir ja noch nicht absehen können, ob die Nachbarn auch alle mitspielen.«

Überglücklich rief Chris ihren Vater an und erzählte ihm von dem Besuch des Tierarztes und seiner Befürwortung ihres Vorhabens. Sie bedankte sich aber auch in Harpers Namen noch einmal ausdrücklich für den Einsatz ihres Vaters in dieser Angelegenheit. Danach rief sie beim Nachbarn ihres Großvaters an und teilte ihm mit, dass sie wohl doch die Ziegen hierbehalten könnten. Sie bedankte sich für sein Unterbringungsangebot, wobei sie nicht ausschloss, es während einer Urlaubszeit doch einmal in Anspruch zu nehmen.

Anfang Dezember wurde das Wetter ungemütlich kalt und feucht, sodass Harper froh war, seine Winterbekleidung und seine warmen Stiefel vor Ort zu haben. Während die Männer wieder mit Jerry im Wald waren, saß Chris müde und blass am Computer und versuchte den Bericht fertigzustellen.

Mittags kam Lisa von der Schule heim und schlug gleich vor: »Soll ich uns schon eine Pizza warm machen? Ich habe so einen Hunger.« Obwohl Chris nicht den großen Hunger verspürte, stimmte sie zu, weil sie bislang nur ein Toastbrot und einen Joghurt gegessen hatte. Als Lisa sie zum Essen rief, ging sie zu ihr in die Küche. Schon der Geruch der Tiefkühlpizzen war ihr unangenehm und nach dem ersten Bissen ihrer Spinatpizza wurde ihr schlecht. Sie hielt sich noch die Hand vor den Mund und lief ins Bad, wo sie sich dann übergeben musste.

Als sie wieder zurückkam, wollte Lisa besorgt wissen: »Hast du Magen-Darm? Das geht ja jetzt rum. Aber steck mich bloß nicht an, sonst hat das bald meine ganze Klasse.« Chris sagte nur: »Nein, nein«, und warf dann ihre Pizza in den Mülleimer. Danach mischte sie sich noch etwas Apfelsaft mit viel Wasser in einem Trinkglas und ging damit wieder zurück zu ihrem Schreibplatz.

Es gelang ihr aber nicht mehr, sich auf den Text zu konzentrieren. Nach einer Weile hörte sie, wie Lisa an die Zimmertür kam und sagte: »Ich fahre noch einmal los, etwas für die Schule besorgen. Geht es dir jetzt wieder besser?« – »Ich lege mich gleich mal aufs Bett. Aber fahr ruhig los.« Chris speicherte noch die Daten auf dem PC und fuhr ihn runter. Danach ging sie in ihr Zimmer und suchte nach ihrem Zykluskalender, den sie schon einige Zeit nicht mehr benutzt hatte.

Sie rechnete die letzte Eintragung bis zum heutigen Tag nach, während ihr Herz heftiger zu schlagen begann. Ihr kamen derartige Symptome bekannt vor; sie wollte nun aber Gewissheit. Als sie errechnete, dass ihre Mensis überfällig war, zog sie sich hastig ihre Winterjacke an und ging in die nächste Apotheke, um sich dort einen Schwangerschaftstest zu kaufen.

Wieder zurück in der WG, ging sie gleich ins Bad. Voller Unruhe wartete sie die Einwirkzeit des Teststreifens ab und konnte dann endlich ein positives Ergebnis ablesen. Aus Anspannung und Freude musste sie weinen. Als sie kurz darauf aus dem Badezimmer kam, begegnete sie Lisa, die zurückgekommen war. »Du siehst ja schlimm aus. Leg dich doch endlich einmal ins Bett. Und wenn ich dir was bringen soll, sag Bescheid«, bemerkte Lisa gleich. Ohne ein Wort zu sagen, ging Chris in ihr Zimmer, trank ihr Glas Apfelsaft leer und verkroch sich dann unter ihrer warmen Zudecke im Bett. Den Test hatte sie mit Verpackung neben sich auf den Beistelltisch gelegt.

Sie war eingeschlafen und wurde erst wach, als sie das Begrüßungskläffen von Jerry im Treppenhaus hörte. Es dauerte einen Moment, bis Harper zu ihr kam und sich mit besorgtem Gesichtsausdruck auf den Bettrand setzte. »Lisa hat gesagt, du seist krank. Sie redete von Magen-Darm und dass du schrecklich aussehen würdest«, teilte er ihr mit. Chris setzte sich noch etwas verschlafen im Bett auf und konterte: »Das ist wieder einmal die Interpretation von Lisa. Ich habe ihr doch gesagt, dass ich nicht krank bin.« – »Und was hast du dann?«, wollte er von ihr wissen, zumal er inzwischen selbst den Eindruck hatte, dass sie gar nicht so krank aussah, wie Lisa sie zuvor noch beschrieben hatte.

Sie reichte ihm den Schwangerschaftstest, woraufhin er verwundert wissen wollte: »Was ist das?« – »Wir kriegen ein Baby. Nur was es wird, kann man hiermit nicht feststellen.« Harpers erstaunte Miene verwandelte sich augenblicklich in ein glückliches Strahlen. Er nahm sie in den Arm, während er sagte: »Das ist toll! Geht es dir auch gut damit?« Sie nickte und erzählte ihm gerade, warum sie vor lauter Aufregung mit dem Test nicht auf seine Rückkehr warten wollte, als es an der Zimmertür klopfte.

Es war Benno, der wissen wollte, ob er zu ihnen kommen könne. Sie sahen sich beide kurz an und nickten sich dann zu, bevor Harper rief: »Komm rein.« Benno, der eine kranke Schwester im Bett erwartet hatte, fragte erstaunt: »Warum strahlt ihr denn so?« Chris reichte ihm wortlos den Schwangerschaftstest und beobachtete dann ihren Bruder, der etwas unbeholfen auf den Teststab in der Plastikumhüllung blickte. Schließlich wollte er wissen: »Bist du etwa schwanger?« Diesmal war es Harper, der gut gelaunt bestätigte: »Ja, wir sind schwanger.«

Benno war sofort begeistert. Er zog den Schaukelstuhl ans Bett und setzte sich zu ihnen, bevor er neugierig nachfragte: »War das denn von euch so geplant?« Als Harper dies bejahte, erkundigte sich Benno, wie es denn nun mit dem Projekt weitergehen würde, worauf Chris ihrem Bruder erklärte: »So wie bei den Frauen in Afrika. Ich schnalle mir das Kind auf den Rücken und arbeite weiter oder ihr nehmt es auch einmal. Dass wir häufig zu Hause arbeiten können, passt doch prima.«

Danach rief Chris bei ihren Eltern an und erzählte ihnen die Neuigkeit. Sie freuten sich mit ihr, wobei Frau Evers ihrer Tochter gleich den Rat gab, jetzt etwas kürzer zu treten und so schnell wie möglich zu einem guten Frauenarzt zu gehen. Chris versprach es ihr und wollte sich am nächsten Tag auch gleich um einen Untersuchungstermin bei ihrer früheren Gynäkologin bemühen, die sie während ihrer Studienzeit hatte.

Dies gestaltete sich jedoch schwieriger als gedacht. Als ehemalige Patientin, ohne akute Beschwerden und zudem am Ende des Abrechnungsjahres, konnte Chris nicht sofort einen Termin bekommen, sondern wurde erst einmal auf die Warteliste gesetzt. Frustriert hierüber äußerte Harper seinen Unmut: »Ich dachte immer, in Germany gibt es eine so gute ärztliche Versorgung. Da hätten wir bei Dr. Tolendo eher einen Termin bekommen.«

Chris wollte sich darüber aber nicht ärgern und fragte ihn, ob er sie mit zum Friedhof begleiten würde, wozu er auch sofort bereit war. Am Grab ihres Sohnes sprach sie zu ihm und betete, dass diesmal die Schwangerschaft gut verlaufen möge, während Harper schweigend seinen Arm um ihre Schulter gelegt hatte.

Kurz vor Weihnachten konnte Chris dann doch noch einen Untersuchungstermin bei einer Frauenärztin bekommen, die ihr eine Freundin empfohlen hatte. Harper begleitete sie dabei und fühlte sich wie die meisten Männer in dieser Situation völlig zwiegespalten. Auf der einen Seite voller Aufregung, was die Untersuchung erbringen würde, und dann das leicht unwohle Gefühl, als einziger Mann in einem Wartezimmer einer Frauenärztin sitzen zu müssen.

Die Untersuchung bestätigte die Schwangerschaft und auch, dass alles in Ordnung sei. Als Chris noch nach früheren Schwangerschaften befragt wurde, schilderte sie, was damals geschehen war, worauf ihr die Ärztin aber Mut machte, indem sie sagte: »Sie können sich jetzt auf dieses Kind freuen. Es sieht alles gut aus.«

Dieser Termin hatte Harper so viel Energie durch Stress abverlangt, dass er danach gleich zum Italiener Essen gehen wollte. Chris reagierte eher skeptisch: »Und wenn ich mich wieder übergeben muss?« Sie einigten sich schließlich darauf, mehrere Pizzen mitzunehmen und diese dann in der WG mit den anderen zu essen, zumal dort für Chris der Weg zum Bad kürzer und bestens vertraut wäre. Die übrigen WG-Bewohner freuten sich nicht nur über die spontane Einladung zum Pizzaessen, sondern auch über den Anlass.

Gemeinsam überlegten sie, was sich in der WG ändern würde, wenn das Baby geboren sei, worauf Lisa vorschlug: »Benno, vielleicht sollten wir auch ein Kind kriegen, dann können die beiden zusammen aufwachsen.« Benno blickte sie entgeistert an. »Vielleicht sollten wir erst einmal eine vernünftige Beziehung hinkriegen.« Seine Freundin reagierte enttäuscht und wollte gerade zum verbalen Gegenangriff übergehen, als Harper seine Hand hob und in seinem speziellen Sprachenmix anmahnte: »Stopp, nicht hier beim table.« Lisa erhob sich wütend von ihrem Stuhl. Mit den Worten: »Sprich doch erst einmal richtiges Deutsch«, verließ sie die Küche und ging in ihr Zimmer.

XXI

Zum Heiligabend wollten ihre Eltern, Tante Else und Opa Gustav zu Besuch kommen. Sie hatten sich hierfür rechtzeitig Zimmer im Hotel reservieren lassen und wollten dann am zweiten Weihnachtstag wieder zurückfahren. Den Weihnachtsbaum besorgte Benno zusammen mit Harper direkt von einer Plantage, auf der sie ihn auch selbst fällen mussten. Stolz auf ihre Wahl, waren sie nun dabei, ihn im Wohnzimmer aufzustellen.

Chris sah ihnen dabei ungeduldig zu, weil sie gespannt war, wie der Christbaumschmuck daran aussehen würde, den sie mit Harper vor zwei Tagen eingekauft hatte, obwohl er diese Anschaffung gigantisch teuer fand. Er ließ sich zu diesem Kauf erst überreden, als sie ihm entgegenhielt, dass dieser Schmuck ja schließlich nicht nur für ein Jahr sei. Natürlich durfte Chris den Baum nur unten schmücken und musste ihren beiden Helfern ansonsten sagen, an welchem Ast sie welches Teil platziert haben wollte. Schließlich hing alles an seinem richtigen Platz und der Baum sah wunderschön aus, was die übrige Familie ebenfalls so empfand, als sie ihn am Heiligabend bewundern konnte.

Aber nicht nur der Baum fand das Wohlwollen ihrer Familie, sondern auch die neu eingerichteten Zimmer. Nachdem sie sich alles angesehen hatten und Opa Gustav der Tante Else noch unbedingt die Ziegen im Wintergarten zeigen musste, aßen sie zu Abend. Es gab Pastete mit vegetarischem Ragout fin und danach einen warmen Apfelstrudel mit Eis. Nach dem Essen war Opa Gustav so müde, dass er am liebsten die anschließende Bescherung verschlafen hätte. Erst nach gutem Zureden hielt er durch und durfte sich auf der neuen gemütlichen Wohnlandschaft vor dem Kamin auf das gemütlichste Sitzelement setzen, wo er auch seine Beine hochlegen konnte.

Chris und Harper bekamen von den Eltern einen größeren Geldbetrag geschenkt, damit sie noch ein paar notwendige Dinge anschaffen konnten, während der Großvater und die Tante viele Essensspezialitäten von der Küste in eine Holzkiste gepackt hatten, die der Opa ihnen nun mit den Worten präsentierte: »För slechte Tieden. Man weet ja nie.« Während sie die Kiste auspackten, erkundigte sich die Tante Else: »Jeff, isst du denn auch kein Fleisch?«, worauf dieser mit Übersetzungshilfe von Chris antwortete: »Früher schon, weil ich nicht so gut kochen kann und viele Fertiggerichte auch mit Fleisch waren. Jetzt kocht aber Chris, und das schmeckt richtig gut.«

Als Benno seine Geschenke ausgepackt hatte und sich dann mit auf eines der Sitzelemente setzte, wollte der Opa von ihm wissen: »Mien Jung, darfst du denn hier ok af un to sitten?« – »Natürlich, Jeff und ich sehen hier Sport und manchmal gucken wir zusammen einen Film«, worauf die Tante bemerkte: »Na dann ist es aber nicht so viel mit Zweisamkeit.«

Nun fühlte sich Chris veranlasst, ihr Zusammenleben zu erklären: »Das ist schon in Ordnung. Dadurch, dass wir auch zusammenarbeiten, sehen wir uns genug, auch zwischendurch. Außerdem haben wir noch mein Zimmer oben unterm Dach«, worauf Harper ihr beipflichtete und betonte: »Benno ist für mich a very good friend.« Dieser fühlte sich geschmeichelt, bemerkte dann aber: »Ihr seid abends ziemlich schnell oben in eurer Schlafkoje.«

Der Vater hatte Sherry mitgebracht und ihn bereits in Gläser eingeschenkt, die Chris noch von ihren Großeltern hatte. Sie selbst bekam ein Glas Orangensaft. Nachdem sie zusammen angestoßen hatten, formulierte Harper etwas unbeholfen: »Isch wollte Chris heiraten. Ist das okay?« Ihre Familie sah erstaunt Chris an und Herr Evers erkundigte sich diplomatisch: »Ich nehme an, meine Tochter hat dem Heiratsantrag schon zugestimmt und jetzt geht es nur noch darum, ob wir dies auch tun?«, worauf Benno dies für Harper lieber ins Englische übersetzte. Chris wollte ihren Liebsten nicht noch weiter dieser Situation aussetzen und stellte deshalb klar: »Jeff hat mich gestern Abend gefragt und ich habe ›Ja‹ gesagt. Wir würden gerne Ende April heiraten.«

Nun verlief die Unterhaltung sehr lebhaft, weil sich zwar alle auf die geplante Hochzeit freuten, aber jeder hierzu noch viele Fragen hatte, die Chris und Harper ihnen geduldig beantworteten, auch wenn vieles hiervon nur zweisprachig ging. Für Opa Gustav war es auch wichtig, dass Chris bei ihrer Hochzeit keine dralle Deern sei.

Harper hatte bei dem Durcheinander immer mehr Verständigungsprobleme und raunte seiner Liebsten schließlich ins Ohr: »Hat deine Familie nun der Hochzeit zugestimmt oder nicht?« Chris gab diese Frage direkt an ihre Familie weiter, sodass von allen noch einmal eine deutliche Zustimmung kam und nach einem zweiten Glas Sherry das »Du« vereinbart wurde.

Für Opa Gustav war es trotzdem noch einmal wichtig zu betonen, dass die Reihenfolge aber doch etwas durcheinandergeraten sei, worauf ihn alle erstaunt ansahen. »Na, eerst muss doch heiratet ward und dann ward dat Lütte mocht. Wat mutt, dat mutt.« Chris nahm den alten Herrn in den Arm und beruhigte ihn: »Aber Opa, bis das Lütte dann da ist, sind wir längst verheiratet.«

Nachdem nun auch das geklärt war, wollte Tante Else von Benno wissen: »Was ist denn mit deiner Freundin? Seid ihr auch bald so weit?« Benno erklärte nur knapp, dass Lisa und er nach den Feiertagen entscheiden wollten, ob sie sich endgültig trennen würden. Als er die betretenen Gesichter seiner Familie bemerkte, wollte er etwas Tröstendes hinzufügen: »Vielleicht ist ja unter den Hilfskräften eine nette Frau dabei«, worauf Chris ihn gleich streng ermahnte: »Bevor du etwas Neues beginnst, finde erst einmal einen Abschluss für Lisa und dich.«

Am nächsten Tag fuhren Harper mit Benno und Herrn Evers raus zum Projektwald. Sie nahmen hierzu Jerry und die beiden Ziegen mit. Stolz berichteten sie Herrn Evers, dass hier ein Erlebniscamp für Schulklassen und für Ferienkinder entstehen sollte, in denen diese, aber auch Erwachsene, die Natur erleben und begreifen lernen könnten. Geplant war, dass man Pfadfinderprüfungen ablegen könne, das Erwerben vom Spurensucherdiplom möglich sei und auch das Beackern eines Grabelandes zur Selbstversorgung. Interesse an der Durchführung dieses Projektes hatte auch schon die Fakultät für Sozialwesen gezeigt, die Kindergruppen semesterweise von Studierenden betreuen lassen wollte. Als sie zum Kaffeetrinken zurückkamen, zeigte sich der Vater begeistert von den Projektplänen und geriet richtig ins Schwärmen, als er den anderen hiervon erzählte.

Den Jahreswechsel wollten Chris und Harper mit den Tieren allein in der WG verbringen, während Pascal und Dirk zu ihren Familien fahren wollten und Benno mit Lisa zu einer Silvesterfeier. Sie hatten die Tiere schon sehr zeitig in den Garten gelassen, bevor die Knallkörper in der Nachbarschaft gezündet wurden. Bei Kerzenschein, Musik und Naschereien lagen sie auf den Sitzelementen vor dem Kamin und planten das nächste Jahr.

Sie wollten ihre Hochzeit in Göttingen feiern und hierzu auch seine Familie einladen. Auch wollten sie das zweite Dachzimmer als Kinderzimmer mit Durchgang zu ihrem Schlafzimmer ausbauen. Hierbei wollte ihnen Benno helfen und der Vater hatte auch schon zugesagt, aber erst einmal sollte der Gartenpavillon für die Ziegen als Stall ausgebaut werden.

Bereits vor Mitternacht wurde die Knallerei heftiger, sodass die Tiere immer unruhiger wurden. Als es dann richtig losging, setzten sich Harper und Chris auf die Gartenbank in den Wintergarten zu den Ziegen und versuchten sie zu beruhigen, was aber bei dem Lärm und dem Leuchten der Raketen nicht leicht war, sodass Harper frustriert bemerkte: »Die Knallerei ist ja wie im Krieg, sogar Jerry dreht schon durch.«

Chris konnte ihn verstehen und erklärte ihm, dass in dem historischen Teil der Stadt schon gar nicht mehr geböllert werden dürfe, aber eher aus Brandschutzgründen. Als endlich wieder alles um sie herum ruhig war, sah Harper auf der Straße und auf ihrem Grundstück die vielen zerfetzten Hülsen der Feuerwerkskörper, die in der Nachbarschaft gezündet wurden. Verständnislos murmelte er: »Schade um das viele Geld für so viel Lärm, Gestank und diesen ganzen Müll.«

Mit Jerry an der Leine ging er noch einmal kurz nach draußen, bevor sie dann ihr Schlafzimmer betraten und sich aufs Bett legten. Gemeinsam beteten sie für ein gutes neues Jahr und auch dafür, dass die Schwangerschaft und auch die Geburt ohne Komplikationen verlaufen mögen. Als sie später bei ihm im Arm lag, erkundigte er sich: »Bist du jetzt wieder etwas mit deinem Schicksal versöhnt?« Chris brauchte nicht lange für ihre Antwort: »Ja, aber richtig wunschlos glücklich wäre ich, wenn Jannic auch hier neben uns im Bett liegen könnte.« – »Ich hätte ihn auch gerne bei uns«, pflichtete er ihr bei.